中等职业教育国家规划教材配套辅导用书

经济法基础知识习题与实训

（第5版）

庞明珠　王永吉　蔡宇　主编

中国财经出版传媒集团
中国财政经济出版社

图书在版编目（CIP）数据

经济法基础知识习题与实训／庞明珠，王永吉，蔡宇主编．--5版．--北京：中国财政经济出版社，2020.4（2024.8重印）
中等职业教育国家规划教材配套辅导用书
ISBN 978－7－5095－9515－2

Ⅰ.①经…　Ⅱ.①庞…②王…③蔡…　Ⅲ.①经济法－中国－中等专业学校－教学参考资料　Ⅳ.①D922.29

中国版本图书馆CIP数据核字（2019）第286067号

责任编辑：田明晖　赵天天　　　　责任校对：李　丽
封面设计：华乐功

中国财政经济出版社出版
URL：http：//www.cfeph.cn
E－mail：cfeph@cfeph.cn

社址：北京市海淀区阜成路甲28号　邮政编码：100142
营销中心电话：010－88191537
北京密兴印刷有限公司印刷　各地新华书店经销
787×1092毫米　16开　13.75印张　320 000字
2020年4月第5版　2024年8月北京第7次印刷
定价：30.00元
ISBN 978－7－5095－9515－2
（图书出现印装问题，本社负责调换）
本社质量投诉电话：010－88190744
打击盗版举报热线：010－88191661　QQ：2242791300

第5版前言

为了适应中等职业教育改革和发展的需要，尽快地培养出高素质的劳动者，依据教育部颁发的《中等职业学校会计专业教学标准（试行）》和2020年版的中等职业教育国家规划教材《经济法基础知识（第5版）》，本书编写人员历时4个月，编写了这本《经济法基础知识习题与实训（第5版）》。

本书在编写过程中参编人员搜集并更新了大量的案例，走访了许多相关的经济管理与法律部门，使案例具有真实性和典型性。本教材通过对典型案例的分析，能够联系法律原文指导学生正确地使用法律条文，使学生对所学的法律知识有更加深刻的理解和认识。本书侧重点在于提高学生解决具体问题的实际能力，通过本书学习能够增强学生对社会经济实践的认知程度和对相关法律的理解深度。

本书既适用于财经类中等职业教育，又可作为岗位培训和自学的辅导用书。

本书由天津市农业发展银行法律事务处的庞明珠老师和辽宁省锦州现代服务学校退休老教师王永吉同志担任主编，参加编写的还有宋伟、蔡宇、金家欣等诸位老师。

由于受经济法时效性和我们水平的限制，本教材所编选的案例和所作分析与现行法律可能存在不协调之处，还望读者批评指正。

编　者

2020年1月

目 录

第一章 经济法基础概述

本章概要

一、教学重点、难点

重点：

法的概念和本质、经济法概念和调整对象等。

我们对经济法的理解要抓住的要点是：经济法是国家干预经济在法律上的表现；经济法所调整的对象是经济关系而且是经济关系中特定的一部分；经济法的表现形式系由一系列众多的国家干预经济的法律规范所组成。

难点：

“法的体例”是本章教学中的难点。法的体例，涉及法律条文句子间的逻辑关系。初中阶段语文课所介绍的形式逻辑知识，只是对逻辑问题的一般常识性了解，至于在具体的法律文件中：怎么对“事物预先情况和条件”在逻辑上表述为“假设”；怎么对“要求或不允许人们作出一定行为”在逻辑上表述为“行为”；怎么对“行为人的行为应受到鼓励或与法律规定不符时所应受到的制裁”在逻辑上表述为“处理”，学生并不一定能真正理解，因而需要教师把法律用语中的严密逻辑关系多加举例说明。使学生不但认识到法律用语在逻辑上的严密性，而且还会通过对法律用语严密性的认识，从而进一步加深对法律规范严肃性的认识。

二、教学建议

本章和第二章是本教材的法学基础理论部分。本章主要介绍了法和经济法的产生以及围绕法的概念而直接涉及的一些相关基本要点。

把经济法作为财经类中专学校的教学学科之一的近20年里，经济法概念，一直是教材编写中有争议的问题。对这一问题的争议，恰恰促进了对经济法概念认识的深化：经济法就是国家干预经济的产物。但是“国家”并非是单纯的事物，国家本身是由相互制约的若干个国家机关所组成。所以国家要干预经济必须要借助于国家权力机关创立相关的法律；要借助于政府行政机关来管理经济活动；还要借助于司法机关，用现行的国家法律，把潜在的法律强制力，转换为现实的强制力。那么国家干预经济，总体来说就是必须借助于经济法，才能把权力机关、行政机关、司法机关对经济的干预统一在一个标准之上。这就是经济法的作用也是我们财经类中专开设经济法的实践意义，对这点意义必须通过对第一章的讲述渗透给学生，才能使学生加强对本学科的重视。

关于经济法的调整对象，对于初学者这是一个难点问题：目前法界权威认为：经济法具有自己独立的调整对象。经济法的调整对象是指经济法所干预、管理和调控的具有社会公共性的经济关系，可以概括为以下几点：

（1）国家规范经济组织过程中发生的经济关系。规范组织的法律，是为了防止垄断组织的出现，从组织上保证市场经济顺利发展。这方面的法律有公司法、外商投资企业法、合伙企业法、个人投资法等。

（2）国家干预市场经济运行过程中发生的经济关系。国家对市场经济运行进行干预是经济法的重要调整方式，这方面的法律有证券法、票据法、破产法、金融法、保险法、环境法、自然资源法等。

（3）国家管理、规范经济秩序过程中发生的经济关系。国家对市场规制的法律有反垄断法、反不正当竞争法、消费者权益保障法和产品质量法。

（4）国家在经济调控中发生的经济关系。此种经济关系的特点是国家对市场经济运行实行宏观调控，使经济各部门运行协调，使整个国家经济运行平稳。这方面的法律有财政法、税法、计划法、产业政策法、价格法、会计法和审计法等。

本章的前三节在讲述经济法之前，对普遍性的一般法律加以概括和常识性的介绍，其目的是对初中政治课中已学过的法律知识加以复习，并以此引出经济法。为了使学生对“法”有一个明确认识，在教学实践中要注意把法的特征与其他社会行为规范如道德、宗教教义、政党章程等相比较。特别是要与道德相比较：道德和法都是具有鲜明阶级性的行为规范，但道德对人的约束靠的是社会舆论和个人对自我行为的节制，依靠的是一种精神力量；而法，则完全依靠社会的强制力来硬性地规范人们的行为，它所依靠的是国家的强制力，因而经济法对经济的干预也必然是依靠强制性的经济手段甚至是刑事手段，而不再是依靠中国社会传统的儒商道德。

此外，对经济法与其他相关的法律之间，主要是与民法和行政法的交叉问题，也需要教师在教学时简单地加以交代：经济法与民法都是调整经济关系的法律规范，历史上在国家干预经济之前，民法就是调整个人财产关系的主要法律，它对经济法的形成有重要影响，它的一些重要原则已直接渗透到经济法中去。但二者在以下几个方面又有着区别：①调整原则的不同。经济法的调整原则除了民法所具有的一般原则之外，又有服从国家指令的不平等原则。②调整的范围不同。民法不但调整平等主体间的财产关系还调整人身关系，而经济法虽然也调整财产关系，但主要调整的是经济管理关系和经济协作关系。③参与的主体不同。国家机关在经济法律关系中是重要的管理主体，而在民事法律关系中却没有国家机关参与。④纠纷的处理手段不同。经济法对经济纠纷的处理方法有：行政方法、仲裁方法和诉讼方法三种解决手段，而民法对财产纠纷的解决方法却不包括仲裁的方式。

对具体问题中教学手段的建议：

（1）对法的特征的总结。“法的特征”课本上讲述了四点。学生在初中学习时，对文科课程知识的掌握方法，往往靠机械记忆的手段去死记硬背。进入中专以后要注意引导学生去归纳、去总结。在对法的特征的教学中就要注意把法和其他社会行为规范相比较，使学生通过类比的方法认识特定的事物与其他事物的差别，从而不但能掌握法的特征，并且能够学会找出特定事物特征的方法与手段。

(2) 法的效力。法的"时间效力"中关于法的"追溯力"问题，一般情况下法没有追溯力，但特殊情况下可以具有追溯力，比如，建国初期我国颁布的《惩治反革命条例》中，对建国之前的反革命犯罪特别进行了追究。法的"空间效力"中，对"驻外机构及航行在境外的船只、航行器等一切延伸意义的领土"也属于我国领土，是我国法律的管辖范围的问题，同学们不易想到，需要向同学多加解释。此外，关于"法律对人的效力"课本上讲述了"属地管辖""属人管辖""属地管辖与属人管辖相结合"三种处理办法。我国法律对人的效力究竟如何处理，请教师在讲课时要针对具体问题说明具体处理办法。

(3) 法的体例。对法的体例之间的逻辑关系："假设""行为""处理"，请教师在备课时，要准备数条满足这种逻辑关系的法律条文作为例证，来帮助学生对法律文件体例形式的理解。

实训案例

一、法的本质及其效力

(一) 知识要点

法是统治阶级意志的集中表现，它是以国家意志形式表现出来的统治阶级的意志，是追求社会相对公平和维护社会稳定的工具，法的内容由统治阶级当时所处的物质条件所决定。

法的效力范围是指法在什么领域、什么时间、对谁有效。

(二) 典型案例

《中华人民共和国劳动合同法》修改方案于2012年12月28日通过，现予公布，自2013年7月1日起施行。

1. 思考问题

(1) 该法是一种什么形式的法律或法规？它的地位和效力如何？

(2) 说明《中华人民共和国劳动合同法》的效力范围。

(3)《中华人民共和国社会保险法》于2012年12月28日公布后，至2013年6月30日间是否具有法律效力？

2. 案例分析与参考答案

解答本题主要从法律形式及其效力来寻找依据。

《中华人民共和国劳动合同法》是国家法律，不是法规。从本章所学的知识可以知道，由全国人大及其常务委员会制定并颁布的法律规范称为"法"或"法律"，它的法律地位和效力仅次于宪法。

《中华人民共和国劳动合同法》公布时已说明其生效时间为2013年7月1日。它在地域上的效力范围包括中华人民共和国的全部陆地、领海、领空和一切延伸意义上的领土。它对人的效力范围，凡是在中华人民共和国法律意义上的领土之内，无论任何国籍的公民、法人或其他经济组织，拟处理劳动合同纠纷都必须遵守本法。

《中华人民共和国劳动合同法》自公布之日起，至该法所标明的正式生效日之前是不具有法律效力的。

3. 法理基础

法律是我国法律规范的主要形式，它是指由我国最高权力机关，即全国人民代表大会及其常务委员会制定并公布的法律规范。它所规范的是国家在社会生活中某些方面的基本问题。

法律规范的时间效力通常包括两个问题：一是关于法律的生效时间和终止时间；二是关于法律的追溯力问题。法律的生效时间通常有两种情况：一是法律本身就规定了生效日期；二是从公布之日起生效。

凡全国人民代表大会及其常务委员会制定和颁布的法律，它的空间效力包括我国境内的全部陆地、领海、领空、驻外机构及航行在境外的我国船只、航行器等一切延伸意义的领土。

法律涉及对人的效力，通常有以下几种处理方法：一是采取属地原则，即不管行为人的国籍如何，都适用行为发生地国家的法律；二是采取属人原则，即是哪国公民就适用哪国的法律，无论其行为发生地在何处；三是采取属地与属人相结合的原则，即不管行为人的国籍如何，也不管行为发生地在何处，只要侵犯了该国利益就适用该国法律。

（三）自测案例

河北省人民政府令第10号

为推进依法行政，加强法治政府建设，使政府立法更好地适应全省经济社会发展的需要，在2010年全面清理省政府规章的基础上，经2011年10月9日省政府第95次常务会议通过，决定对《河北省城市维护建设税实施细则》进行修改，现予公布。本决定自公布之日起施行。

代省长　张庆伟

二〇一一年十月二十日

根据所学过的知识，判别上例《河北省人民政府令第10号》是什么性质的规范性文件？为什么？

二、经济法概念

（一）知识要点

对经济法概念的理解，要掌握以下几点：

（1）经济法是调整社会特定经济关系的法律规范。

（2）经济法调整社会经济关系的前提是社会经济必须市场化。

（3）经济法只调整需要国家干预或调整的市场经济关系。这种关系是随着社会经济形式的变化而变化的关系，在不同的时期或不同的国家，经济法对经济干预的程度和对象是不同的。

（4）经济法是一个集合性概念。它不是一部法规，而是多部经济法律、法规构成的一个群体。

（二）典型案例

张某是下岗职工，为了解决自己的生活和就业问题，自己筹集了两万元资本，在自家临街的住宅里开办了一个出售烟酒食杂的小卖部，经营效果很好。可是开业不到半月，市场监督管理部门认定张某违反了《个人独资企业法》，没有按规定向当地市场监督管理机关办理登记及取得营业执照等事宜，责令其停止营业并补办有关手续。

1. 思考问题

（1）什么是经济法？

（2）经济法的调整对象是什么？

（3）经济法的立法目的是什么？

2. 案例分析与参考答案

本案例反映的是一起市场监督管理部门对不履行工商登记、私自营业的违法行为的处理。该案例是一个典型的经济管理案例，处于管理者一方的是当地市场监督管理部门，代表国家行使管理权；处于被管理者一方的张某则是自谋职业的下岗职工，当他从开始营业时起，就成为了市场监督管理部门的管理对象。二者之间的这种管理与被管理关系属于经济法所调整的特定的经济管理关系。

经济法是调整在市场经济条件下，国家为促进和保障市场经济的健康发展，维护社会经济秩序而制定的调整国家在管理与协调经济运行过程中发生的特定的经济关系的法律规范的总称。也就是说经济法是由多部干预经济的法律构成，与本《案例教程》相配套的《经济法基础知识》教材中所提到的有市场主体法、市场管理法、市场运行法、宏观调控法等法律、法规。而本案例中所适用的工商登记管理的有关法规和《个人独资企业法》即为市场管理法和市场主体法的重要组成部分，即是经济法的重要内容。

经济法的立法目的是为了促进和保障市场经济的健康发展，维护社会经济秩序。本案例中张某不经履行工商登记手续，便自行营业的行为，显然是没有取得合法经营身份，造成市场秩序紊乱的行为。因此必须责令其停止营业并补办有关手续。

3. 法理基础

经济法作为一个独立的法律部门，它的调整对象是只能是经济关系，但又不是所有的经济关系，它只调整特定的经济关系，即只调整和社会主义市场经济运行相关的经济管理和经济协作关系，主要包括以下内容：①国家经济管理关系，主要有综合经济管理关系、职能经济管理关系、行业经济管理关系、经济监督关系等；②经济协调关系，主要有市场管理关系、经济竞争关系即反垄断和反不正当竞争关系以及在国家计划协调作用下发生的经济联合与协作关系等；③企业组织管理关系，主要是指在确定企业的法定组织形式，企业的设立、变更与终止以及企业内部管理方面发生的经济关系。

（三）自测案例

李某个人投资开办了一家独资企业，在经营过程中因进货与结算清理不及时，与另一家张某所开办的私企贸易货栈发生了经济纠纷。李某决定向法院起诉，但不知此类纠纷属哪个法律部门管辖，应到哪个法庭起诉。有人说李某和张某是平等的法律主体，所发生的纠纷又是个人间的财产纠纷，应当到民事庭起诉，这种说法对吗？

三、经济法的地位

（一）知识要点

经济法是一个独立的法律部门，与它的经济性的特征是分不开的。首先它所调整的社会矛盾主要涉及的是由经济权利与经济义务而引发的经济纠纷。其次在它的调整手段上虽然运用了行政的甚至刑事的惩处方法，但最主要的是运用了经济的方法。最终我们对经济法的确认还在于经济法只在经济领域中，而且只在经济调控与经济干预中适用，对非经济领域经济法不发生任何法律效力。

（二）典型案例

案例（一）

2018 年年底，L 省 K 市国家税务局稽查分局接到举报，称该市前进造纸厂偷逃增值税，经查实，该厂确实偷税金额达 135748.78 元。为此稽查分局除对有关责任人追究刑事责任外，责令该厂补缴所偷税款，并处以所偷税额两倍的罚款。

案例（二）

公民甲、乙、丙三人分别出资 10 万元、20 万元、20 万元，经工商注册，取得营业执照，开办了一家合伙企业。经营一年以后企业获利不大，甚至还有亏损的可能，因而甲乘携款办事之机，将 10 万元货款据为己有，并通知乙、丙二人，自己已自行撤资，从合伙企业中退出。乙、丙二人十分气愤，遂到当地人民法院民事庭提起诉讼。

1. 思考问题

案例（一）

（1）本案是否为经济案件？在本案中采用了哪些调整方法？

（2）经济法是否为独立的法律部门？

（3）经济法与民法、行政法有什么相同点和不同点？

案例（二）

（1）本案是否为民事案件？为什么？

（2）乙、丙二人是否应当到法院民事庭提起诉讼？

2. 案例分析与参考答案

案例（一）

本案例所涉及的是一起经济管理中的税收征管问题，是经济案件，而且是经济犯罪案件。本案在处理中除了对有关责任人追究了刑事责任外，主要运用了行政命令（责令补缴所偷税款）和行政处罚（处两倍罚款）的调整方式。这种调整方式使学生不禁要问经济法与刑法、行政法有什么不同？经济法是否为独立的法律部门？所谓法律部门，也称为部门法，通常是根据一定标准或原则所化定的同类性质的法律规范的总称。一般情况下划分的主要标准和依据是法律所调整对象的不同，即调整不同的社会关系需要不同的法律部门。由此可知一个法律部门能否独立存在，取决于它是否有自己特定的调整对象，凡是具有自己特定的调整对象的，就可以构成一个独立的法律部门，而不是取决于对过失主体的处理和惩治方式。经济法特定的调整对象是“国家在管理和协调经济运行过程中发生的特定的经济关系”，因而经济法就是一个独立的法律部门。本案例所涉及的税收管理关系是经济法所调整的经济管理关系的组成部分，是民法和行政法所不能调整的社会关系，因此必须用经济法来调整。

尽管从现象上来看，经济法与行政法在调整方法等方面存在一些相同之处，但二者之间在调整主体、调整对象、调整方法以及法律适用上却存在诸多根本的不同。因此我们绝不能以在案件的处理中是否运用了行政命令和行政处罚等行政法的处理手段作为界定适用经济法或行政法的依据。初学者必须牢记：只有“调整对象的特殊性才是划分法律部门的标准”。

本案例可以帮助初学者理解这一点，虽然在对过失主体的处理和惩治方式上与行政法所采用的方式完全一致，但这只是表象，唯有调整对象的不同才决定了本案的性质属于经济法的管辖范围。

案例（二）

我们从经济法的概念上得知：经济法是调整国家在管理与协调经济运行过程中发生的经济关系的法律规范。本案从表面上看，似乎为甲、乙、丙三人的个人经济纠纷，属于平等主体之间的财产纠纷，是一般的民事案件。但甲、乙、丙三人的纠纷源于共同开办合伙企业，并已经取得营业执照共同经营一年有余。为此三人间的纠纷已属于需要国家调整的合伙企业运行关系，而不再是一般平等主体之间的财产纠纷。本案中，由于甲的自行撤资，违反了《合伙企业法》，属于经济案件，只有经济法才是调整社会经济关系的法律规范，因而，此案应由经济法律部门管辖。

乙、丙二人应到人民法院经济庭提起诉讼，民事庭对此案也不会立案受理。

3. 法理基础

（1）经济法是一个独立的法律部门。经济法作为独立的法律部门，有其特定的调整对象。法律部门的划分，不是由人们的主观意志决定的，而是由它所调整的那部分社会关系的性质所决定的。经济法的调整对象为国家在管理与协调经济运行过程中发生的特定的经济关系，而不调整非特定的经济关系，更不调整其他性质的非经济关系，因而它的调整对象与其他法律部门所调整的社会关系是有明显区别的，所以我们说它是一个独立的法律部门。

（2）经济法与相邻法律部门的关系。与经济法容易发生交叉的法律部门主要有民法与行政法。了解经济法与上述两个法律部门的区别可以表现经济法调整对象的特殊性，凸显出经济法是其他法律部门所不可代替的；掌握经济法与它们的联系，既可以明确相关法律部门的共同作用，又可以更有利于理解不同法律部门间的区别。从而可以使我们更加明确经济法这一法律部门在社会主义法律体系中的地位。

经济法与民法的联系：①二者都有调整经济关系的功能。②二者不能完全割裂开来，在特定情况下民事权利的行使要受到经济管理权力的约束，而经济权力的行使通常要充分尊重民事权利。

经济法与民法的区别：①调整对象不同。经济法调整需要由国家管理与协调的特定的经济关系，民法则调整平等主体之间的财产和人身关系。②法律关系的主体不同。一方面民法的主体只限于法人和自然人；而经济法的主体除法人和自然人之外还包括企业内部的机构以及其他非法人的经济实体。另一方面民法主体之间的法律地位是完全平等的；而经济法主体在处于管理关系时，其相对人之间的地位是管理与被管理的关系。③调整方法有所不同。民法采用平等互利、等价有偿的调整方法；而经济法除此之外有时还采用非平等的命令方式。④处理的方式不同。民法只采用经济的制裁方式；而经济法除经济的制裁方式之外有时还可以采取行政和刑事的制裁方式。

经济法与行政法的联系：①它们都体现了国家对社会生活的干预。②它们所调整的社会关系都具有隶属性。③它们都要采取命令与服从的办法调整社会关系。④行政法所调整的社会关系（组织性行政关系）和经济法所调整的社会关系（经济性行政关系）相互作用。

经济法与行政法的区别：①调整对象不同。行政法调整的社会关系所体现的是一种权力从属关系，而且多数情况下这种关系是不具有经济内容的。②主体不同。行政法主体一方是政府另一方则是下属的行政机关、企事业单位或公民；经济法主体一方包括国家行政机关还有企事业单位、经济组织或公民，另一方也是企事业单位、经济组织或公民，还有企业内部的管理机构和生产组织。③调整方法不同。行政法是采取单纯的强制性的办法调整，而经济法则是除了强制性的方法之外还采取指导性和监督性相结合的方法。④法律适用的程序不同。行政法调整的纠纷，由行政诉讼程序解决；而经济法调整的纠纷可能由民事诉讼程序、行政诉讼程序甚至刑事诉讼程序来解决。

（三）自测案例

有人说法院经济法庭在处理某些经济案件时，同时运用了行政命令（如责令补缴税款）和行政处罚（如吊销营业执照）的调整方式，由此看来完全可以不必设立经济法庭，经济案件可以完全由民事法庭或行政法庭来审理。这种看法是否有道理？

本章练习

一、填空题

1. 在阶级社会中，国家制定的法律与原始社会中的作为行为规范的习俗，是两种不同的________。

2. 法是反映统治阶级________的，由国家制定或________并以国家强制力保证其实施的社会行为规范的总和。

3. 法律，是我国法律规范的主要形式，专指我国________，即________及其常务委员会制定并公布的法律规范。

4. 凡调整________的社会关系的________的总和，就构成一个独立的部门法。

5. 法规体例是________中以常用法律术语所表述的带有特定明确意义的________表达形式。

6. “经济法”一词最早出现在法国空想社会主义者________在1755年编著的________一书中。

7. 经济法是调整国家在________经济运行过程中发生的________的法律规范的总称。

8. 宪法由全国人民代表大会________并公布施行。它具有__________的法律效力和地位，是其他法律部门立法的基础。

9. 行为，是法律法规中列举的允许、________或________人们做出一定行为的表述。

10. 社会主义法律是建立在________基础之上的，体现的是工人阶级和广大人民的意志，是实现人民民主专政的________。

二、单项选择题

1. 社会主义法制的内容不包括（　　）。

A. 立法　　B. 守法

C. 执法　　D. 约法

2. 经济法主要调整的是与国家计划、国家直接管理相关联的，以及涉及全局利益、整体部署的一类（　　）。

A. 组织内部经济关系
B. 纵向关系
C. 横向经济关系
D. 一部分特定的经济关系

3. 下列法律关系中不属于经济法调整的对象有（ ）。
A. 经济管理关系
B. 经济竞争关系
C. 企业组织关系
D. 政府救济灾民关系

4. 经济法调整的组织内部经济关系是（ ）。
A. 一些重要的纵向和横向经济关系
B. 全部内部经济关系
C. 国家对企业的经济管理关系
D. 企业组织管理关系

5. 我国经济法的调整对象是（ ）。
A. 各种经济关系
B. 一定范围的经济关系
C. 民事法律关系
D. 一切经济利益关系

6. 下面这些法律中，只有一部是属于经济法律体系中的，请指出（ ）。
A. 民法通则
B. 道路交通法
C. 公司法
D. 宪法

7. 下列规范性文件中哪项不是我国法律的表现形式（ ）。
A. 宪法
B. 地方性法规
C. 国际条约
D. 党章

8. 经济法调整社会生产和再生产领域中和市场经济运行过程中，以各种组织为基本主体所参加的（ ）。
A. 经济管理关系
B. 经营协调关系
C. 经济管理关系或经营协调关系
D. 经济管理关系和经营协调关系

9. 社会主义法律的本质是由（ ）决定的。
A. 社会民众
B. 执政党
C. 生产资料公有制
D. 绝大多数人意志

10. 经济法这一特定概念的提出，开始于20世纪初的（ ）。
A. 日本
B. 德国
C. 法国
D. 意大利

三、多项选择题

1. 在下列各项中，反映了法的基本特征的有（ ）。
A. 是统治阶级制定和认可的行为规范
B. 是国家强制力保障实施的行为规范
C. 是以权利义务为内容的行为规范
D. 是代表了多数人利益的行为规范

2. 下列各项中，哪些属于我国的法律形式（ ）。
A. 宪法
B. 中石化总公司规章制度
C. 反垄断法
D. 会计法

3. 在下列各项中，必须由特定机关实施的活动包括（ ）。
A. 经济守法
B. 经济执法
C. 经济司法
D. 经济立法

4. 法律的存在社会是（ ）。

A. 从来就有
B. 奴隶社会
C. 资本主义社会
D. 社会主义社会
E. 原始社会

5. 法的效力范围包括（　　）。
A. 无限度的范围
B. 涉及的人群
C. 时间范围
D. 空间范围

6. 国民经济管理关系包括（　　）。
A. 监督关系
B. 竞争关系
C. 行业经济管理关系
D. 交换关系

7. 经营协调关系包括（　　）。
A. 联合关系
B. 协作关系
C. 经济竞争关系
D. 监督关系

8. 经济法的调整对象包括以下几种关系（　　）。
A. 国民经济管理关系
B. 经营协作关系
C. 组织内部经济关系
D. 涉外经济关系
E. 其他应由经济法调整的经济关系

9. 经济法的调整对象包括（　　）。
A. 经济管理关系
B. 个人财产关系
C. 经济协调关系
D. 企业组织关系

10. 经济法的基本原则是（　　）。
A. 维护公平竞争的原则
B. 诚实信用原则
C. 保护多种经济形式合法发展
D. 国家调节市场、市场引导企业原则

四、判断题

1. 原始社会的民族组织和社会习惯，便成了维护原始社会秩序的工具，这就是当时的法律。（　　）

2. 法从来就是要求人们普遍遵守的社会行为规则，因而，它必须代表全社会绝大多数人的意志和利益。（　　）

3. 法的效力主要是指法律对哪些人具有约束力，它的效力就是在于制约对社会具有危害力的犯罪分子。（　　）

4. 法是反映统治阶级意志和利益的，由国家制定和认可的，以国家强制力保证其实施的，社会行为规范的总和。（　　）

5. 凡是由全国人大常委会制定和通过的规范性文件都可以称为法律或法规。（　　）

6. 行政法规是国务院根据国家宪法和法律制定的规范性文件，因而它必须经过全国人大常委会批准。（　　）

7. 经济法的调整对象是特定的经济关系，因而经济法是调整所有经济关系的法律规范的总称。（　　）

8. 宏观的经济管理关系即国民经济管理关系是经济法的调整对象，而微观的经济管理关系不属于经济法的调整对象。（　　）

9. 在我国古代著名的“商鞅变法”过程中，所变法律大部涉及了经济法律。 （ ）
10. 从十一届三中全会以来，中国法制史上第一次出现了经济立法。 （ ）

五、简答题

1. 简述法的产生过程，说明法有哪些基本特征？
2. 你对经济法是如何理解的？
3. 法的本质是什么？
4. 我国的法律有哪些表现形式？
5. 法律的效力应该从哪几个方面去理解？如何理解？

六、案例分析题

我国《会计法》第22条规定：“会计记录的文字应当使用中文。在民族自治地方，会计记录可以同时使用当地通用的一种民族文字。在中华人民共和国境内的外商投资企业、外国企业和其他外国组织的会计记录可以同时使用一种外国文字。”

问：这一条款包含了几个法律规范？各法律规范的结构和类型各是什么？

第二章

经济法律关系

本章概要

一、教学重点、难点

重点：

在现实的经济法律关系中哪些个体具有经济法主体的资格。经济法律关系主体中的“法人”是较为重要的主体，对法人的概念、成立条件要深刻熟练的掌握和理解。经济法律关系内容中的经济权利和经济义务，在经济法律关系的三要素中比较容易被学生忽略。在经济法律关系客体中的“物”，除了涵盖一般意义上的物之外，还包括了作为一般等价物的货币和有价证券。经济法律行为和经济法律事件都是符合经济法律规范的规定的法律事实，但因主体在事实中的作用不同而分为不同的两类。经济代理行为，是市场经济条件下最常发生的一种法律行为，对代理的特征要作重点掌握。

难点：

对法人的理解。《民法通则》中明确宣布了“法人是具有民事权利能力和民事行为能力的组织”，这就是说“法人”不是指自然生命体的人，而是一个社会组织。首先，要使学生摈弃来自社会上认为单位主要领导即是法人的错误认识，明确法人是一个社会组织，而不是作为法人代表的具有自然生命体的个人。其次，要明确法人是个法律用语，法人之间在社会经济生活中的法律地位是完全平等的。那种认为公司和所属企业都是法人，因而称为“上级法人”和“下级法人”，前者管后者，这种认识是错误的，这是把法律关系和工作中的管理关系混淆了，同时它也违背了法人是平等主体的重要民事原则。

对代理概念的理解。要注意代理是一种法律行为，它与替人办事有质的不同。替人办事时，办事人完全按照委托人的交代去办理事务；而代理时，代理人是凭着委托人所授予的权限，按照自己的意愿去处理事务。

经济法律关系与经济关系的区别。两者最本质的区别是：经济法律关系是在法律约束之下而形成的一种法定关系，而经济关系则不一定都是符合法律规定的社会关系，有些甚至是违法的社会关系。

二、教学建议

本章是在对法律、经济法有了一般了解的基础上，进一步对有关经济司法中的法学基础理论进行学习，因而要注意多增加案例，使学生克服对法律学习的畏难情绪。

本章教学中，“经济关系”是一个教学难点，要通过反复讲解和强调，使学生领会经济法律关系和经济关系的区别与联系；让学生能够举例具体说明经济法律关系三要素之间的相互关系：

（1）经济法律关系是经济法调整特定的经济关系后所确认的权利义务关系，而经济关系是客观存在的物质利益关系。

（2）经济法律关系的存在以经济法的存在为前提；经济关系的存在，不以法的存在为前提，它是客观存在的。

（3）经济法律关系要靠法律来保障，经济关系靠客观经济规律来支配。

实训案例

一、经济法律关系

（一）知识要点

经济法律关系：首先它是一种经济关系；其次它是一种以经济权利和经济义务为内容的社会关系；再次它是由国家强制力作为保证的社会关系；最终它必须以经济法作为它所依据的前提。

（二）典型案例

10 年前赵红与钱程、孙达生、李德胜等四人合伙与某市的一家集体企业签订了承包合同。四人约定承包人每人出资 5 万元，承包 2 年，承包期间由合伙人共同经营，共负盈亏，并推举赵红为该企业的法定代表人。承包期满后钱、孙、李等三人多次要求清算分红，赵红却以承包期内经营亏损为借口多次推诿阻挠清算。后钱程个人又与所在企业间因债务纠纷发生诉讼，钱遂申请法院委托某会计事务所对该承包企业在经营期间的损益情况进行审计，审计结果表明该企业在此期间扣除上缴企业承包金之外，账面盈利 26.9 万元。经查此账面利润被赵红私自挪作他用，钱程遂诉之于法院，要求赵红偿还本人应得的承包收益 67250 元（为账面利润的 1/4）。

1. 思考问题

（1）本案所涉及的法律关系是否为经济法律关系？为什么？

（2）经济法律关系有哪些特征？

2. 案例分析与参考答案

本题的解题思路要考虑当事人之间的关系是自然人之间的平等主体民事关系，还是带有需要国家干预的管理性质经济法律关系，只有找出了案件的症结，才能做出正确的处理。

本案例所涉及的赵红与钱程等人之间的法律关系是经济法律关系，而非民事关系。因为赵红等人的合伙承包是以与某集体企业间的承包经营为前提。故而他们之间的关系既为《民法总则》所调整，也为国家对集体企业承包经营责任制所作的特别规定所调整。在处理本案时，要考虑到经济法律关系最显著的特征是行政、经济及商事的包容。如单纯的合伙关系是民事法律关系，一般不受国家干预，但在承包经营责任制上形成的合伙经营关系受《集体企业法》的调整，便成为经济法律关系。因而必须受到强制性规范的约束。本案中政府的管理权、公有主体财产权及经营者的自主经营权交织在一起，并且案中的所有权和经营权关系、企业关系、合同关系之间又密不可分，如果作为单一的民事法律关系对待，则无法根据法律的规定准确把握本案所涉及的所有利益关系，将会造成审判失当甚至错误。

此外在处理本案时，还要考虑到原告作为投资人在主张以投资资金为分利依据之前，还应考虑到企业应缴纳的所得税金及企业自身留利问题。这是经济法律规范作了明确规定的，纳税留利之后的盈余方可作为各合伙人分享的利润，因此本案中钱程所主张的数额不可能全部得到法律的支持。

3. 法理基础

经济法律关系，是指经济法律关系主体在经济管理和经济协作过程中，根据经济法的规定形成的经济权利和经济义务关系。在全社会的生产、交换、分配、消费的过程中，国家机关、企事业单位、公民之间随时产生着各种各样的经济关系。在这些经济关系中，凡属于经济法规调整的，就是经济法律关系，经过经济法规调整的各方，就形成了它们之间在法律上的经济权利和经济义务关系。经济法律关系是国家意志在特定经济关系方面的表现，是受国家强制力保护，能够使各方经济权利和经济利益得以实现的合法关系。

二、经济法律关系构成要素

（一）知识要点

（1）任何法律关系都是由三要素构成，经济法律关系也不例外。

（2）任何一个要素都必须具备确定的性质。

主体：职权主体和职责主体；权利主体和义务主体。

内容：经济职权和经济职责；经济权利和经济义务。

客体：经济职权和经济职责或经济权利和经济义务所指向的事物（对象）是明确的。

（3）经济法律关系要素是经济事实在经济法律上的反映。

（二）典型案例

李某自2014年担任某加工厂厂长后，下令财务人员将8万多元资金列入成本以冲减利润，并指使工作人员隐瞒其他经营收入，利用两本账等手段逃避税收，从而多向本厂职工发了大量奖金。在全国税收物价大检查时，李某告诉主管财务的副厂长，自查的问题不报，查到时再说。2016年厂里两名财务人员向税务部门举报了李某的问题，经当地国税局全面审查核实：该厂自2014年至2016年偷逃所得税24.1万元，漏纳增值税15万元。税务机关除责令补交以上税款外，同时处以偷漏税额2倍的罚款，并将李某问题上报当地检察院。检察院经调查确认该厂已构成偷税罪，将李某依法逮捕。人民法院经审理后认为李某已构成犯罪，鉴于李某在任职期间作出一定成绩，且案发后积极补交税款，决定给李某“免于刑事处分”，同时建议有关部门给予党纪、政纪处分。

1. 思考问题

（1）某加工厂与税务局之间是否存在经济法律关系？如果存在，请指出其构成要素。

（2）本案中的权利主体与义务主体是一种什么关系？

2. 案例分析与参考答案

以上案例所涉及的是税收征纳关系，这一法律关系为宏观调控关系，属经济法律关系范畴。其主体双方为某加工厂和当地国家税务局。某加工厂系经济活动主体，直接参与经济活动；当地国税局系经济管理主体，依法行使税收管理职能，它们之间存在经济法律关系。对于某加工厂而言，因其负有依法纳税的义务而成为税收法律关系的义务主体，国税局则依法成为行使征税职能的权利主体。加工厂负有纳税义务，国税局负有征税的职责就是这项经济法律关系的内容。加工厂偷漏税，违反了《税收征管法》的行为和国税局对其检查、处理的征管行为即是这项经济法律关系的客体。

就具体经济法律关系而言，主体间的权利、义务是不对等的，双方当事人之间的权利、义务关系并非双方协商产生的，而是由单方（经济管理主体即国税局）的意志所决定的，这种单方意志性为双方的管理性不平等所决定。其客体行为包括偷漏税行为与征管行为，如果没有这两种行为，双方主体的经济权利和经济义务就无法实现。本案中加工厂负有执行税务机关补交税款及罚款的义务；税务机关亦有征管的权力。这是国家赋予的法定职权不可让渡或放弃，只能依法行使。

至于李某作为义务主体的法人代表，应依法承担法律规定的行政和刑事责任。

3. 法理基础

经济法律关系是根据经济法形成的权利、义务关系。

国家机关及其工作人员在行使经济管理职能时，依法享有的职权是经济职权。作为经济法主体的国家机关主要是指经济管理机关，它们从不同角度代表国家行使管理经济的职权。

企业是国民经济体系中最重要的组成部分，是市场最基本最重要的竞争主体，是经济法主体中最重要的一类。

（三）自测案例

2019 年初，辽宁某大型超市与浙江某制鞋厂签订了 500 双皮鞋的供货合同。合同约定 2019 年 8 月底交货，由浙江方面负责发货。不料当年 8 月初由于受台风影响，工厂难以维持正常生产，造成不能按时供货（此题也可为下面的“经济法律关系的产生变更和终止”作为练习）。请问：上述案例中所构成的经济法律关系中，主体、客体、内容各是什么？

三、经济法律关系的产生、变更和终止

（一）知识要点

（1）经济法律关系的产生、变更和终止必须具有法律依据。

（2）有合法的权利主体和义务主体。

（3）有确定、可靠的法律事实。

（二）典型案例

甲公司与乙服装厂签订一份合同，约定：由乙服装厂加工 5 万套服装，每套单价 100 元；甲公司于 10 月 30 日前向乙服装厂支付预付货款 100 万元，服装厂要在 12 月 1 日前交付第一批服装 2 万套，12 月 10 日甲公司支付乙服装厂款项 200 万元，在次年 1 月 15 日前交付第二批服装 3 万套，甲公司在接到第二批服装 15 日内将余款 200 万元付给乙服装厂。合同约定一旦双方出现纠纷，提交仲裁委员会仲裁。

合同按期履行，但到 12 月 5 日，乙服装厂突发火灾，将厂房、布料和大部分设备烧毁。甲公司知道后，便停止向乙服装厂支付第二笔款项。经乙服装厂交涉，甲公司同意若乙厂在 1 月 5 日前恢复生产能力，甲公司便支付余下的全部款项，双方继续履行合同。由于筹措资

金困难，乙服装厂在1月15日才恢复生产，请求甲公司继续履行合同，甲公司认为，由于服装销售季节性很强，这时再生产服装已错过了销售高峰期，很难卖得出去。于是通知对方解除合同，表示可以结清乙厂已交付服装的款项。乙服装厂经多次与甲公司协商未果，遂向人民法院提起诉讼。

1. 思考问题

（1）甲公司与乙服装厂是否形成了经济法律关系？其构成要素有哪些？

（2）乙服装厂发生的火灾是什么性质的法律事实？

（3）甲公司在得知乙服装厂因失火烧毁厂房、布料和大部分机器设备时即中止履行合同是否合法？为什么？

（4）乙服装厂于1月15日恢复生产能力，而甲公司却提出解除合同是否合法？为什么？

2. 案例分析与参考答案

这是一起因经济法律关系变更而引起的纠纷。甲公司与乙服装厂由于一纸合同签订这一法律行为的发生，而在两者之间形成了经济法律关系（在本案中为合同关系）。在这个经济法律关系中，主体为甲公司与乙服装厂，二者因互相享有收取货款或取得服装的权利又互相负有支付货款或交付服装的义务，因而互为权利主体和义务主体。这一法律关系的内容为甲公司按合同约定分期支付货款，乙服装厂按合同的要求分批、按时、保质保量地交付服装。而这一法律关系的客体则为，货款和服装。

合同开始履行后，12月5日乙服装厂不幸发生火灾。火灾这一法律事实的发生，与甲公司和乙服装厂双方当事人的主观意志均没有任何关联，但它却使双方订立的合同不能再正常履行，并进而引起了合同内容的修改，使双方所结成的法律关系发生了变更。我们说火灾这一客观事实被称为“事件”。

甲公司在得知乙服装厂因失火烧毁厂房、布料和大部分机器设备时即中止履行合同，是一种带有自我保全性的合法行为。正是因为火灾这一事件和甲公司中止合同的行为的发生才使双方所结成的法律关系发生了变更。

乙服装厂于1月15日恢复生产能力，而甲公司却提出解除合同的行为也系合法行为。这一行为的发生，使双方的经济法律关系（即合同关系）归于消灭。

3. 法理基础

经济法律关系，是指经济法律关系主体在经济管理和经济协作过程中，根据经济法的规定形成的权利、义务关系。

经济法律关系的构成要素是构成经济法律关系的必不可少的组成部分。任何经济法律关系都必须具备：主体、内容、客体三个构成要素。

能够引起经济法律关系产生、变更和消灭的客观事实称为法律事实。法律事实依照其是否与当事人的主观意志为转移分为：事件和行为。

事件是指不依当事人的主观意志为转移，并能引起经济法律关系产生、变更和消灭的客观事实。

（三）自测案例

2018年3月，三江市头江区糖酒公司（以下简称甲方）与本市醉八仙酿酒厂（以下简称乙方）签订了一项买卖合同。合同约定：甲方向乙方购买该厂生产的“醉八仙”牌白酒，数量为5万瓶，总价款为人民币25万元，交货时间从2018年5月20日起，每隔10天供货1万瓶，第二批交货时结清第一批货款，以后照此办理。合同签订后，2018年4月上级主管部门决定撤销头江区糖酒公司，由5月1日起将其合并到市糖酒公司。因“醉八仙”系地方名酒，销路很好，经与酒厂协商本合同转给市糖酒公司并每月增加供货2千瓶。试分析：在本例中，因哪些事实的发生，引起了哪些经济法律关系的产生或变更？头江区糖酒公司应如何办理这种法律关系的变更？

四、经济法律关系的保护

（一）知识要点

（1）通过对经济法律关系的保护，达到维护正常的经济秩序，保护社会主义市场经济健康发展的目的。

（2）对经济法律关系负有保护职责的职能机关：各经济管理机关、仲裁机关、司法机关。

（3）保护手段：经济制裁、行政制裁、刑事制裁。

（二）典型案例

黎明方便食品公司是一家专营谷物即食早餐食品的跨国公司，其生产的品牌有可乐氏玉米片、可乐氏麦片、可乐氏米片等。其主要商标“Kellogg’s”连年被评为国内著名商标。

2018年4月该公司在市场上发现，山西金发有限公司所生产销售的同类商品，所有包装上除将黎明方便食品公司原包装上的商标“Kellogg’s”改成“Kongaln”外，其包装形式、图案完全与黎明方便食品公司产品包装一模一样。2019年9月15日黎明方便食品公司以商标侵权和不正当竞争为由向当地法院起诉山西金发有限公司。2019年12月23日，一审法院以商标文字不同判决原告败诉。2020年2月，黎明方便食品公司提起上诉，经审理二审法院撤销一审错误判决，责令山西金发有限公司停止使用与黎明方便食品公司相近似的包装，并追究其经济责任。

1. 思考问题

（1）本案中黎明方便食品公司和山西金发有限公司是何种法律关系？如何产生的？

（2）此法律关系因何而受到破坏？又是如何获得保护？

2. 案例分析与参考答案

前述案例中黎明方便食品公司和山西金发有限公司之间是一种竞争法律关系，属经济法律关系的一种。这种法律关系的形成源于二者生产销售同一类商品，《反不正当竞争法》对竞争行为进行了规范。在本案中山西金发有限公司的行为违反了《反不正当竞争法》第五条第一款第二项的规定，模仿黎明方便食品公司的知名商品所特有的包装、装潢，造成和黎明方便食品公司商品相混淆，致使黎明方便食品公司的利益受到损害，两公司间的正常竞争法律关系因之遭到破坏。侵权方的行为为非法行为，被侵权主体黎明方便食品公司选择了最强有力的自我保护方式，对山西金发有限公司提起诉讼，这种行为才是法律行为。通过法律行为，请求法律禁止山西金发有限公司的不正当竞争手段，最终使自身权益得到了维护，使被破坏的竞争关系得到了恢复。

在法律规范中所规定的权利、义务是抽象的，而在具体的法律关系中，法律规范所规定的事实情况、权利主体、义务主体、权利与义务及其所指向的对象则是具体的。对本案例分析的关键，在于找出二者之间所形成的法律关系，只有找出了这种法律关系，并说明这种法律关系正在遭到不法侵害，才能向人民法院寻求法律保护。

3. 法理基础

行为是由当事人自己意志作出的，并能够引起一定法律关系产生、变更和消灭的主观活动。

经济法律关系依法确立后，不仅涉及经济法律关系主体的经济权利，而且也关系到国家和人民的利益。因此，必须受到法律的保护。

国家对经济法律关系的保护，是通过职能机关实现的。他们以各自的职能活动维护各种经济法律关系的实现，维护社会主义市场经济秩序。

（三）自测案例

2018年6~8月，甲旅行社以离间手段诱使乙旅行社欧美部10余名员工未办理调动手续，相继携带工作中使用、保管的客户档案投奔甲旅行社。甲旅行社以这些人员组建了本社欧美二部，并以这些员工掌握的原客户档案与国外客户联系，致使乙旅行社国外客户在一周时间内取消了原订当年8~12月份旅游团队120余个，占原订团队总数的2/3，减少计划收入1842万元，利润损失273万元。因而，乙旅行社欲寻求保护，并要求甲旅行社归还其客户档案，赔偿经济损失。试问：对本案中的受害人应由哪些机关用什么方法施以保护？

五、经济法律行为

（一）知识要点

（1）经济行为的主体必须合格。

（2）经济行为主体意思表示必须真实。

（3）经济行为的内容必须合法。

（4）经济行为必须具备法定形式。

（二）典型案例

案例（一）

2018年2月，河西市汽车配件公司（以下简称甲方）与黄海市汽车修理厂（以下简称乙方）签订了购买一批汽车配件的合同。当年7月甲方发来某种配件300个，价款为15000元，乙方以该配件质量有问题为由，拒付货款，要求退货。双方发生争执，甲方遂诉至法院，要求乙方遵守合同，如数付款。乙方在答辩中却坚持拒付，并提起反诉称：甲方发来的配件均为翻修次品，要求全部退货并赔偿乙方的全部损失。

经法院查明：2018年初甲方推销员王某来黄海市汽车修理厂推销配件时，为了让乙方签订购销合同，达到多推销多提成的目的，竟在洽谈时隐瞒了该配件为翻修再产品的主要情节，欺骗乙方签订了合同。乙方进货后在修理过程中，用户屡屡发现质量问题，乙方因此拒绝付款。

案例（二）

2018年2月某二轻公司与某市建材批发商店签订了一批石棉垫购销合同。同年4月，二轻公司发来石棉垫1111.4公斤，价款为8983元，建材批发商店以该石棉垫质量有问题为由，拒付货款，要求退货。双方几经协商未能解决，二轻公司遂诉诸法院，要求建材批发商店信守合同，如数付款，并提起反诉称二轻公司按合同发来石棉垫均为假货，要求全部退货，赔偿建材批发商店的全部损失。

经法院查明：2001 年 1 月二轻公司业务员张某来建材批发商店推销石棉垫。该石棉垫是新产品，既无国家标准，也无部颁标准。其主要成分是以石棉线为主，掺及石棉灰、橡胶、铁丝、石墨等材料制成，不耐高温、高压。业务员张某为让建材批发商店同意签订合同，竟在洽谈时以次充好，隐瞒了产品的瑕疵，欺骗建材批发商店前后签订了三份合同，前两次货物销售后，用户纷纷提意见退货。因而发现其质量问题，而拒付货款，发生纠纷。

1. 思考问题

案例（一）

（1）本案中发生了哪些经济行为？

（2）本案应如何处理？为什么？

案例（二）

当事人的经济行为是否有效？理由是什么？

2. 案例分析与参考答案

案例（一）

本案是因当事人一方主体的行为，故意违背真实意思表达原则而引发的经济纠纷。本案中所发生的经济行为有：

（1）河西市汽车配件公司与黄海市汽车修理厂签订购买汽车配件合同的行为，该行为为有效的经济法律行为。

（2）河西市汽车配件公司发来某种配件 300 个。此行为从表面看似乎为有效的法律行为，但其实质因推销员隐瞒了此批配件为翻修再产品的真实情况，因而为违法行为。

（3）黄海市汽车修理厂以该配件质量有问题为由，拒付货款，要求退货，此行为看似违反合同约定的行为，但因有证据说明这批配件为翻修的再产品，而成为法律行为。

根据《合同法》第 52 条的规定“一方以欺诈、胁迫的手段订立的合同，为无效合同”。河西市汽车配件公司王某，在洽谈时隐瞒了该配件为翻修再产品的主要情节，以欺骗手段与黄海市汽车修理厂签订的合同，显然是属于欺诈性质的合同，当归于无效。无效合同给对方造成的损失应承担赔偿责任，因而河西市汽车配件公司应当按照黄海市汽车修理厂的反诉请求全部作退货处理并赔偿黄海市汽车修理厂的全部损失。至于案件的当事人王某因其所作出的行为为推销员的职务行为，因而他所造成的责任应由河西市汽车修理厂承担，河西市汽车修理厂如何追究王某的个人责任，则由该厂按内部规章制度进行处理。

案例（二）

此合同应当无效。因为合同是双方的法律行为，只有双方当事人的意思表示真实，并达到一致协议，才能产生法律后果。该案中二轻公司业务员张某故意隐瞒产品瑕疵，采用欺诈手段诱使对方违背自己的真实意愿，与其签订合同是属无效的经济行为。建材批发商店要求退货并赔偿其全部经济损失是合理的，法院应当予以支持。

3. 法理基础

经济法律行为是指经济法律关系主体为设立、变更或终止一定法律关系所实施的一种合法行为。

经济法律行为必须是主体从外部表现出来的活动；经济法律行为是主体有自觉意识的活动；经济法律行为必须是符合法律的行为。

经济法律行为的有效条件：①经济法律关系主体必须合格；②主体意思表示必须真实；③经济法律行为的内容必须合法；④经济法律行为的形式必须符合法律规定。

（三）自测案例

2018 年 7 月居民黎某与红光有限公司签订了一份合同，黎某将位于市中心区的门市房租给红光有限公司，租期 1 年，租金每月 3000 元，于每月 5 日前给付；并约定合同成立之日红光有限公司预交 6000 元给黎某作为租房押金，租赁期满退还押金。半年后红光有限公司提出续租半年，并提出在原押金基础上，再交付 4 个月的租金 12000 元，作为续租半年的租金。请回答本案中发生了哪些经济法律行为？产生了哪些经济法律关系？

六、经济代理

（一）知识要点

代理行为是代理人在一定范围内以被代理人的名义与第三人进行的法律行为。

（1）代理行为必须具有法律意义。

（2）代理行为是代理人以被代理人的名义进行的活动。

（3）代理人在授权范围内独立地表达自己的意思。

（4）代理行为所产生的后果由被代理人承担或享有。

（二）典型案例

红星干果公司为拓展业务，聘请该市某果品公司工会干部江某任业务顾问，并支付相应的津贴。2019 年 10 月 10 日，江某背着果品公司领导，私自以公司的名义，与红星干果公司签订一份买卖奶油瓜子合同，并采用欺骗手段加盖了公司的印章。合同规定：红星干果公司生产 2 万公斤奶油瓜子供给果品公司，单价每公斤 5 元，总价款 10 万元。交货时间为 2019 年 11 月底，由红星干果公司送货上门。合同签订后，江某又拿着合同到公司下属单位，要求各下属单位按合同接收红星干果公司的货。其中有几家综合经营部在接收货物后，还直接向红星干果公司付了款。不久，果品公司的领导知道了江某同红星干果公司签订买卖瓜子合同的真相后，指令果品公司下属单位拒绝收货。为此双方发生纠纷，红星干果公司以对方不履行合同为由，起诉到人民法院，要求对方继续履行合同义务，并赔偿损失。

1. 思考问题

（1）江某签订的合同是否有效？

（2）江某的无权代理责任是否由果品公司承担？江某本人应承担什么责任？

（3）该经济行为是否有效？法院应如何处理？

2. 案例分析与参考答案

（1）本案中，江某不是果品公司主要负责人，他以果品公司名义与他人签订合同时，必须被授予代理权。在没有取得代理权的情况下，却代表果品公司与红星干果公司签订合同，该行为属无权代理行为。

（2）因无权代理而签署的买卖合同无效，应按无效合同的法律后果，承担相应的法律责任。至于红星干果公司的损失，系由江某行为所致，应由江某个人承担，果品公司不承担赔偿责任，红星干果公司要求果品公司赔偿损失的主张法院不能支持。

3. 法理基础

代理，是指代理人在授权范围内，以被代理人的名义与第三人进行的法律行为。代理产生的法律后果由被代理人承担。代理人，是指根据被代理人的委托、法律规定或主管机关、法院指定行使代理权的人；被代理人，是指按照法律规定或者在法律规定的范围内授权他人代理自己所为的人。

代理权产生有三种形式：委托代理、法定代理、指定代理。

代理权的终止：第一，委托代理的终止。①代理期届满或代理事项完成；②被代理人取消委托或代理人辞去委托；③代理人死亡；④代理人丧失民事行为能力；⑤作为被代理人或代理人的法人终止。第二，法定代理的终止。①被代理人取得或者恢复民事行为能力；②被代理人或代理人死亡；③代理人丧失民事行为能力；④指定代理的人民法院或者其他指定单位取消指定；⑤由其他原因引起的被代理人和代理人之间的监护关系消灭。

无权代理，是指没有代理权而以他人名义进行的代理行为。无权代理的法律后果，有以下几种情况：①如果被代理人和第三人都不知道的无权代理，这种法律后果完全由无权代理人本人承担。②如果无权代理行为，经过被代理人追认，则被代理人承担法律责任。③本人知道他人以本人名义实施法律行为而不作否认表示的，视为同意，其法律后果由本人承担。④如果第三人知道行为人无权代理还与行为人进行经济活动，给他人造成损害的由第三人和行为人负连带责任。

（三）自测案例

甲因援外工作两年，将自有的 4 间空房，委托好友乙看管，乙未经甲同意，就将其中的两间租给丙，另两间组给丁，租期分别是 2 年和 1 年，后经请示甲，委托丙向丁代收房租。1 年后，丁因租期届满而搬出，丙经乙同意，又将该 2 间房屋租给戊夫妻，租期 8 个月。丙仍向戊收取房租，戊住进半年，甲因援外工作提前完成而返回，因甲一家自己要住，于是要求丙和戊腾房，遭丙、戊的拒绝。请问：本案如何处理？

七、本章综合案例

【案例 1】

1. 思考问题

判断下列组织或个人，是否具备法人资格，并说明理由。

（1）某大型企业的供应科。

（2）北京动物园服装批发市场从事服装经营的某个体工商户。

（3）经过上级有关部门批准，而未经工商行政管理部门核准登记已营业的某贸易公司。

（4）甲和乙合伙开办的加州牛肉面餐馆（经工商行政管理部门核准登记）。

（5）某医学院为召开校庆 70 周年大会，经学校授权的校庆筹备委员会。

（6）甲、乙、丙三人各投资 50 万元，已在工商行政管理部门取得营业执照的有限责任公司。

（7）该企业股票已在深圳证券交易所上市交易的某化工股份有限责任公司。

2. 参考答案

（1）供应科为企业内部机构，不具备法人资格。因此不能独立地对外承担民事责任。

（2）个体商户不具备法人资格。因为法人必须是组织，而该个体户不是组织，是个体。

（3）未经工商行政管理部门核准登记的贸易公司不具备法人资格。因为没有依法成立。

（4）合伙企业不具备法人资格。因为该合伙组织没有健全的组织机构。

（5）校庆筹备委员会为临时机构，而临时机构不具备法人资格。

（6）取得营业执照的有限责任公司具备法人资格。

（7）已上市的股份有限公司，符合法人的条件，具备法人资格。

【案例2】

李某和张某在同一单位工作，李某是锅炉工人，张某为总务科干事。一天，李某准备将自己的一处住宅卖给王某，李某和王某谈妥定金、价款、交房时间、手续变更等实质性问题之后，因王某与李某的文化水平都较低，遂请张某代笔书写了房屋买卖合同。在签名时李某对张某说，你替我签了吧。张某因与李某是同事，没有多考虑就代李某写下了名字。合同签订并在王某交付了定金之后，李某反悔，向王某提出是张某超越权限代理我签订的合同，与我的想法不太一致，要求重新商定合同。

1. 思考问题

（1）什么是代理？张某代笔书写合同的行为是代理行为吗？

（2）李某是否应该履行该合同？

2. 参考答案

（1）代理行为是代理人在一定范围内以被代理人的名义与第三人进行的法律行为。代理行为具有以下特点：代理行为必须是具有法律意义的行为；代理行为是代理人以被代理人的名义，在代理人授权范围内独立表达自己意思的行为。张某代李某书写合同时，合同的内容是李某和王某所谈妥的，与张某的意思表示无关，而且张某的代书行为也不是具有法律意义的代理行为。

（2）因而，这个合同不能认为是张某超越代理权限与王某签订的合同，虽然张某未多加考虑就代李某签字的行为有瑕疵，但李某还是应按照合同规定的内容履行义务。

本章练习

一、填空题

1. 智力成果又称精神财富是指经济法主体从事________所创造取得的成果，如发明创造、商标设计、学术成果等。

2. 经济法律关系的主体是指在________中享有权利、承担义务的当事人或参加者，简称经济法主体。

3. 无效经济行为是指当事人的经济行为缺乏________，违反法律，侵害国家或者他人利益的行为。

4. 行为能力是指经济法主体能够通过自己的________实现经济权利、承担经济义务的能力。具备________是具有行为能力的前提。

5. 经济法律关系是指经济法律关系主体在经济管理和经济协作过程中，根据经济法的规定形成的________和________关系。

6. 事件是指不依________的主观意志为转移，并能引起经济法律关系产生、变更和消灭的客观事实。

7. 默示形式是指当事人通过行为的作为或不作为的间接方式表示自己的内在意愿，有________和________两种方式。

8. 法人的民事权利能力和民事行为能力依法同时________同时________。

9. 经济代理行为是指代理人在授权范围内，以________的名义与________进行的经济法律行为，其法律后果归被代理人承担和享有。

10. 代理人与第三人恶意串通损害被代理人的利益，应由________和________共同负连带责任。

11. 经济法律关系，首先它是一种________；其次它是一种以经济权利和经济义务为内容的社会关系；再次它是由国家强制力作为保证的社会关系；最终它必须以经济法作为它所依据的前提。

12. 自然人的民事权利能力和民事行为能力依自然人的________和________会发生变化。

二、单项选择题

1. 某个体工商户承揽某地毯半成品加工业务。它们之间的经济法律关系客体是（　　）。

A. 地毯半成品　　B. 地毯加工设备

C. 地毯加工行为　　D. 地毯原料

2. 公民作为经济法律关系主体时，其行为能力受到限制的情况是（　　）。

A. 职业　　B. 性别

C. 种族　　D. 年龄和思维是否正常

3. 父母为未成年的儿子代理参加损害赔偿诉讼属于（　　）。

A. 委托代理　　B. 法定代理

C. 指定代理　　D. 委托代理和法定代理

4. 能够成为经济法律关系客体的物是指（　　）。

A. 客观存在的物　　B. 法律意义上的物

C. 有使用价值的物　　D. 有经济价值的物

5. 经济法律关系最主要的参加者是（　　）。

A. 公民　　B. 事业单位

C. 企业　　D. 国家机关

6. 经济法律行为必须以（　　）。

A. 法律事实为构成要素　　B. 当事人的主观愿望为其构成要素

C. 一定的法律后果为其构成要素　　D. 意思表示为其构成要素

7. 凡是能够引起经济法律关系发生、变更和消灭的客观事物，在经济法学中即称为（　　）。

A. 法律规定　　B. 法律行为

C. 法律活动　　D. 法律事实

8. 下列单位中不具备法人资格的是（　　）。

A. 事业单位　　B. 依照法律成立的国家机关

C. 经核准尚未登记的企业　　D. 社会团体

9. 下列事物中属于经济法律行为的有（　　）。

A. 发生地震　　B. 铁路中断造成延迟交货

C. 当事人有意违约　　D. 山洪暴发

10. 企业法人对它的法定代表人和有关工作人员的经营活动（　　）。

A. 承担民事责任　　B. 不承担民事责任

C. 承担部分民事责任　　D. 经上级同意不承担民事责任

三、多项选择题

1. 下列各项中，能够作为经济法律关系客体的有（　　）。

A. 货币　　B. 衬衣

C. 修理自行车　　D. 祖传秘方

2. 经济行为客体可分为（　　）。

A. 实现一定的经济指标　　B. 履行一定的劳务

C. 支配一定的财产　　D. 完成一定的工作

3. 经济法律关系客体可以归纳为（　　）。

A. 财　　B. 物

C. 完成一定工作　　D. 人身权利

4. 下列组织中符合经济法主体条件的组织有（　　）。

A. 某市财政局　　B. 中国红十字会

C. 红星股份有限公司　　D. 某财经学校

5. 下列代理活动中，哪些属于无效代理（　　）。

A. 某甲知道某乙以本人名义实施法律行为而不作否认表示的

B. 代理人某甲以被代理人的名义同自己进行的法律行为

C. 代理人某甲与第三人某丙商议串通损害被代理人某乙的利益

D. 未成年中学生小明的父亲代理小明参加伤害诉讼

6. 国家对经济法律关系的保护，是通过下列职能机关实现的（　　）。

A. 税收机关　　B. 工商管理机关

C. 商品检验机关　　D. 劳动管理机关

7. 下列选项中，能够引起经济法律关系产生、变更和消灭的客观情况是（　　）。

A. 法律规范　　B. 法律行为

C. 法律准则　　D. 法律事件

8. 无效的经济行为有（　　）。

A. 主体不合格　　B. 意思表示不真实

C. 内容或形式不合法　　D. 显失公平

9. 经济法主体能够享有的经济权利有（　　）。

A. 经济管理权　　B. 财产权

C. 人身自由权　　D. 专利权

10. 下列组织中符合法人条件的组织有（　　）。

A. 某市民政局　　　　　　　　B. 中国红十字会
C. 某机械厂加工车间　　　　　D. 某个体早点铺

四、判断题

1. 经济法律关系是一种物质利益关系，即经济关系。 (　　)
2. 经济代理行为是指代理人在授权范围内，以被代理人的名义与第三人进行的经济法律行为，其法律后果归代理人承担和享有。 (　　)
3. 经济法律关系主体的权利能力主要是指特殊的权利能力，取决于各自成立的宗旨和业务活动的范围。 (　　)
4. 企业经上级主管机关核准，即可取得法人资格。 (　　)
5. 要式法律行为是指法律法规明确必须一定程序或一定格式才能宣告行为成立的法律行为。 (　　)
6. 法人的权利能力始于法人成立之日，终止于法人消灭之时；法人的行为能力与权利能力相--致。 (　　)
7. 被撤销的经济行为从开始起无效。 (　　)
8. 代理是一项法律行为，既要符合法律的规定，又要受到法律的保护。 (　　)
9. 经济法律关系主体资格不受法律限制。 (　　)
10. 某公司的供销科具有法人资格。 (　　)

五、简答题

1. 说明经济法律关系的概念，经济法律关系有哪些要素？
2. 法人应具备哪些条件？
3. 法人的权利能力和行为能力有什么特点？
4. 经济权利一般包括哪些内容？
5. 经济义务一般包括哪些内容？
6. 简述代理权滥用及其法律后果。

六、案例分析题

1. 某年9月，走私分子王某以人民币120元从一中学生许某（15岁）手中买到家中收藏的银元40枚。许某的父亲得知后，请求王某返还银元，遭到王的拒绝，许某之父遂诉诸法院。

问：此案如何处理？理由是什么？

2. 试说明下列行为是否有效？并说明理由及如何处理？

（1）某甲患有精神病，将家中钻石戒指拿出，同乙交换了两包香烟。

（2）三新五金商店，谎称拼装彩电是原装进口货，对外销售牟取暴利。

（3）甲委托乙购买一台环保型无氟电冰箱，结果乙买了一台普通电冰箱，甲极为不满，俩人因此发生争执。

3. 2018年11月10日，某物资服务中心与某劳动服务公司签订了一份铝锭购销合同（发案后经法院审查劳动服务公司的营业执照，没有“经营铝锭”这一项目）。合同规定：

由劳动服务公司供给物资贸易服务中心优质再生铝锭400吨，共计货款146万元；交货时间为2019年1月10日；交货地点：某市火车站；付款方法：在合同签订后5天内由物资贸易服务中心预付货款50%。合同签订后物资贸易服务中心按合同规定向劳动服务公司预付货款73万元。劳动服务公司收款后，无货履行合同，又不退还预付款，因而酿成纠纷。于是，物资贸易服务中心起诉至法院。

问：双方当事人有哪些过错？该经济行为是否有效？

第三章 财产所有权法律制度

本章概要

一、教学重点、难点

重点：财产所有权的概念及特征；举例说明财产所有权的权能；物权的效力；财产所有权的民事保护方法。

难点：财产所有权的特征；财产所有权的取得方式；财产所有权的两种共有形式。

二、教学建议

“财产所有权法律制度”系属民法范畴，但在经济法律部门的司法实践中，经济法律关系与财产所有权密不可分，因而我们在《经济法基础知识第5版》中增加了本章内容，希望教师们在教学中对本章加以重视。

实训案例

一、财产所有权概念

（一）知识要点

（1）财产所有权的主体是所有权人。所有权是物权的一种表现形式，物权是民事主体在法律规定范围内，直接支配特定的物而享受其利益，并排斥他人干涉的权利。

（2）财产所有权表现为占有、使用、收益和处分四项权能：占有权是指所有人依法对其财产的控制权，包括实际控制和法律控制；所有人和非所有人合法占有财产，主要是为了对财产进行有效的利用，以获取一定的利益，这种所有人或者非所有人对财产进行有效利用的权利，就是使用权；收益权是指主体在原来的财产之上获取经济利益的权利。处分权是指所有人对自己的财产进行处置的权利，其实质是决定财产的命运。

（3）财产所有权是物权，但它仅仅是物权，不包括对无形财产的权属。我国的《物权法》已于2007年3月16日第十届全国人民代表大会第五次会议通过，自2007年10月1日起开始施行。

（4）所有权的取得有两种形式：原始取得和继受取得。

（二）典型案例

某城市社区为了活跃社区文化，由社区居民共同筹集建筑材料、共同参加劳动，修建了5间房屋。在修建的过程中居民王某极为热心，通过熟人多次找规划和土地部门，以社区的名义使建房得到了批准。房屋建成之后，在办理房产执照的过程中，王某又利用熟人关系私自将房产执照办理到个人名下。之后社区只用了2间房屋作为社区文化站，将另3间便承包给王某开设小卖部。3年以后，社区领导发生变化，王某就以产权人的名义将房屋出租，又过了2年，王某竟然直接将房屋出售，遂引起产权争议案。

1. 思考问题

（1）此5间房屋的所有权该归谁所有？该房屋的所有权是属于何种取得形式？

（2）王某在承包开设小卖部期间，对房屋的占有是否合法？

2. 案例分析与参考答案

本案的解题思路从所有权的取得方式和所有权的权能入手。

该五间房屋的所有权应该归社区居民集体所有。因为这五间房屋是由社区居民共同筹集建筑材料、共同参加劳动所建成的，是属于大家创造出来的新财产。法律规定通过生产劳动创造出来的新财产，应该由生产资料的所有人和生产者享有其所有权。而王某仅是热心参加者之一，并没有合法根据能说明其所投入的建筑材料和准确的劳动份额。仅仅是利用其私人关系帮忙办理了审批手续，显然该房屋所有权不能归王某个人所有。

该房屋最初取得所有权的形式应该属于原始取得。

王某在承包小卖部期间，对房屋的占有是合法的。对于财产所有权来说，它具有占有、使用、收益、处分四项权能。这四项权能是可以相互分离、分别行使的，王某在承包小卖部期间，即是以承包的方式合法的取得了部分房屋的占有和使用权。

3. 法理基础

财产使用权是指所有人依法对自己的财产享有的占有、使用、收益和处分的权利。

占有权是指所有人依法对其财产的控制权，包括实际控制和法律控制。它是取得财产所有权的第一步。非所有人的合法占有是指非所有人依据法律规定或者所有人的意志对所有人的财产享有占有权，如承包、租赁。使用权是直接在所有物即财产上行使的权利，所以使用权的存在要以实际占有财产为前提。当财产与所有人分离时，所有人的使用权也与所有权发生分离，非所有人的使用权只能在法律或合同规定的范围内行使，并且按照指定的用途使用。

原始取得是指财产所有权第一次产生或者不依靠原所有人的权利而取得所有权。生产是财产原始取得的方式之一，这种取得方式，是通过生产创造出新的财产，通常由生产资料的所有人和生产者享有其所有权。

（三）自测案例

赵某所居住的房屋是自家在中华人民共和国成立前历经三代继承下来的祖居，由于战乱以及年代过于久远房屋执照早已丢失，2013年旧城改造需要动迁安置，可是赵某却无论如何也没有找到有关产权资料，只能凭周围的老邻居作证。请问在没有确定赵家的房屋产权之前，多年来实际上赵家已经行使了所有权的哪些权能？

二、所有权法律关系

（一）知识要点

（1）所有权关系的权利主体为所有人；义务主体是不特定的。

（2）所有权关系权利主体的内容为占有、使用、收益和处分权；义务主体的义务内容为：不对权利人的所有权构成侵犯。

（3）所有权关系的客体为具有价值和使用价值的实际物，不包括无形财产的所有权。

（二）典型案例

某甲于2013年底以100万元的价格买下了本市明光小区的一套住房，时隔一年余因房价上涨，某甲想把该房卖掉，自己搬到郊区居住。2005年初，某甲同某乙在看过该房后，签订了房屋买卖合同，约定由某乙以220万元的价格购买某甲的住房。但由于某乙手头暂时没有足够的资金，双方没有马上办理房屋过户手续。2015年3月，某丙找到某甲，提出愿以250万元的价格买下某甲的住房，某甲为钱所动，当即与某丙签订了另一份房屋买卖合同，在某丙交付250万元现金之后，双方到有关登记部门办理了登记过户手续。后某乙筹集到足够的资金时，发现了这一情况，遂向法院起诉，要求确认某甲与某丙之间的买卖合同无效。

1. 思考问题

（1）某乙与某丙之间，谁会合法取得该房屋的所有权？

（2）对未取得房屋所有权的另一方是否能得到补救？

2. 案例分析与参考答案

（1）甲与丙双方已到有关登记部门办理了登记过户手续，手续完整健全，某丙取得房屋所有权的过程和手续完全合法，受法律保护。

（2）某甲与某乙所签订的合同已经成立并生效，只是没有发生物权变动。因而未取得房屋所有权的某乙可以向法院要求某甲承担缔约过失责任（可在《合同法》一章再具体讲解）。

3. 法理基础

财产所有权的主体，是指财产所有权法律关系的参加者或当事人。财产所有权的内容为财产所有权主体所享有的经济权利和承担的义务。财产所有权的客体是主体的权利与义务共同指向的对象。

财产所有权的取得分为原始取得和继受取得。

原始取得：是指财产所有权第一次产生或者不依靠原所有人的权利而取得所有权。原始取得的形式和方法包括：生产、孳息、添附。另外还有国家作为原始取得的两种方式：国家可以依据法律规定，强制将某些财产没收归国家所有；无人认领的遗失物和所有人不明的埋藏物法律认定归国家所有。

继受取得：是指所有人通过合法途径从原所有人那里取得财产所有权。包括：①转让财产。即通过买卖、赠与、互易等法律行为，由一方将财产所有权转移至另一方手中，新的所有人则取得该财产的所有权。②继承或接受遗赠。所有人死亡后，其遗留的财产由其合法继承人继承，或根据所有人的意志赠送给他人，合法继承人或受遗赠人依法取得遗产的所有权。③其他合法原因取得。

由继受取得形式而取得的财产，其法律规定有法定程序的事宜，必须依法定程序办理完成后，才能发生法律效力。

（三）自测案例

援引前述自测案例：赵某所居住的房屋是赵家的祖居，多年来没有及时审验、更换房屋执照，2013年旧城改造需要动迁安置，赵某手中只有中华人民共和国成立前的旧房照和周围的老邻居作证。请问：有关部门判定赵某房屋所有权的取得属于何种方式？

三、物权的效力

（一）知识要点

（1）物权优先。

（2）物权本身包含有物上请求权。

（3）物权具有追及权。

（二）典型案例

甲是某单位职工，恰逢单位福利建房，甲本人无意购买。后甲好友乙闻之，乃与甲商议，约定由甲先购置单位住房，由乙代其付款，待办好产权证明后过户与乙。房款当时为8万元，乙先后将房款足额交付于甲，甲向乙出具收款证明后，以自己的名义将该钱款交予单位，钱款收据上为甲的姓名。该房屋落成后，还未及办好产权证明时，市场房价大涨，该单位住房的市场价值由原先的8万元涨至30万左右。甲遂将产权证明办好后，不予向乙过户。但该住房建好后，一直由乙实际居住。

1. 思考问题

现求教乙当以何种方式保护自己的利益，甲又如何？

2. 案例分析与参考答案

在我国房屋所有权的转移以办理好房产证明为准，房屋所有权属于房产证明的主人，所以该房屋属于甲所有。但是乙可以凭相关证据追究甲的违约责任，甲应遵循相关法律承担违约责任，即向乙交付相当于该房屋现价的房款。

3. 法理基础

《物权法》规定：

第十四条　不动产物权的设立、变更、转让和消灭，依照法律规定应当登记的，自记载于不动产登记簿时发生效力。

第十六条　不动产登记簿是物权归属和内容的根据。不动产登记簿由登记机构管理。

第十七条　不动产权属证书是权利人享有该不动产物权的证明。不动产权属证书记载的事项，应当与不动产登记簿一致；记载不一致的，除有证据证明不动产登记簿确有错误外，以不动产登记簿为准。

《合同法》规定：

第一百一十二条　当事人一方不履行合同义务或者履行合同义务不符合约定的，在履行义务或者采取补救措施后，对方还有其他损失的，应当赔偿损失。

第一百一十三条　当事人一方不履行合同义务或者履行合同义务不符合约定，给对方造成损失的，损失赔偿额应当相当于因违约所造成的损失，包括合同履行后可以获得的利益，但不得超过违反合同一方订立合同时预见到或者应当预见到的因违反合同可能造成的损失。

经营者对消费者提供商品或者服务有欺诈行为的，依照《中华人民共和国消费者权益保护法》的规定承担损害赔偿责任。

（三）自测案例

关先生与吕先生属于上下楼邻居，吕先生住在一楼。2018 年，吕先生有了做买卖的打算。在未与关先生协商的情况下，吕先生将自己的民用住宅改为海鲜酒楼。

自从酒楼营业开始，关先生就很少能睡得安稳。吃饭喝酒的嘈杂声时常把关先生从睡梦中吵醒。久而久之，关先生受不了了，他找到了吕先生，希望与吕先生能异地营业。但吕先生态度很强硬，“我自己的居室，想干啥就干啥!”对此，郑先生毫无办法，他也在琢磨，吕先生用自家住宅开酒楼，自己到底能不能干涉？

四、财产共有

（一）知识要点

（1）两个或两个以上主体对某一财产共同享有所有权。

（2）按份共有：对共有财产按各自的份额享有权利、承担义务。

（3）共同共有：不分份额地共同享有权利、承担义务的共有关系。

（二）典型案例

案例（一）

李某（男）与张某（女）于 1989 年结成夫妻，初婚时居住在女方张家。3 年后经夫妻共同积累，在县城内购买了四间瓦房。2009 年李某离家外出做生意，两年后发生婚变，于 2012 年协议离婚。离婚后双方自行约定了财产的归属，其四间瓦房，每人各分得两间，但没有办理产权过户手续。因李某在外地经商，便将自己分得的两间房屋出售与表弟王某，王某搬入后张某也知系李某将所分得的房屋卖与王某。2013 年夏天当地发生水灾使房屋部分受损，损坏部分王某一侧较大。在维修房屋的费用上张某与王某发生纠纷，遂诉至法院。

案例（二）

赵红与李军同为某市化工研究院工程师，二人的主要工作任务为研究开发化工新产品，但二人都对机械设计有较大兴趣，因而在业余时间共同设计了一种新型矿山机械，并经申请取得了专利权，二人协商两人对该专利享有相等的权利。事后，化工研究院闻听此事，提出赵、李二人系本单位职工，二人开发出的新型矿山机械专利权应归单位所有。二人不同意此意见，与单位发生争执，化工研究院遂诉至法院，请求法院确定该专利权的归属。

1. 思考问题

案例（一）

（1）李某与张某对此四间房屋的共有属何种共有形式？

（2）王某与李某之间的自行买卖房屋是否具有法律效力？

（3）水毁后的房屋维修费用应如何处理？

案例（二）

（1）化工研究院提出的要求是否合法？

（2）此专利权应归谁所有？此种所有权的形式如何？

2. 案例分析与参考答案

案例（一）

李某与张某在婚姻存续期间所购买的房屋是典型的共同共有形式。在这种共同共有关系中，是以共同关系的存在为前提，只要共同关系存在，共同共有关系就不能割裂，这种共有关系只有在共同关系结束时才可以划分份额。李某与张某在离婚时双方自行约定了财产归属，李某又自行将自己分得的两间房屋，没有通过过户手续出售给表弟王某，这一系列行为都是没有法律依据的，不受法律保护。在法律上这四间瓦房仍由李某和张某共有，因而对水毁后房屋的维修费用，仍应由李某与张某不分份额的共同负担。但李某与张某离婚已遂，只因离婚当时房屋分割没有及时履行法律手续，此时只能由法院调解解决或依据双方约定的份额来判定费用负担。至于表弟王某，只有在李某和张某的共有产权分割得到法律确认后，才能再进行买卖。

案例（二）

化工研究院的要求是没有法律依据的。因为赵红和李军设计的新型矿山机械系利用业余时间所为，并且化工研究院的主要工作任务是研究和开发化工新产品，在专业上与机械设计无关，化工研究院仅凭赵、李二人系本单位职工为由，要求获取赵、李二人的专利是不合法的，法院应驳回化工研究院的要求，确认张、李二人的专利权属。

此专利权因系赵红与李军共同发明，因而此专利应归赵、李共同所有。又因为在取得专利后二人曾协商两人对该专利享有相等的权利，所以赵、李的共有形式是各占50%所有权的按份共有。

3. 法理基础

财产所有权法律关系的权利主体可以是一个，也可以是两个或几个，这种所有权称为共有财产权。共有财产权有两种形式：

（1）按份共有，是指两个或两个以上的共有人，对共有财产按照各自的份额，分别对共同拥有的财产享受权利、承担义务的一种共有关系。按份共有人享有以下权利：①按份共有人按照预先确定的份额分别对共有财产享有占有、使用、收益和处分的权利。②按份共有人有权处分其份额。③共有人出售其份额，其他共有人在同等条件下，有优先购买的权利。④按份共有人转让其份额，一般不受时间限制，只要共有关系存在，共有人就享有该项权利。按份共有人在享有以上权利的同时，也承担一定的义务，主要包括：按份共有人享有的份额越大，其承担的责任和风险也越大；任何共有人未经其他共有人的同意，不得擅自占有和使用共有财产；共有人转让其份额时，不得损害其他共有人的利益等。

（2）共同共有，是指两个或两个以上的公民或法人，根据某种共同关系而对某项财产不分份额地共同享有权利并承担义务的共有关系，如夫妻关系、家庭财产共有关系等。在共同共有关系中，是以共同关系的存在为前提，只要共同关系存在，共同共有关系就不能割裂。共同共有财产不分份额，各共有人平等地享有权利和承担义务。

共同共有人对共有财产享有平等的占有、使用权。对共有财产的收益，不是按比例分配，而是共同享有。对共有财产的处分，必须征得全体共有人的同意。

共同共有人对共有财产共同承担义务。如对共有财产进行维护、保管、改良等，其费用由共同共有人共同承担。这种共有关系只有在共有关系结束，如夫妻离婚时，才可以划分份额。

（三）自测案例

李军与张红于1988年结婚，已共同生活了27年，近5年来由于李军做生意长期在外地独居，形成一种孤僻的生活习性，因而造成夫妻离婚。李军在外地所居住的房屋，原系租用他人的，后出租人欲将该房屋出售，李军便自行买下。在离婚中李军没有暴露自己在外地居住的房屋已为自己所购置，因而在财产分配协议中没有涉及该房屋。离婚后 1 年张红不经意间从李军朋友处听说，李军的房屋所有权已在 3 年以上，故起诉到法院要求分割财产，问：张红的主张法院能否支持？

五、财产所有权的保护

（一）知识要点

（1）通过《民法》《行政法》《刑法》三个法律部门对财产所有权进行保护。

（2）《民法》是对财产所有权最常用的保护手段。

（二）典型案例

农民李某拾到一头走失的母牛，饲养两、三个月以后经配种，生下一头小牛，一年多以后失主张某听说后，找到李某提出要回母牛和所生小牛，并答应酬谢李某劳务费 600 元。但李某却坚持说，拣拾到的物品即归自己所有，因而发生争执。张某遂诉至法院。

1. 思考问题

（1）李某是否取得了对母牛的所有权？

（2）法院应如何处理此案？

2. 案例分析与参考答案

本案例要从所有权的取得和不当得利的角度来考虑问题，同时还涉及对于不当得利返还时应当扣除劳务及管理费用。

李某拣拾到的母牛，属于不当得利行为。对于不当得利，法律规定应当向受损失人返还不当得利。

李某在拣拾到母牛以后，经过精心饲养并经配种母牛产下小牛。按法律规定，拣拾到的母牛法院应判归失主张某所有，但在此一系列过程中，李某花费了大量的精力和成本，对此张某应按通常市场价格（包括劳动力价格和饲料花费）对李某进行补偿。

至于新生的小牛，属于母牛的孳生物，按法律规定，主物归谁所有，孳生物即应随主物归谁所有。但在本案中，主物母牛虽为张某所有，但新生的小牛并非母牛在拣拾前受孕，而是李某在拣拾后配种所生，且母牛在怀孕期间的护理与饲养均为李某所为。因而法院在处理本案时，除应考虑到母牛为失主张某所有，新生的小牛即应归张某所有之外；也应考虑到李某在拾得母牛后对母牛配种、护理和饲养等过程的实际经济付出，并按照李某实际付出的大小给以恰当的经济补偿。

3. 法理基础

财产所有权的法律保护，是指国家通过法定程序和方法对所有人的合法财产的占有、使用、收益和处分的权利给以法律性的强制支持。财产所有权的保护方法有：请求确认所有权、请求返还原物、请求停止侵害、请求恢复原状、请求排除妨害、请求消除危险、请求赔偿损失、请求返还不当得利；对国有财产的所有权法律还给以特殊的保护。

（三）自测案例

骗子赵某以租房名义，租下了钱某的两居室楼房，讲明租期为半年，并约定了租金等事宜。赵某租妥房屋后，便伪造了房屋产权证书，又以做生意资金周转不灵为名，将该房屋以

18万元的价格典给了孙某，同时交付了伪造的身份证和《房屋产权证书》，并签订了典当协议，约定半年以后以20万元赎回，如超过半年，每超过半年增加赎金2万。并在协议中言明，孙某可以对该房屋做简单装修，装修费用在不超过2万元之内，凭装修收据由赵某在赎房时一并付清。半年后钱某来找赵某续租或退房，见房屋已装修一新，住户不是赵某而是孙某，双方才发现受骗。但已找不到骗子赵某，于是房东赵某将孙某诉至法院，请求收回房屋。此时孙某不但已支付了典房款，而且还花费了18000元装修款。请问法院该如何处理此案？

本章练习

一、填空题

1. 物权关系是最基本的________，是所有其他民事法律关系的________和________。

2. 所有权是________的一种表现形式，它是________在法律上的表现。

3. 产权人或者非所有人对财产进行有效利用的行为，就是行使________权。

4. 请求返还原物是指所有人在其所有物被他人________占有时，可依法请求不法占有人返还原物，或请求________责令不法占有人承担返还原物的责任。

5. 处分权是所有人对自己的财产进行________的权利。它包括________处分和________处分。

6. 对共同共有的财产的处分，必须征得________的同意。

7. 恶意占有是指非所有人在明知道自己的占有是________，却仍然占有他人财产的行为。

8. 财产所有权的四项权能包括________权、________权、________权、________权。

9. 财产所有权的权利主体是________。

10. 占有权是指所有人对其财产的________权，包括________控制和________控制。

11. 作为财产所有权的客体，这种物质必须能够被________所利用，并且具有一定的使用价值，否则就不可以成为财产________的客体。

12. 收益权是指主体在原来的财产之上获取________的权利。其形式包括________孳息和________孳息。

二、单项选择题

1. 非所有人有合法的原因占有所有人的财产基础上的使用（　　）。

A. 不一定合法　　B. 属于非法

C. 在法律或合同规定的范围内为合法使用

D. 在闲置时使用才是合法使用

2. 不同社会所有权的性质取决于不同社会的（　　）。

A. 生产力水平　　B. 占统治地位的所有制性质

C. 人们认识　　D. 生产资料所有制形式

3. 所有人不明的埋藏物、隐藏物视为无主财产，其所有权属于（　　）。

A. 发现人　　B. 原所有人
C. 土地所有者　　D. 国家
4. 所有制在法律上表现为（　　）。
A. 工业产权　　B. 债权
C. 知识产权　　D. 所有权
5. 财产所有权的主体包括（　　）。
A. 人和物　　B. 所有权人
C. 非所有人　　D. 权利主体和义务主体
6. 企业通过生产而取得财产所有权的这种方式属于（　　）。
A. 原始取得　　B. 继受取得
C. 所有人取得　　D. 非所有人取得
7. 某学生在上学路上拾到一个书包，在没有找到失主前，这种占有属于（　　）。
A. 非法占有　　B. 恶意占有
C. 善意占有　　D. 恶意的非法占有
8. 财产所有权的权利主体是（　　）。
A. 所有的人　　B. 特定的所有人
C. 权利和义务　　D. 物质
9. 遗失物应归所有人所有，无人认领时，所有权属于（　　）。
A. 拾得人　　B. 国家
C. 拾得人所在单位　　D. 拾得人送交的单位
10. 共同共有人对共有财产的收益（　　）。
A. 按照比例分配　　B. 平均分配
C. 共同享有　　D. 按劳分配

三、多项选择题

1. 非所有人的占有可分为（　　）。
A. 合法占有　　B. 非法占有
C. 善意占有　　D. 恶意占有
2. 所有人在行使财产所有权时，必须承担以下义务（　　）。
A. 必须遵守国家法律　　B. 不得妨碍社会公共利益
C. 必须符合社会主义道德风尚　　D. 不得妨害相邻关系
3. 财产所有权的客体的表现形式主要有（　　）。
A. 智力成果　　B. 有价证券
C. 物质资料　　D. 货币
4. 属于原始取得财产所有权方式的有（　　）。
A. 生产　　B. 买卖
C. 继承　　D. 没收
5. 财产所有权的四项权能是（　　）。
A. 占有权　　B. 使用权

C. 处分权　　D. 控告权

6. 属于继受取得财产所有权方式的是（　　）。

A. 添附　　B. 转让财产

C. 接受遗赠　　D. 发现埋藏物

7. 对国家财产的特殊保护的规定是（　　）。

A. 国家财产被他人侵占追索时，不受时效限制

B. 当财产所有权归属无法确认时，推定为国家所有

C. 所有人不明的埋藏物、隐藏物归国家所有

D. 国家财产被他人非法转移时，不管什么情况，占有人都应当返还原物

8. 财产所有权的民事保护手段有（　　）。

A. 赔偿损失　　B. 消除危险

C. 请求恢复原状　　D. 请求停止侵害

9. 下列说法表述财产所有权法律特征的是（　　）。

A. 权利主体和义务主体都是特定的　　B. 权利主体是特定的即所有权人

C. 客体是有形的“物”　　D. 具体内容包括四项权能

10. 财产所有权消灭的原因主要有（　　）。

A. 抛弃所有权　　B. 所有物本身的消灭

C. 所有权主体的消灭　　D. 孳息

四、判断题

1. 财产所有权的权能可以相互分离。（　　）

2. 作为一种法律制度，不同社会的所有权的性质是相同的。（　　）

3. 独立的物的权利，是不依赖于义务人义务的履行而实现的权利。（　　）

4. 财产所有权的权利主体是特定的，义务主体是不特定的。（　　）

5. 所有制是所有权在法律上的表现。（　　）

6. 收益权是所有权的一项独立权能，是所有权的核心。（　　）

7. 非所有权人的占有一定是非法占有。（　　）

8. 非所有人可以合法占有，这是指非所有人依据法律规定或者所有人的意志对所有人的财产享有占有权，如承包、租赁。（　　）

9. 在共有关系存在期间，按份共有人无权处分其份额。（　　）

10. 共同共有财产不分份额，各共有人平等地享有权利和承担义务。（　　）

五、简答题

1. 举例说明两种不同的共有形式。

2. 举例说明财产所有权的权能有哪些？

3. 什么是财产的原始取得和继受取得？

4. 合法取得财产所有权的方式及原因是什么？

5. 什么是财产所有权？它有哪些特征？

6. 说明物权具有哪些法律特征？

六、案例分析题

1. 农民许老汉把一头误认为得了传染病、即将病死的牛抛弃，被邻村养牛专业户林某发现，赶回家中，精心饲养了半年多，逐渐恢复健康，成为高产奶牛并出售牛奶获利。后来，许老汉听说此事，找到林某要牛，并且愿出600元作为林某的医疗费和饲养费。遭到林某拒绝。许老汉遂向法院起诉，此案应如何处理？

2. 王某到公园游玩，不慎将自己的照相机遗失，公园管理人员拾到此物后上交给有关部门。王某未在有关部门规定的期限内前去招领处认领自己的相机。到期后此照相机被有关部门依法拍卖。张某在拍卖中购得此物，以后，又将相机转送给李某。一个偶然的机会，王某发现李某所用之相机即为自己在公园中不慎遗失之物，于是，王某要求李某将此相机返还给自己。试问：

（1）王某是否有权要求李某返还相机？

（2）试述上述过程中照相机所有权的转移过程？

3. 甲、乙、丙三人分别出资4000元、5000元、6000元在村里开办了一个小吃部。约定三人共同经营，平均分红，半年后，小吃部获取利润1.2万元，每人分得3000元，其余留作发展基金。这时甲被征兵入伍，甲将自己的财产份额转让出去，乙给的价格是4000元，丙给的价格是5000元，丁给的价格是5000元，甲决定转让给丁。乙和丙不同意，甲的决定是否有法律根据？为什么？

4. 张某出国学习，将自己的一套私房及房屋执照交给了朋友李某照管、居住。后来听说张某在国外定居，李某将该房屋进行了改造，并且将房屋更名为自己所有。张某应当如何保护自己的房屋所有权？

5. 某学生14岁，为筹钱玩电脑，从某建筑工地偷出钢材、水泥等物资，低价卖给了杜某，获得人民币700元。后经工地报案，被当地派出所查获。要求杜某交出赃物，杜某认为自己是花钱买来的，买时并不知道是赃物，拒绝交出。试问，杜某是否应该交出赃物？为什么？

第四章

劳动和社会保障法律制度

本章概要

一、教学重点、难点

重点：劳动法的适用范围；劳动者的基本权利；劳动合同的概念；什么是社会保障；劳动合同的主要内容；我国社会保障的具体内容；劳动合同的有效期限等。

难点：劳动法的基本原则；劳动合同的终止和解除；违反劳动法的法律责任；社会保险的概念和特性；劳动争议的处理原则等。

二、教学建议

本章经济法课程中使用价值较强的一章，在本章学习中除了要掌握书本上的内容之外，建议有条件的学校要带领学生参观并参加当地人才市场的实际应聘活动，实际填写有关应聘的文书，进一步增加对社会的实际招聘情况的感性认识。

实训案例

一、劳动者的基本权利

（一）知识要点

劳动者的权利，是指劳动者在劳动雇佣关系中依法享有一定的资格。

（二）典型案例

小李是2018年某中等专业学校即将毕业的学生，一天小李到学校的就业指导办公室，见到曹老师谈起就业问题，曹老师问他：你即将走上工作岗位，你知道作为一个劳动者，应当享有的权利吗？小李说：我知道劳动者应该有获得工资的权利，有休息的权利。

1. 思考问题

请同学们谈谈小李的回答正确吗？全面吗？

2. 案例分析与参考答案

小李的回答应该说是部分正确的，但不够全面。他只说出了最基本的两项权利：劳动报酬和应有的休息，却忽视了其他的几项权利。劳动者的权利还应该包括有：平等就业和选择职业的权利；获得劳动安全卫生保护的权利；接受职业技能培训的权利；享受社会保险和福利的权利；提请劳动争议处理的权利；法律规定的其他权利。

3. 法理基础

《中华人民共和国劳动法》中作了下列规定：

第三条　劳动者享有平等就业和选择职业的权利、取得劳动报酬的权利、休息休假的权利、获得劳动安全卫生保护的权利、接受职业技能培训的权利、享受社会保险和福利的权利、提请劳动争议处理的权利以及法律规定的其他劳动权利。

劳动者应当完成劳动任务，提高职业技能，执行劳动安全卫生规程，遵守劳动纪律和职业道德。

第四条　用人单位应当依法建立和完善规章制度，保障劳动者享有劳动权利和履行劳动义务。

第五条　国家采取各种措施，促进劳动就业，发展职业教育，制定劳动标准，调节社会收入，完善社会保险，协调劳动关系，逐步提高劳动者的生活水平。

第六条　国家提倡劳动者参加社会义务劳动，开展劳动竞赛和合理化建议活动，鼓励和保护劳动者进行科学研究、技术革新和发明创造，表彰和奖励劳动模范和先进工作者。

第七条　劳动者有权依法参加和组织工会。

工会代表和维护劳动者的合法权益，依法独立自主地开展活动。

第八条　劳动者依照法律规定，通过职工大会、职工代表大会或者其他形式，参与民主管理或者就保护劳动者合法权益与用人单位进行平等协商。

（三）自测案例

四川省射洪县农民李小平在山西某水泥厂工作了5年，由于长时间在粉尘的环境下作业，2017年以来时常感到肺部不适，经医院检查确诊为矽肺病患者。请问李小平可以向水泥厂主张自己的哪项权利？

二、劳动合同的有效期限

（一）知识要点

劳动法规定“劳动合同的期限为有固定期限、无固定期限和以完成一定的工作为期限”三种期限形式，合同双方当事人如有违反合同规定期限的，要承担相应的法律责任。

（二）典型案例

小赵从2016年起在东莞某针织厂做工，第一次签订了一年的劳动合同，期满后厂家又主动和她续签了2年的劳动合同。2019年10月第二次劳动合同又届期满，针织厂打算再与小赵续签2年劳动合同，小赵通过业余学习《劳动合同法》后认为，针织厂的这种做法是不合适的，并提出要求与针织厂签订无固定期限的劳动合同。

1. 思考问题

请问小赵的要求是否合乎《劳动合同法》的规定？

2. 案例分析与参考答案

小赵作为一名劳动者在针织厂连续工作了3年，并已与该厂连续订立了两次固定期限的劳动合同，现双方都同意再次续约，按劳动法的相关规定，小赵提出签订无固定期限劳动合同的要求是完全符合法律规定的，针织厂必须同意小赵的要求。

3. 法理基础

有下列情形之一，劳动者提出或者同意续订、订立劳动合同的，除劳动者提出订立固定期限劳动合同外，应当订立无固定期限劳动合同：

（1）劳动者在该用人单位连续工作满10年的；

（2）用人单位初次实行劳动合同制度或者国有企业改制重新订立劳动合同时，劳动者在该用人单位连续工作满10年且距法定退休年龄不足10年的；

（3）连续订立二次固定期限劳动合同，且劳动者没有劳动合同法所规定的瑕疵的，续订劳动合同的。

（三）自测案例

小赵与针织厂订立无固定期限劳动合同后，因工作表现一直较为优秀，被针织厂提拔为小组长，2019年末工厂缺员严重，急招一批工人，小赵将其表妹介绍来厂当即工作，因当时生产任务较急，没有及时订立劳动合同，也没有讲明劳动报酬，请问：1个月以后应如何支付其表妹的工资？并应补办哪些手续？

三、劳动合同

（一）知识要点

劳动合同的订立原则；劳动合同的主要内容订立劳动合同的要求；劳动合同的订立形式；劳动合同的有效期限；劳动合同的终止和解除等。

（二）典型案例

2019年9月，齐某被某电力多经企业招聘为仓库保管员，但该企业人力资源管理较为混乱，一直未同齐某签订书面劳动合同。

1. 思考问题

请问：这符合《劳动合同法》规定吗？这将给企业带来怎样的法律风险？

2. 案例分析与参考答案

劳动合同是劳动关系双方当事人依法约定的明确双方权利和义务的协议，劳动合同的订立，是劳动合同制度实施的基础。书面劳动合同不仅能证明劳动关系的存在，而且清楚地记载劳动合同双方的权利和义务，有利于劳动争议纠纷的及时解决。

《劳动合同法》明确了建立劳动关系，必须订立书面劳动合同。该企业自用工之日起满1年不与齐某订立书面劳动合同的，视为与齐某已订立无固定期限劳动合同，自用工之日起超过1个月不满1年未与齐某订立书面劳动合同的，应当向劳动者每月支付2倍的工资。电力企业应依法同劳动者签订书面劳动合同，签订合同应符合法律法规要求，避免出现合同无效或部分无效情形发生。合同内容要尽量全面详尽，应载明法律规定的劳动合同必备条款，合同的条款表述要明确易懂，不发生歧义。

3. 法理基础

对于事实存在劳动关系，但双方未以书面形式订立劳动合同的，一旦发生劳动争议，劳动保障部门与司法机关视同双方已订立了劳动合同，但劳动者本人有其他意思表示的除外。

《中华人民共和国劳动合同法实施条例》规定：用人单位自用工之日起超过1个月不满1年未与劳动者订立书面劳动合同的，应当依照劳动合同法第八十二条的规定向劳动者每月支付两倍的工资，并与劳动者补订书面劳动合同；劳动者不与用人单位订立书面劳动合同的，用人单位应当书面通知劳动者终止劳动关系，并依照劳动合同法第四十七条的规定支付经济补偿。

《中华人民共和国劳动合同法》第四十七条规定：经济补偿按劳动者在本单位工作的年限，每满1年支付1个月工资的标准向劳动者支付。6个月以上不满1年的，按1年计算；不满6个月的，向劳动者支付半个月工资的经济补偿。

（三）自测案例

小钱是某财经学校毕业生，2018年9月被招聘到甘肃省某地的黄羊镇机械厂任车间核算员，当时厂劳资部门说是试用半年，暂不签订劳动合同，每月支付临时工资1850元。试用半年后，小钱提出签订正式劳动合同，恰逢厂主管领导不在，又拖延了8个月。这时小钱提出要与该厂签订无固定期限的劳动合同，请问：小钱的要求是合乎《劳动合同法》的规定？为什么？

四、劳动争议处理

（一）知识要点

劳动争议的特征；违反劳动法的法律责任；劳动争议的处理原则；违反劳动法的法律责任等。

（二）典型案例

严某是某市一家外资企业的员工，该企业经营效益一直不错，员工的工资及奖金均是按月发放的。2018年由于该企业生产的产品出口数量剧减，企业的资金周转出现困难，员工的工资无法按月结清。于是，经过企业领导与员工协商，该企业财务部以企业的名义向严某等员工出具欠条。严某的欠条上写着：某外资企业欠严某2018年4月份工资及奖金人民币7500元，于明年1月还清。2018年4月至12月，严某共收到这样的欠条9张。2019年1月，严某等拿着欠条向企业财务部领取现金，可是财务部只付给员工两个月的工资和奖金，严某等人不服，拿着“工资欠条”诉诸法院，法院以劳动争议未经仲裁为由不予受理。企业领导对严某等人说：“按照法律规定，劳动争议申请仲裁的时效只有60天，4至10月的工资已经超过申请仲裁的时效了，你们不要再告了，等公司经营情况好转就把工资补发给你们。”

1. 思考问题

（1）企业领导的说法对吗？

（2）你认为此案应如何处理？

2. 案例分析与参考答案

（1）企业领导的说法是错误的，这起劳动争议并没有超过申请仲裁的时效，严某等人完全可以通过申请劳动仲裁要求企业支付2018年4月到10月的工资和奖金。“劳动争议发生之日”是指当事人知道或者应当知道其权利被侵害之日。就本案而言，严某的工资和奖金虽然是从2018年4月份开始无法按月领取的，但由于企业向严某出具了工资欠条，并承诺在2019年1月份还清。因此，在2019年1月之前严某并不知道自己领取工资的权利受到侵害。

（2）严某等人与企业之间有关“工资欠条”不能兑现的纠纷属于劳动争议，必须先申请劳动仲裁，法院不予受理的做法是正确的。本案中严某等人与企业之间的纠纷虽然在形式上体现为欠条不能兑现，但严某与企业之间并不是一般的债权债务关系。“工资欠条”纠纷在本质上仍属于劳动者和用人单位双方关于拖欠工资的纠纷，应按劳动争议处理，裁决由企业补发所欠严某的2018年4月到10月的工资和奖金。

3. 法理基础

《中华人民共和国企业劳动争议处理条例》第二条的规定，因执行国家有关工资规定发生的争议属于劳动争议。

《劳动法》第八十二条规定：提出仲裁要求的一方应当自劳动争议发生之日起六十日内向劳动争议仲裁委员会提出书面申请。

（三）自测案例

张某2016年12月应聘到一家私营生产服装的企业做销售工作，并按规定与企业签订了为期两年的劳动合同，合同中只约定了张某从事的工作为销售，月工资为保底工资3000元加上按销售额一定比例的提成。但该企业对销售人员的管理规定，即经办代销的服装，如果在3个月之内既没有返回货款，也不能将代销的服装完整收回，则销售员本人要承担这些代销服装无法收回的损失等则没有在劳动合同中规定。

2017年11月，张某按企业规定批准程序为他人从仓库提走价值为2万元的服装去代销，之后，张某一直未能把代销款返回企业，2018年3月，由于张某已经无法找到当时的代销人，企业作出了由张某赔偿代销服装2万元的决定，并开始从张某工资中每月扣除1500元。对于企业的决定，张某不服，向当地劳动仲裁委员会提出申诉，提出：①由于公司在劳动合同约定以外企业的管理规定不具有法律的约束力，因此公司不能作出要求张某赔款的决定；②本人保底工资为每月3000元，如果从工资中每月扣1500元，无法保证其基本生活，要求如数发放工资。

（附注：劳动部印发的《工资支付暂行规定》的有关规定：因劳动者本人原因给用人单位造成经济损失的，用人单位可按照劳动合同的约定要求其赔偿经济损失。经济损失的赔偿，可从劳动者本人的工资中扣除。但每月扣除的部分不得超过劳动者当月工资的20%。若扣除后的剩余工资部分低于当地月最低工资标准，则按最低工资标准支付。）

请问：张某的申诉理由是否应当支持？企业从张某工资中每月扣除1500元的做法是否合适？

五、社会保障

（一）知识要点

什么是社会保障；我国对社会保障如何管理；我国的社会保障包括哪些具体内容？

社会保障是指由国家依法运用财政资源和其他社会资金，对公民因自然地或者社会的原因导致的生活困难给予物质帮助和服务帮助，以保障其基本生活需要和其他正当需要，实现社会公平正义的制度。而社会保险，只是社会保障制度中的一种保障手段。社会保险项目分为养老保险、失业保险、医疗保险、工伤保险和生育保险。

（二）典型案例

有人说，社会保障就是社会保险，社会保险也就是社会保障，二者只是不同的说法，并没有实质的区别。

1. 思考问题

这种说法是否正确？为什么？

2. 案例分析与参考答案

这种说法是不正确的，二者不能等同。社会保障是指国家通过立法，积极动员社会各方面资源，保证无收入、低收入以及遭受各种意外灾害的公民能够维持生存。而所谓社会保险只是社会保障内容的一部分，此外社会保障还应包括：社会保险、社会救济、社会福利、优抚安置、社会互助等内容，而在社会保险项目之下还分为养老保险、失业保险、医疗保险、工伤保险和生育保险等具体的保险内容。

3. 法理基础

我国社会保障的具体内容包括：

（1）社会保险。社会保险，是指国家通过立法建立的一种社会保障制度，目的是使劳动者因年老、失业、疾病、工伤、生育等原因导致的生活困难，以及军人因伤亡、退役后年老、退役后疾病和配偶随军未就业导致的生活困难，能从社会获得经济补偿和物质帮助，保障基本生活的制度。包括养老保险、失业保险、医疗保险、工伤保险、生育保险，以及军人伤亡保险、退役养老保险、退役医疗保险等。

（2）社会救济。社会救济，是指国家和社会对遭受自然灾害、失去劳动能力以及有其他特殊困难情形的公民给予物质救助或服务帮助，以保障其最低生活的各种措施，包括城乡居民最低生活保障、特困人员供养、灾害救助临时救助等。社会救济经费的主要来源是政府财政支出和社会捐赠。

（3）社会福利。社会福利，是指有国家和社会举办的，为全体社会成员或者特殊社会群体、特殊职业人员所享有的福利事业，包括公共福利、特殊群体福利、特殊环境下的职业福利等。

（4）社会优抚。社会优抚，是指国家依法对在保卫祖国和社会主义建设事业中牺牲、伤残、病故的军人、人民警察和其他人员及其家属给予褒扬抚恤、优抚帮助等社会保障安排的制度，包括烈士褒扬、军人抚恤优待等。

（三）自测案例

通过“社会保障制度”的学习，请同学们思考：我国的社会保障责任应由谁来承担？是通过何种方式来实现的？

六、社会保险法

（一）知识要点

社会保险的概念和特性；社会保险有哪些主要险种；社会保险费如何征缴；社会保险基金的管理如何实现；国家对社会保险如何监督；违反社会保险法应承担哪些法律责任。

（二）典型案例

某省凌川市一外商投资企业，自 2018 年建厂以来，在与员工签订的劳动合同时，便以略高于同类企业工资为诱饵，与员工约定不缴纳社会保险。2019 年 12 月该市劳动保障监察大队在劳动保障年检中发现了这一违反社会保险规定的行为。

1. 思考问题

劳动监察部门应如何处理此案？

2. 案例分析与参考答案

根据《中华人民共和国社会保险法》，用人单位不办理社会保险登记的，由社会保险行政部门责令限期改正；逾期不改正的，对用人单位处应缴社会保险费数额一倍以上三倍以下的罚款，对其直接负责的主管人员和其他直接责任人员处500元以上3000元以下的罚款。

用人单位未按时足额缴纳社会保险费的，由社会保险费征收机构责令限期缴纳或者补足，并自欠缴之日起，按日加收5/‱的滞纳金；逾期仍不缴纳的，由有关行政部门处欠缴数额一倍以上三倍以下的罚款。

3. 法理基础

依据《中华人民共和国劳动保险条例（现行有效）》下列条款：

第八条　凡根据本条例实行劳动保险的各企业行政方面或资方，须按月缴纳相当于各该企业全部工人与职员工资总额的3%，作为劳动保险金。此项劳动保险金，不得在工人与职员工资内扣除，并不得向工人与职员另行征收。

第十条　各企业行政方面或资方逾期未缴或欠缴劳动保险金时，须每日增缴滞纳金，其数额为未缴部分1%。

（三）自测案例

2018年4月，刘某等四人应聘到某公司，公司在待遇方面提出如果职工坚持要求办理社会保险的话，从职工工资中每月扣除300元。刘某等觉得还是多拿点工资好，至于办不办社会保险，也没什么关系。于是双方签订了3年的劳动合同，在合同中规定每月工资2000元，对社会保险事宜公司不予负责。此案应如何处理？

七、本章综合案例

1. 2018年8月，张某被某公司聘为业务员，并与该公司签订了为期两年的劳动合同，劳动合同约定，张某需先交2000元风险抵押金，如果张某违约，这2000元抵押金不再退还，张某试用期为6个月。试用期每月工资为1800元，试用期满后每月工资3500元。劳动合同还规定，如果张某严重违反公司的劳动纪律或者患病住院、怀孕等，公司有权立即解除劳动合同，并且不需要给张某任何经济补偿，请问该劳动合同存在哪些违反劳动法规的地方？

答：（1）收取抵押金违法。《劳动合同法》第九条规定：“用人单位招用劳动者，不得扣押劳动者的居民身份证和其他证件，不得要求劳动者提供担保或者以其他名义向劳动者收取财物。不得以各种名义向劳动者收取风险抵押金。”

（2）如果违约则押金不再退还明显违法。现行《合同法》规定违约金只适用两种情况：①劳动者违反服务期的约定；②劳动者违反竞业限制的规定。其他情况不得约定违约金，单位也不得收取。

（3）张某的试用期为6个月，违法。《劳动合同法》第十九条规定：“劳动合同期限3个月以上不满1年的，试用期不得超过1个月；劳动合同期限1年以上不满3年的，试用期不得超过2个月；3年以上固定期限和无固定期限的劳动合同，试用期不得超过6个月。”

（4）试用期每月工资为1800元，低于试用期满后工资的80%，违法。《劳动合同法》第二十条规定：“劳动者在试用期的工资不得低于本单位相同岗位最低档工资或者劳动合同约定工资的80%，并不得低于用人单位所在地的最低工资标准。”

（5）如果张某患病住院、怀孕等，公司有权立即解除合同，并且不需要给张某任何经济补偿，违法。根据《劳动合同法》第四十条、第四十二条、第四十六条的有关规定，劳动者患病有一个医疗期，医疗期未满用人单位不得解除劳动合同，即使要解除也要等医疗期满后，并且必须支付经济补偿金，怀孕的妇女用人单位不得解除劳务合同。

2. 煤矿决定招收井下作业工人 50 名，其中有 20 名尚未与原单位解除劳动合同，用人单位拿出事先印好的劳动合同要求工人签字，合同的内容包括：①婚丧嫁娶期间不支付工资；②每月延长工作时间不得超过 40 小时；③职工一方要求提前解除合同，需 60 天以前通知用人单位；④职工可以自愿参加失业保险和养老保险；⑤在合同期内工人患矽肺病不得解除劳动合同；⑥连续工作 1 年以上可以享受年休假。双方在签订劳动合同时发生争议。

试分析：

该煤矿招收工人是否有违反法律的行为？为什么？

该合同的签订程序是否有违反法律的情况？为什么？

该份劳动合同是否符合法律规定？为什么？

答：（1）该煤矿不得招用尚未与原单位解除劳动合同的劳动者，《劳动合同法》规定用人单位招用与其他用人单位尚未解除或者终止劳动合同的劳动者，给其他用人单位造成损失的，应当承担连带赔偿责任。

（2）该合同为事先印好的格式合同，未与工人协商，不符合《劳动合同法》规定的订立劳动合同，应当遵循合法、公平、平等自愿、协商一致、诚实信用的原则。

（3）合同内容有以下几点违法：第一，“婚丧嫁娶期间不支付工资”违法，根据《劳动法》第五十一条规定：“劳动者在法定休假日和婚丧假期间以及依法参加社会活动期间，用人单位应当依法支付工资。”第二，“每月延长工作时间不得超过 40 小时”违法，《劳动法》第四十一条规定：“用人单位由于生产经营需要，经与工会和劳动者协商后可以延长工作时间，一般每日不得超过 1 小时；因特殊原因需要延长工作时间的在保障劳动者身体健康的条件下延长工作时间每日不得超过 3 小时，但是每月不得超过 36 小时。”第三，“职工一方要求提前解除合同，需 60 天以前通知用人单位”违法，《劳动法》第三十一条规定：“劳动者解除劳动合同，应当提前 30 日以书面形式通知用人单位。”第四，“职工可以自愿参加失业保险和养老保险”违法，根据《社会保险法》规定，职工应当参加基本养老保险、基本医疗保险、工伤保险、失业保险和生育保险。这是法律强制性规定。

本章练习

一、填空题

1. 社会保险法是指国家通过立法设立社会________，使劳动者在暂时或永久丧失劳动能力以及失业时获得物质帮助和补偿的一种________。

2. 国家公务员与国家机关之间所结成的劳动关系，除了依照________的原则之外，主要还是依靠________进行调整。

3. 劳动者既享有劳动的________也负担有劳动的________。

4. 用人单位应当自成立之日起________内凭营业执照、登记证书或者单位印章，向当地社会保险经办机构申请办理社会保险登记。

5. 劳动合同也称为劳动协议，它是________与________之间为确立________，明确双方权利与义务的协议。

6. 用人单位自________起即与劳动者建立劳动关系。用人单位应当建立职工名册，以备劳动管理部门查。

7. 用人单位自用工之日起________不与劳动者订立书面劳动合同的，视为用人单位与劳动者已订立无固定期限劳动合同。

8. 劳动者提前________以书面形式通知用人单位，可以解除劳动合同。劳动者在试用期内提前________通知用人单位，可以解除劳动合同。

9. 劳务派遣又称人才租赁、劳动力租赁，是指由________机构与派遣劳工订立劳动合同，然后经劳务派遣机构，向实际用工单位给付________的一种劳动服务形式。

10. 社会保障，从财政角度是作为对国民收入进行分配和________的一种形式，其本质是为了________，进而促进社会和谐稳定的发展。

11. 《劳动法》的实施规范了我国的劳动力市场，它同时保护了________和________双方的正当权益，协调了劳资两方的关系，对于建立我国的和谐社会发挥了巨大的作用。

12. 以欺诈、伪造证明材料或者其他手段骗取社会保险待遇的，由社会保险行政部门责令退回骗取的社会保险金，处骗取金额________以上________以下的罚款。

13. 职工基本医疗保险对城镇所有用人单位和职工实行________，由用人单位和职工按照国家规定共同缴纳基本医疗保险费。

14. 任何用工单位和个人不得对________劳动者、对________劳动者有歧视态度和行为。

15. 基本养老保险，是按国家统一政策规定________的，保障劳动者在________退休之后，为保障退休人员基本生活需要而设置的一种养老保险制度。

二、单项选择题

1. 劳动法的时间范围，从（　　）起正式施行。

A. 1995年1月1日　　B. 2001年4月1日

C. 2005年7月1日　　D. 2010年1月1日

2. 劳动者所获得的报酬要与他创造的（　　）相适应，《劳动法》规定使劳动者劳动的数量与质量同他们所获得的报酬直接联系起来，多劳多得，不劳不得。

A. 产品　　B. 价值

C. 价格　　D. 商品数量

3. 劳动合同也称为劳动协议，它是劳动者与用人单位之间为确立（　　），明确双方权利与义务的协议。

A. 买卖关系　　B. 社会关系

C. 劳动关系　　D. 生产关系

4. 用人单位自用工之日起即与劳动者建立劳动关系。用人单位应当建立（　　），以备劳动管理部门查。

A. 职工名册　　B. 人事档案

C. 劳动合同　　D. 基本养老保险

5. 劳动者在该用人单位连续工作满（　　），劳动者提出或者同意订立无固定期限劳动合同的，应当订立无固定期限劳动合同。

A. 3年　　B. 10年

C. 5年　　D. 8年

6.《劳动法》规定，在本单位连续工作满（　　），且距法定退休年龄不足5年的，用人单位不得解除劳动合同。

A. 10年　　B. 20年

C. 12年　　D. 15年

7. 基本医疗保险实行（　　）的办法，目的是为了保障广大参保人的基本医疗需求，主要用于支付一般的门诊、急诊、住院等费用。

A. 个人账户与统筹基金相结合　　B. 企业包干

C. 国家包干　　D. 国家统筹

8. 用人单位未按时足额缴纳社会保险费的，由社会保险费征收机构责令限期缴纳或者补足，并自欠缴之日起，按日加收（　　）的滞纳金。

A. 3/‰　　B. 5/‱

C. 3/‱　　D. 1/‰

9. 职工因工作原因受到事故伤害或者患职业病，且经（　　）的，享受工伤保险待遇；其中，经劳动能力鉴定丧失劳动能力的，享受伤残待遇。

A. 治疗后不能康复　　B. 住院治疗

C. 工伤认定　　D. 本人或家属申请

10. 劳动争议只能是因执行（　　）或相关法律并履行劳动合同所引起的争议。

A. 合同法　　B. 企业法

C. 工伤条例　　D. 劳动法

三、多项选择题

1. 对违反《劳动法》的行政处罚，是由国家劳动管理机关依法对用人单位及责任人或劳动者，对违反劳动法律、法规的行为采取的行政措施。它包括（　　）等处分。

A. 责令纠正　　B. 罚款

C. 赔偿损失　　D. 吊销营业执照

2. 选出本题的错误答案：

国家不实行劳动者每日工作时间不超过8小时、平均每周工作时间不超过（　　）小时的工时制度。

A. 35小时　　B. 44小时

C. 40小时　　D. 56小时

3. 劳动合同的主要内容包括（　　）。

A. 工作内容和工作地点　　B. 劳动报酬

C. 交货地点　　D. 交付方式

4. 劳动合同的有效期限包括下列几种形式（　　）。

A. 固定期限劳动合同　　B. 一年期劳动合同
C. 完成一定工作的劳动合同　　D. 无固定期限劳动合同

5.《劳动合同法》规定劳动者有下列情况（　　）的，用人单位不得解除劳动合同。
A. 在本单位连续工作满15年，且距法定退休年龄不足5年的
B. 已获县级以上劳模称号的
C. 女职工在孕期、产期、哺乳期的
D. 曾经担任过本企业中层以上领导职务的

6. 社会保障是指国家通过立法，积极动员社会各方面资源，保证（　　）的公民能够维持生存。
A. 无收入的　　B. 低收入的
C. 遭受各种意外灾害的　　D. 待业状态的

7. 劳动者的基本权利包括（　　）。
A. 平等就业和选择职业的权利　　B. 提请劳动争议处理的权利
C. 接受职业技能培训的权利　　D. 取得劳动报酬的权利

8. 社会保险的主要险种有（　　）。
A. 基本养老保险　　B. 基本医疗保险
C. 生育保险　　D. 人身保险

9. 用人单位与劳动者发生劳动争议，当事人可以依法（　　）也可以协商解决。
A. 调解　　B. 仲裁
C. 提起诉讼　　D. 向上级机关申诉

10. 社会保险法的特性包括（　　）。
A. 保障性　　B. 福利性
C. 普遍性　　D. 互济性

四、判断题

1. 我国的劳动法是指由国家制定的调整人身关系以及与人身密切相关的法律关系的法律规范的总称。（　　）

2. 国家公务员与国家机关之间所结成的劳动关系，主要也是依靠《劳动合同法》进行调整。（　　）

3. 因特殊原因需要延长工作时间的，在保障劳动者身体健康的条件下延长工作时间每日不得超过3小时，并且每月累计不得超过36小时。（　　）

4. 国家实行劳动者每日工作时间不超过8小时、平均每周工作时间不超过45小时的工时制度。（　　）

5. 我国正在实行的劳动合同类型分为有固定期限劳动合同和无固定期限劳动合同等两种形式。（　　）

6. 用人单位自用工之日起即与劳动者建立劳动关系。用人单位应当建立职工名册，以备劳动管理部门查。（　　）

7. 用人单位自用工之日起满2年不与劳动者订立书面劳动合同的，视为用人单位与劳动者已订立无固定期限劳动合同。（　　）

8. 劳动者提前30日以书面形式通知用人单位，可以解除劳动合同。劳动者在试用期内提前3日通知用人单位，可以解除劳动合同。（　）

9. 在本单位连续工作满20年，且距法定退休年龄不足5年的，用人单位不得解除劳动合同。（　）

10. 劳动合同的合法原则，即劳动合同必须依法订立，不得违反法律、行政法规的规定，不得违反国家强制性、禁止性规定。（　）

在本单位连续工作满15年，且距法定退休年龄不足5年的，用人单位不得解除劳动合同。（　）

11. 在本单位连续工作满15年，且距法定退休年龄不足3年的，用人单位不得解除劳动合同。（　）

12. 我国的社会保障，是通过劳动者个人和政府共同承担的社会保险形式来实现的。（　）

13. 社会保险的保障对象是全体劳动者，资金主要来源是劳动者个人的缴费，政府给予资助。（　）

14. 目前我国已有规章制度的社会保险种类主要有养老保险、医疗保险、工伤保险、女职工生育保险和失业保险。社会上俗称为“五险”。（　）

15. 生育保险：由用人单位按照国家规定缴纳生育保险费，职工统筹缴纳生育保险费。生育保险待遇包括生育医疗费用和生育津贴。（　）

16. 用人单位应当自用工之日起50日内为其职工向社会保险经办机构申请办理社会保险登记。（　）

17. 社会保险基金包括基本养老保险基金、基本医疗保险基金、工伤保险基金、失业保险基金和生育保险基金。各项社会保险基金合并建账，统一核算，执行国家统一的会计制度。（　）

18. 以欺诈、伪造证明材料或者其他手段骗取社会保险待遇的，由社会保险行政部门责令退回骗取的社会保险金，处骗取金额三倍以下的罚款。（　）

19. 因工资而起的劳动纠纷是最主要的劳动争议，此外劳动防护、劳动保险、工伤处理等也是经常引起劳动争议的原因。（　）

20. 劳动争议仲裁不收费。劳动争议仲裁委员会的经费由财政予以保障。（　）

五、简答题

1. 为什么劳动者既享有劳动的权利也负担有劳动的义务？
2. 简要叙述劳动争议有哪些处理方式？
3. 在何种情况下，只要劳动者提出要求，用人单位就应该与劳动者订立无固定期限劳动合同？
4. 在何种情况下，用人单位不得解除劳动合同？
5. 何谓“五险”？具体包括哪些险种？
6. 什么是基本养老保险？这项保险包括哪些具体内容？
7. 社会保险费如何征缴？
8. 请同学们根据所学过的课程自己编写一份劳动合同。

9. 什么是劳务派遣？劳务派遣协议应有哪些主要内容？

六、案例分析题

1. 某电力企业在制定或修改涉及劳动者切身利益的规章制度或者重大事项时，仅通过党委会及总经理办公会议研究决定，没有经职工代表大会或者全体职工讨论，没有履行平等协商和公示程序。

问：这些规章制度具有法律效力吗？

2. 2018 年 5 月 2 日，某企业同工会签订了集体劳动合同，2019 年 1 月 2 日，该企业刚刚结束试用期的王某发现，自己劳动合同中劳动报酬的标准低于集体合同规定的标准。

问：该企业确定的王某劳动报酬标准符合法律规定吗？

3. 柳某在某企业工作已有 12 年，近日，他向企业人力资源部门提出，要求签订无固定期限劳动合同，该企业负责人担心这将形成“铁饭碗”，不利于企业人才流动和管理。

问：柳某的要求合法吗？该企业负责人观点是否正确？

4. 周某同某企业签订了 2 年期限的劳动合同，合同中约定试用期为 6 个月，试用期的工资为劳动合同约定工资的 50%。

问：该劳动合同关于试用期限及工资的约定是否合法？

第五章 内资企业法律制度

本章概要

一、教学重点、难点

重点：全民所有制企业的设立条件；变更和终止的原因；个人独资企业的法律特征；合伙企业设立的条件；合伙企业的退伙原因。

难点：合伙企业的债务清偿；全民所有制企业的厂长负责制；合伙企业合伙财产的转让；合伙企业的入伙和退伙。

二、教学建议

在市场经济的条件下，企业是市场的最主要、最大量的一类主体。所以，关于企业的立法，成为市场经济国家的经济法体系中的首要问题，故有企业法为经济法的龙头法之说。我国的经济体制改革的目标就是建立社会主义的市场经济体制。自十一届三中全会以来，我国在加速经济立法时，尤其重视了建立和健全企业法律制度。这不仅体现在对公有制企业的一系列的法律法规的立、改、废，而且也制定和颁布了关于外商投资企业、合伙企业的大量法律法规，以及公司法、破产法等重要法律。这些都有力地保证和促进了经济体制改革的顺利进行，加速了我国对外开放的步伐。特别是自 2001 年 12 月我国正式加入世界贸易组织后，我国的企业必然要更深一步走入国际市场，那么就要求我国的法律也必须同国际贸易规则接轨，所以学习、掌握企业法，极为重要，更加迫切。本章主要介绍内资企业的法律制度。

实训案例

一、企业的概念

（一）知识要点

企业是指从事生产、流通或服务性活动的社会经济组织，是现代经济的基本单位。根据不同的标准，可以对企业进行不同的分类。企业法律制度是指关于企业设立、企业组织和对企业实施管理的各种法律规范的总称。

（二）典型案例

吴某是从事服装加工的个体户，由于他裁剪技术高超，制作精良，远近闻名。他裁制的衣服，不仅穿着得体，而且还十分考究。所以不仅当地的普通市民经常出入，而且一些知名人士都光顾他的服装店。由于顾客越来越多，他一家无法应对。这种情况下，他添置了几台缝纫设备，招聘了5名高级缝工。吴某专职裁剪，同时还指导缝工加工。

1. 思考问题

吴某的服装店是什么类型的企业？说明理由。

2. 案例分析与参考答案

本题主要考查企业的概念和特征。解析本题的关键是全面理解和掌握企业的概念和企业的特征，注意区别企业和个体户的不同。

吴某的服装店不是企业。企业是指从事生产、流通或服务性活动的营利性的社会经济组织。吴某的服装店虽然从事服装加工的服务性活动，但不是依照法定条件和程序设立的社会经济组织，不具备企业的特征。

3. 法理基础

上述案例涉及的法理基础为：

企业是指从事生产、流通或服务性活动的营利性的社会经济组织，是现代经济的基本单位。它是人类社会生产力发展到一定阶段的产物。在现代社会里，企业的组织形式呈现多样化，但一般来讲，都带有企业的基本特征。企业的主要特征是：

（1）企业是社会经济组织，企业这一特征使企业与非组织的公民、个体工商户区分开。

（2）企业是依法设立的社会组织，企业必须依照法律规定的设立条件和设立程序才能成立，并取得权利能力和行为能力。

（3）企业是从事生产经营活动的社会经济组织，企业这一特征使它与不从事经营性活动的其他社会组织（如国家机关、事业单位、社会团体）区分开。

（4）企业是具有独立或相对独立法律人格的社会组织，这是对企业法律地位的概括。

（三）自测案例

凯伦公司是一家由两国投资的企业。中方投资者为某市一家国有大型企业，投资比例为62%，外方投资者为新加坡的个人投资商，投资比例为38%。该企业于2019年5月依照法定程序设立。请问：该企业是什么性质的企业？

二、全民所有制工业企业法

（一）知识要点

全民所有制工业企业（以下简称企业）是依法自主经营、自负盈亏、独立核算的社会主义商品生产和经营单位。设立企业应符合法律规定的条件，而且还必须依法报请政府或者政府主管部门审核批准。经工商部门核准登记，发给企业法人营业执照，企业方可成立。企业的变更主要包括转产、停产整顿、合并、分立。企业的终止主要指解散和破产。《全民所有制工业企业法》规定企业实行厂长（经理）负责制和民主管理制度，明确了企业的权利和义务，企业和政府的关系。

（二）典型案例

某市一副食品厂是全民所有制工业企业，2018年7月，经过该企业职工代表大会选举，上级主管部门批准，王某担任该企业的厂长。2018 年 10 月，该企业的上级主管部门向王某提出借用两名管理人员帮忙，由于该企业的业务也较忙，人手紧张，所以王某拒绝了上级主管部门的要求。2020 年 2 月，该企业上级主管部门因为王某不服从领导，决定免去王某的厂长职务。

1. 思考问题

（1）王某拒绝上级主管部门借用本企业管理人员的要求的行为是否合法？为什么？

（2）该企业上级主管部门免去王某厂长的职务的行为是否合法？为什么？

2. 案例分析与参考答案

本题主要考查企业的权利和企业的内部管理制度。解析本题的关键是要掌握企业的权利和义务，企业和政府的关系，企业厂长的任免等。

王某拒绝上级主管部门借用本企业管理人员要求的行为合法。因为该企业的上级主管部门的要求是一种摊派行为，企业有权拒绝。根据规定，摊派是指在法律、法规规定之外，以任何方式要求提供人力、物力和财力的行为。该企业的上级主管部门要求企业提供人力的行为，是一种摊派行为，所以该企业依法可以拒绝。

该企业上级主管部门免去王某厂长的职务的行为不合法。《全民所有制工业企业法》规定，职工代表大会选举的厂长由职工代表大会罢免，并报政府主管部门批准。该企业的厂长是由企业职工代表大会选举的，并报请了政府主管部门的批准，是为合法的厂长。因而，该企业的上级主管部门无权罢免。

3. 法理基础

上述案例涉及的法理基础主要有：

（1）厂长（经理）的任免。厂长的产生，有两种方式，具体采用哪种方式由政府主管部门决定：一是政府主管部门委任或者招聘；二是由企业职工代表大会选举。前者须征求职工代表的意见；后者须报政府主管部门批准。

厂长是由政府主管部门委任或者招聘的，由政府主管部门免职或解聘，是由企业职工代表大会选举，由企业职工代表大会罢免。

（2）企业的权利。《企业法》和《转换经营机制条例》中规定，企业的权利包括：生产经营决策权、产品和劳务定价权、产品销售权、物资采购权、进出口权、投资决策权、留用资金支配权、资产处置权、联营兼并权、劳动用工权、人事管理权、工资奖金分配权、内部机构设置权、拒绝摊派权。

（三）自测案例

李某由上级主管部门委派，担任该市一家全民所有制工业企业的厂长。由于其经营决策失误，造成企业经营走入困境，大批职工下岗，威胁到企业的生存和发展。在群众的多次要求下企业召开了职工代表大会，罢免了张某的厂长职务。请问：职工代表大会是否有罢免李某的权力？依据什么？

三、个人独资企业法律制度

（一）知识要点

个人独资企业是指企业资产属于私人所有、雇佣工人 8 人以上的营利性的经济组织。个人独资企业法是调整国家在协调经济运行过程中发生的关于个人独资企业的经济关系的法律规范的总称。农村村民、城镇待业人员、个体工商户、辞退职人员及国家法律、法规和政策允许的离退休人员均可以申请开办私营企业。私营企业在生产经营中依法享有权利，同时也应当履行法律规定的义务。作为私营企业中的个人独资企业是指依法在中国境内设立，由一个自然人投资，财产为投资人个人所有，投资人以其个人财产对企业债务承担无限责任的经营实体。个人独资企业是承担无限责任的非法人企业。

（二）典型案例

王某为某市待业人员，经济上独立于父母。2017 年 5 月，王某在当地工商行政管理机关注册成立了一家个人独资企业，由于经营管理不善，企业连年亏损。2019 年 6 月，王某决定解散企业。

1. 思考问题

王某是否可以设立个人独资企业？王某对企业的债务应承担什么样的责任？如果王某的企业亏损严重，债权人是否可以要求以王某父母的财产清偿债务？

2. 案例分析与参考答案

本题主要考查个人独资企业的有关问题。解析本题的关键是掌握个人独资企业的概念和特征。

王某可以设立个人独资企业。根据《个人独资企业法》的规定，个人投资企业的投资人为具有中国国籍的自然人，但国家公务员、党政机关领导干部、警官、法官、检察官、商业银行工作人员除外。所以王某符合条件。

王某成立的是个人独资企业，应以王某的个人财产对企业的债务应承担无限责任。由于王某经济上独立于父母，所以债权人无权要求以王某的父母的财产清偿债务。

3. 法理基础

上述案例涉及的法理基础包括：

（1）个人独资企业的概念。个人独资企业是指依照《个人独资企业法》在中国境内设立，由一个自然人投资，财产为投资人个人所有，投资人以其个人财产对企业债务承担无限责任的经营实体。第九届全国人大常委会第十一次会议于 1999 年 8 月 30 日通过、并于 2001 年 1 月 1 日起施行的《中华人民共和国个人独资企业法》是个人独资企业的基本法律依据。

（2）个人独资企业的法律特征。

①个人独资企业是由一个自然人投资的企业。根据《个人独资企业法》的规定，设立个人独资企业只能是一个自然人。国家机关、国家授权投资的机构或者国家授权投资的部门、企业、事业单位等都不能作为个人独资企业的设立人。

②个人独资企业的投资人对企业的债务承担无限责任。由于个人独资企业的投资人是一个自然人，对企业出资的多少、是否追加资金或减少资金、采取什么样的经营方式等事项均由投资人一人做主。当企业的资产不足以清偿到期债务时，投资人应以自己个人的全部财产用于清偿，这在实际上是将企业的责任与投资人的责任连为一体。

③个人独资企业的内部机构设置简单，经营管理方式灵活。个人独资企业的投资人既是企业的所有者，又可以是企业的经营者，因此，法律对其内部机构和经营管理方式不像公司和其他企业那样加以严格的规定。

④个人独资企业是非法人企业。个人独资企业由一个自然人出资，投资人对企业的债务承担无限责任。企业的责任即是投资人个人的责任，企业的财产即是投资人个人的财产。因

此，个人独资企业不具有法人资格。个人独资企业虽然不具有法人资格，但却是独立的民事主体，可以自己的名义从事民事活动。

（三）自测案例

为了规避风险，对外承担有限责任，2019 年 5 月，刘某拟投资设立一家有限责任公司，自任董事长兼总经理，并聘用相应的管理人员和经营人员。请问：根据以上设想的条件，刘某的企业如果被允许注册成立，应该是什么性质的企业？对外应承担怎样的责任？

四、合伙企业法

（一）知识要点

合伙企业是指依法在中国境内设立的由各合伙人订立合伙协议，共同出资、合伙经营、共享收益、共担风险，并对合伙企业债务承担无限连带责任的营利性组织。设立合伙企业应当具备法律规定的条件，遵循法律规定的程序。根据《合伙企业法》的规定，合伙企业存续期间，合伙人的出资和所有以合伙企业名义取得的收益均为合伙企业的财产。合伙企业财产的转让要符合法律规定；合伙人执行合伙企业事务，要由全体合伙人共同执行合伙企业事务，或委托一名或数名合伙人执行合伙企业事务等两种形式；合伙人在执行合伙事务中享有权利并承担相应义务；执行合伙企业事务的合伙人，对外代表合伙企业。合伙企业按照约定分配损益，如没有约定的要平均分配。合伙人之间对合伙企业债务负连带无限责任，合伙人之间的分担比例对债权人没有约束力。合伙企业存续期间，合伙人以外的第三人可加入合伙，入伙的新合伙人对入伙前合伙企业的债务承担连带责任。退伙是指合伙人退出合伙企业，退伙有自愿退伙和分店退伙。合伙人退伙后，并不能解除对于合伙企业既往债务的连带责任。合伙企业的解散和清算。

（二）典型案例

甲、乙、丙、丁四人商定共同出资设立一家普通合伙企业，并签订了书面合伙协议，合伙协议主要内容如下：

（1）甲以货币出资 10 万元，乙以实物折价出资 8 万元，丁以货币出资 4 万元，丙以劳务作价出资 6 万元；

（2）约定了分配利润和承担债务的比例；

（3）由甲执行合伙企业事务，对外代表合伙企业，其他三人均不再执行合伙企业事务，但对外订 2 万元以上的合同应经其他合伙人同意。合伙协议中未约定合伙企业的经营期限。

合伙企业在存续期间，发生下列事实：

①甲擅自以合伙企业的名义与善意第三人 A 公司签订了代销合同，乙合伙人获知后，认为该合同不符合合伙企业利益，经与丙、丁商议后，即向 A 公司表示对该合同不予承认，因为甲合伙人无单独与第三人签订代销合同的权利。

②合伙人丁撤资退伙，其退伙并未给合伙企业造成任何不利影响。合伙企业又接纳戊入伙，并修改了合伙协议。

③合伙企业的债权人 A 公司就合伙人丁退伙前发生的债务要求合伙企业的现合伙人甲、乙、丙、戊及退伙人丁共同承担连带清偿责任。丁以自己已经退伙为由，拒绝承担清偿责任。戊以自己新入伙为由，拒绝对其入伙前的债务承担清偿责任。

④执行合伙事务的合伙人甲为了改善企业经营管理，独自决定聘任合伙人以外的张某担任该合伙企业的经营管理人员；并以合伙企业名义为B公司提供担保。

⑤合伙人在其个人与C公司的买卖合同中，无法清偿C公司的到期债务8万元，C公司要求代位行使乙在合伙企业中的权利用于清偿债务。

1. 思考问题

(1) 甲以合伙企业名义与A公司所签的代销合同是否有效？并说明理由。

(2) 丁拒绝承担责任的主张是否成立？并说明理由。如果丁向A公司偿还了全部债务，丁可以向哪些当事人追偿？

(3) 戊拒绝承担责任的主张是否成立？并说明理由。

(4) 甲聘任张某担任合伙企业的经营管理人员及为B公司提供担保的行为是否合法？并说明理由。

(5) C公司的要求是否符合法律规定？并说明理由。

2. 案例分析与参考答案

(1) 甲以合伙企业名义与A公司所签的代销合同有效。根据《合伙企业法》的规定，合伙企业对合伙人执行合伙事务以及对外代表合伙企业权利的限制，不得对抗善意第三人。在本题中，尽管合伙人甲超越了合伙企业的内部限制，但A公司为善意第三人，因此甲以合伙企业名义与A公司所签的代销合同有效。

(2) 丁的主张不成立。根据《合伙企业法》的规定，退伙人对基于其退伙前的原因发生的合伙企业债务，承担无限连带责任。如果丁向A公司偿还了全部债务，丁可以向合伙人甲、乙、丙、戊进行追偿。

(3) 戊的主张不成立。根据《合伙企业法》的规定，新合伙人对入伙前合伙企业的债务承担无限连带责任。

(4) 甲聘任张某担任合伙企业的经营管理人员及为B公司提供担保的行为不符合规定。根据《合伙企业法》的规定，合伙企业委托一名或数名合伙人执行合伙企业事务时，除合伙协议另有约定外，以下事项必须经全体合伙人一致同意：①改变合伙企业的名称；②改变合伙企业的经营范围、主要经营场所的地点；③处分合伙企业的不动产；④转让或者处分合伙企业的知识产权和其他财产权利；⑤以合伙企业名义为他人提供担保；⑥聘任合伙人以外的人担任合伙企业的经营管理人员。

(5) C公司的要求不符合法律规定。根据《合伙企业法》的规定，合伙人发生与合伙企业无关的债务，相关债权人不得以其债权抵销其对合伙企业的债务；也不得代位行使合伙人在合伙企业中的权利。C公司可以用乙从合伙企业中分取的收益用于清偿；也可以依法请求人民法院强制执行乙在合伙企业中的财产份额用于清偿。

3. 法理基础

解析上述案例涉及的法理基础包括合伙企业的设立、合伙企业的事务执行、合伙企业的利润分配和亏损承担。

(1) 合伙企业的设立 。合伙企业是指依照《合伙企业法》在中国境内设立的由各合伙人订立合伙协议，共同出资、合伙经营、共享收益、共担风险，并对合伙企业债务承担无限连带责任的营利性组织。

根据《合伙企业法》的规定，设立合伙企业应当具备下列条件：

①由两个以上依法承担无限责任的合伙人组成。合伙企业合伙人至少为 2 人以上，这是最低的限额。关于合伙人的资格，《合伙企业法》作了以下限定：合伙人应当是依法承担无限责任者，合伙企业不允许有承担有限责任的合伙人。合伙人应当为具有完全民事行为能力的人，无民事行为能力人和限制民事行为能力人不得成为合伙企业的合伙人。法律、行政法规规定禁止从事营利性活动的人，不得成为合伙企业的合伙人，如国家公务员、警官、法官、检察官等。

②合伙人之间要订立书面合伙协议。合伙协议是指合伙人为设立合伙企业而达成的规定合伙人之间权利义务关系的协议。合伙协议应当依法由全体合伙人协商一致，以书面形式订立。根据《合伙企业法》的规定，合伙协议应当载明下列必要记载事项：合伙企业的名称和主要经营场所的地点；合伙目的和合伙企业的经营范围；合伙人的姓名及其住所；合伙人出资的方式、数额和缴付出资的期限；利润分配和亏损分担办法；合伙企业事务的执行；入伙与退伙；合伙企业的解散与清算；违约责任。除上述必要记载事项外，合伙协议还可以载明任意记载事项，如合伙企业的经营期限和合伙人争议的解决方式等。合伙协议经全体合伙人签名、盖章后生效。合伙协议的修订，须经全体合伙人协商同意。

③有各合伙人实际缴付的出资。合伙协议生效后，合伙人应当按照合伙协议的规定缴纳各自认缴的出资。根据《合伙企业法》的规定，合伙人的出资方式有：合伙人可以用货币、实物、土地使用权、知识产权或者其他财产权利缴纳出资。合伙人对于自己用于缴纳出资的财产或者财产权，应当拥有合法的处分权，合伙人不得将自己无权处分的财产或者财产权用于缴纳出资。此外，经全体合伙人协商一致，合伙人也可以用劳务出资。

④有合伙企业的名称。合伙企业的名称应当与其责任形式及所从事的营业相符合。合伙企业在其名称中不得使用“有限”或者“有限责任”的字样。

⑤有经营场所和从事合伙经营的必要条件。

符合上述条件的合伙企业的设立登记程序如下：

向企业登记机关提出申请，并提交全体合伙人签署的合伙申请书、全体合伙人的身份证明、合伙协议、出资权属证明、经营场所证明以及其他文件。法律、行政法规规定设立合伙企业必须报经有关部门审批的，还应当提交有关批准文件。合伙协议约定或者全体合伙人决定，委托一名或者数名合伙人执行合伙事务的，还应当提交全体合伙人的委托书。

企业登记机关应当自收到申请登记文件之日起 30 日内，作出是否登记的决定。对符合《合伙企业法》规定条件的，予以登记，发给营业执照；对不符合《合伙企业法》规定条件的，不予登记，并应当给予书面答复，说明理由。

合伙企业的营业执照签发日期，为合伙企业的成立日期。合伙企业领取营业执照前，合伙人不得以合伙企业的名义从事经营活动。合伙企业设立分支机构，应当向分支机构所在地企业登记机关申请登记，领取营业执照。

（2）合伙企业事务的执行。合伙人执行合伙企业事务，有全体合伙人共同执行合伙企业事务、委托一名或数名合伙人执行合伙企业事务两种形式。

其一，全体合伙人共同执行合伙企业事务是合伙企业事务执行的基本形式，也是在合伙企业中经常使用的一种形式。在采取这种形式的合伙企业中，按照合伙协议的约定，各个合伙人都直接参与经营，处理合伙企业的事务，对外代表合伙企业。其二，委托一名或数名合伙人执行合伙企业事务，即由合伙协议约定或者全体合伙人决定委托一名或者数名合伙人执行合伙企业事务，对外代表合伙企业。未接受委托执行合伙企业事务的其他合伙人，不再执行合伙企业的事务。

（3）合伙企业的利润分配和亏损承担 。①合伙损益分配原则。合伙损益即合伙企业的利润或亏损，由合伙人依照合伙协议约定的比例分配和分担。合伙协议未约定合伙损益分配比例的，由各合伙人平均分配和分担。合伙协议不得约定将全部利润分配给部分合伙人或者由部分合伙人承担全部责任。②合伙损益分配具体形式。合伙企业年度或者一定时期的利润分配或者亏损分担的具体方案，由全体合伙人协商决定或者按照合伙协议约定的办法决定。合伙损益分配的时间比较灵活，既可以按年度进行分配，也可以在一定时期内进行分配。合伙损益分配的具体方案应由全体合伙人共同决定。

（三）自测案例

甲、乙、丙商定共同出资设立一家合伙企业，并签订了书面合伙协议。合伙协议约定：甲、乙以现金的形式各出资20万元，丙以劳务出资。合伙企业成立后，乙欲退伙，将其在合伙企业中的全部财产份额转让给丁。甲、丙、丁继续经营，并商定由甲执行合伙企业事务。甲以合伙企业的名义签订了一份价款为50万元的购货合同，货款已付，但始终没有收到货物。请问：丙能否以劳务出资？乙将其在合伙企业中的财产份额全部转让给丁应符合哪些要求？丁可否拒绝承担合同损失？如果乙退伙前，合伙企业就存在债务，乙退还后，是否还要承担责任？

五、本章综合案例

【案例1】

2019年1月8日，柳某因资金周转困难，决定向陈某借款20万元用于经营。由于数额较大，陈某提出，必须提供有履行能力的公司担保，担保期限半年。于是，柳某找到了时任一家合伙企业负责人的华某，华某碍于情面，未经另外5名合伙人的同意，遂在借条“担保人”一栏加盖了公章。2019年7月8日担保到期后，柳某无能力偿还债务，陈某遂向担保人追索。

1. 思考问题

未经全体合伙人同意而担保是否有效？

2. 参考答案

对此案同学们出现了两种意见：

第一种意见认为，《合伙企业法》规定，合伙企业为他人担保，必须经全体合伙人同意。华某未经全体合伙人同意，以企业名义提供的担保，实质上系个人行为，故该担保行为无效。

第二种意见则认为该担保行为有效。

笔者同意第二种意见。《合伙企业法》第三十一条规定“除合伙协议另有约定外，合伙企业的下列事项应当经全体合伙人一致同意：……（五）以合伙企业名义为他人提供担保；……”。但该法第三十八条：“合伙企合伙企业对合伙人执行合伙事务以及对外代表合伙企业权利的限制，不得对抗善意第三人。”

【案例2】

王某为某市一家国有企业的下岗职工，2018年5月10日以家庭共有财产申报设立一家从事餐饮经营的个人独资企业。企业开业以后，由于是特色经营，生意红火，所以业务量不断扩大，不到半年时间，又设立了两家分店，并聘了两名店长负责分店经营。2018 年 11 月，王某到外地从事房地产投资，将企业交给妻子张某管理。由于张某不善经营，企业效益下降，第一分店的店长私自与其同学合开了一家与本餐饮企业具有相同特色的另一家餐饮企业，并任经理，主要工作精力转移。第二分店因拖欠房租被起诉至法院，张某以店长承包经营为由提出抗辩。2019 年 5 月，张某未经清算就决定解散企业，不再清偿债务。

1. 思考问题

个人独资企业是否可以家庭财产申报出资？第一分店店长的行为是否合法？张某的抗辩理由是否成立？为什么？张某解散企业的行为是否合法？该个人独资企业解散后，张某能否逃避企业债务？

2. 参考答案

根据《个人独资企业法》规定，投资人可以个人财产出资，也可以家庭共有财产出资。

第一分店店长的行为不合法，违反了《个人独资企业法》的规定：未经投资人同意不得从事与本企业相竞争的业务。

张某的抗辩理由不能成立，分店是以总店名义开展经营活动，投资人对受托人的职权限制不能对抗善意的第三人。个人投资企业解散时，应当进行清算，未经清算解散企业不符合法律规定。个人独资企业解散后，原投资人对个人独资企业存续期间的债务仍应承担偿还责任。

本章练习

一、填空题

1. 合伙企业对其债务，应先以其________进行清偿。合伙企业财产不足清偿到期债务的，各合伙人应当承担________责任。

2. 企业的变更主要包括________、________、合并、分立等。企业的终止主要指________和________。

3. 企业分立有________和________两种形式。

4. 合伙人之间对合伙企业债务负连带无限责任，合伙人之间的分担比例对债权人________。

5. 私营独资企业对企业的债务承担________责任，私营合伙企业的合伙人对企业的债务承担________责任，有限责任公司对企业的债务承担________责任。

6. 退伙一般有两种原因：一是________退伙，二是________退伙。

7. 合伙企业的利润和亏损，由合伙人依照________分配和分担。

8. 企业是从事生产、流通或服务性活动的营利性的________组织，是现代经济的________。

9. 合伙协议未约定合伙损益分配比例的，由各合伙人________分配和分担。

10. 私营企业可以有三种形式：________、________、________。

11. 入伙的新合伙人对入伙前的合伙企业的债务________。

12. 一个合伙企业至少有________以上的合伙人，________是合伙企业经营活动的依据。

13. 企业是以从事商品生产经营活动谋取________的社会经济组织。

14. 个人独资企业的出资人在一般情况下仅以其个人财产对企业债务承担________。

15. 国有独资公司、________、上市公司以及公益性的________、社会团体不得成为普通合伙人。

二、单项选择题

1. 合伙企业的财产不足以清偿其债务的，债权人（　　）。

A. 无权索要

B. 应当按照合伙协议确定的比例分别向各合伙人索要

C. 可以向任何一个合伙人要求全部偿还

D. 只能向合伙企业的负责人要求全部偿还

2. 1988年4月13日，我国颁布了（　　）。

A.《中华人民共和国公司法》　　B.《中华人民共和国全民所有制工业企业法》

C.《中华人民共和国合伙企业法》　　D.《中华人民共和国个人独资企业法》

3. 合伙人于某丧失民事行为能力，这种退伙属于（　　）。

A. 自愿退伙　　B. 通知退伙

C. 当然退伙　　D. 协议退伙

4. 个人独资企业（　　）。

A. 是法人企业　　B. 是非法人企业

C. 不能从事民事活动　　D. 不是独立的民事主体

5. 各个合伙人对合伙企业的债务承担（　　）。

A. 有限责任　　B. 无限责任

C. 连带责任　　D. 无限连带责任

6. 全民所有制企业的法定代表人是（　　）。

A. 职工代表大会　　B. 企业管理委员会

C. 企业厂长（经理）　　D. 股东大会

7. 某合伙企业，甲用货币出资，乙用专利权出资，丙用设备、房屋出资，丁用劳务出资，但是有一个合伙人不同意其中上述一人的出资方式，那么上述出资方式中不符合法律规定的是（　　）。

A. 甲　　B. 乙

C. 丙　　D. 丁

8. 根据《合伙企业法》，合伙人承担合伙企业债务责任的方式是（　　）。

A. 对内对外均承担连带责任　　B. 对内对外均承担按份责任

C. 对内承担按份责任，对外承担连带责任　　D. 对内承担连带责任，对外承担按份责任

9. 合伙协议没有约定合伙企业损益分配比例的（　　）。

A. 由各合伙人平均分配和分担　　B. 由负责人决定

C. 按照各自出资比例确定　　D. 由企业的管理者承担债务

10. 私营企业与个体工商户在雇工上的区别是（　　）。

A. 私营企业存在雇工，个体工商户不存在雇工

B. 私营企业雇工 10 人以上，个体工商户雇工 2 人以下

C. 私营企业雇工 8 人以上，个体工商户雇工 7 人以下

D. 私营企业雇工 20 人以上，个体工商户雇工 19 人以下

11. 特殊的普通合伙企业名称中应当标明“（　　）”字样。这类以专业知识和专门技能的入伙的合伙人，即为特殊的合伙人。

A. 特殊普通合伙　　B. 合伙

C. 特殊　　D. 特殊普通

12. 合伙企业合伙人至少为（　　）以上，这是最低的限额。

A. 2 人　　B. 3 人

C. 5 人　　D. 不限

三、多项选择题

1. 全民所有制企业对其财产享有（　　）。

A. 占有权　　B. 使用权

C. 依法处分权　　D. 财产所有权

2. 属于个人独资企业法律特征的是（　　）。

A. 非法人企业　　B. 投资人是一个自然人且是中国公民

C. 投资人对企业的债务承担无限责任　　D. 经营管理方式不受法律限制

3. 下列有关全民所有制企业性质和地位的正确表述的有（　　）。

A. 是社会主义商品生产和经营单位　　B. 企业的财产属于全民所有

C. 经济上自主经营、自负盈亏、独立核算　　D. 法律上具有法人资格

4. 根据《合伙企业法》，下列选项中，可以作为合伙企业合伙人的出资的有（　　）。

A. 货币　　B. 劳务

C. 实物　　D. 专利技术

5. 根据《全民所有制工业企业法》的规定，下列企业中，应当终止的有（　　）。

A. 资不抵债的企业　　B. 被依法撤销或解散的企业

C. 被另一个企业兼并的企业　　D. 被人民法院宣告破产的企业

6. 合伙人李某在合伙企业的投资额是 10 万元，现在她欲将自己的合伙财产转让于非合伙人周某 4 万元，下列说法正确的是（　　）。

A. 她应当通知其他合伙人，否则转让行为无效

B. 其他合伙人中有一个不同意，她不得进行转让

C. 在同等条件下，其他合伙人有优先受让的权利

D. 按照《合伙企业法》的有关规定，在合伙企业的存续期间她无权转让

7. 企业的变更主要包括（　　）。

A. 破产　　B. 分立

C. 合并　　D. 转产

8. 可以申请开办私营企业的人员包括（　　）。

A. 农村村民　　　　B. 城镇待业人员
C. 辞职、退职、退休人员　　　　D. 国家公务员

9. 对合伙企业的债务承担连带责任的有（　　）。
A. 全体合伙人　　　　B. 债务发生后的退伙人
C. 债务发生后的入伙人　　　　D. 债务发生前的退伙人

10.《全面所有制企业法》规定全民所有制企业厂长产生的方式有（　　）。
A. 政府主管部门委任　　　　B. 政府主管部门招聘
C. 企业职工代表大会选举　　　　D. 企业管理委员会决定

四、判断题

1. 合伙人与有限责任公司的股东一样，承担的是有限责任。（　　）
2. 全民所有制企业职工代表大会选举的厂长，必须报经政府主管部门批准。（　　）
3. 我国现行法律不允许法人成为合伙企业的投资人。（　　）
4. 乡村集体所有制企业的财产属于该企业的全体职工共同所有。（　　）
5. 因为合伙人对合伙财产享有的是按份所有权，所以合伙人对合伙企业的债务对内对外承担的都是按份责任。（　　）
6. 城镇集体企业的职工代表大会不是权力机构，是企业实行民主管理的基本形式。（　　）
7. 个人独资企业不具有法人资格，但可以自己的名义从事民事活动。（　　）
8. 全民所有制企业对外的权利和义务，不因企业的变更而消失。（　　）
9. 合伙企业的债权人可以根据自己的清偿利益，请求全体合伙人中的一人或者数人承担全部清偿责任，也可以按照自己确定的比例向各合伙人分别追偿。（　　）
10. 合伙协议可以进行修改，但是必须经过全体合伙人协商同意。（　　）
11. 经全体合伙人同意，合伙企业可以聘请合伙人以外的人担任合伙企业的经营管理人员。（　　）
12. 个人独资企业不具有法人资格，有独立承担民事责任的能力。（　　）
13. 全民所有制企业的职工代表大会是企业的权力机构。（　　）
14. 合伙企业存续期间，任何合伙人都不得转让其在合伙中的财产份额。（　　）
15. 全体合伙人对合伙企业有关事项作出决定时，一般实行一人一票的表决办法。（　　）
16. 合伙协议未约定合伙亏损或者利润分配比例的，由各合伙人按照出资比例分配和分担。（　　）
17. 合伙企业入伙的新合伙人对入伙前合伙企业的债务不承担责任。（　　）
18. 合伙人全部缴清出资，为合伙企业的成立日期。（　　）
19. 个人独资企业的投资人不得以家庭财产作为企业出资。（　　）
20. 合伙企业存续期间，任何情况下合伙人都不得请求分割合伙企业的财产。（　　）

五、简答题

1. 全民所有制企业设立的条件有哪些？

2. 什么是合伙企业？合伙企业的法律特征有哪些？

3. 申请设立合伙企业应当具备哪些条件？

4. 什么是个人独资企业？其法律特征有哪些？

5. 全民所有制企业变更和终止的原因是什么？

6. 全民所有制企业和国有独资公司有哪些联系和区别？

六、案例分析题

1. 公民甲、乙、丙分别出资 4 万元、3 万元、3 万元设立一个合伙企业。2017 年批准正式成立。2018 年。该企业向银行贷款 8 万元，期限是 2 年。在 2019 年的 5 月，经乙、丙同意，甲将自己的全部合伙财产份额转让给丁。甲办理了退伙结算手续。2019 年年终结算时，该合伙企业亏损了 5 万元，加上向银行贷款的本息 9 万元，企业共负债 14 万元。

问题：(1) 甲对该合伙企业的债务是否承担偿还责任？为什么？

(2) 丁表示，在他入伙前发生的银行贷款，他不承担任何责任。该主张有无法律根据？

(3) 乙、丙同意按照合伙协议确定的比例承担偿还债务的责任，超过合伙协议确定的比例部分拒不承担责任。其说法是否合法？

2. 2018 年 1 月，甲投资 5 万元设立个人独资 A 企业。2020 年 1 月，甲决定解散企业。解散清算结果如下：A 企业全部资产价值 5 万元；欠乙的货款 6 万元；欠银行贷款 8 万元；甲的家庭个人财产 10 万元，可执行的个人财产是 7 万元。

问题：(1) 甲对超过企业资产部分的债务是否承担偿还责任？为什么？

(2) 甲如果用个人财产偿还债务，其个人财产是多少？

(3) 按照法律的规定，甲应当如何进行债务的清偿？

3. 某市一全民所有制工业企业的厂长因为意外事故身亡。政府主管部门派了一名厂长，该企业的职工代表大会对新厂长不满意，于是采取表决方式，罢免了新厂长，并且选举了一名本企业的职工当选厂长。

问题：(1) 政府主管部门是否有权向企业委派厂长？为什么？

(2) 企业的职工代表大会的行为是否符合法律的规定？为什么？

4. 某儿童服装厂属于城镇集体企业。为了提高经济效益。企业超越经营范围从事经营活动。因此厂长被政府主管部门免职，并且准备调入新厂长。该厂长认为，服装厂超越经营范围从事经营活动是违法的，自己被免职也是应该的。但是政府主管部门无权委派新厂长。该厂职工大会提出，政府主管部门不但无权免职原厂长，而且也无权任命新厂长。

问题：服装厂厂长和职工大会的说法是否正确？为什么？

第六章

外商投资企业法律制度

本章概要

一、教学重点、难点

重点：对外商投资企业与外商投资企业法的概念的理解；了解外商投资企业的历史发展；掌握外商投资企业的法律特征。

难点：外商投资法的基本原则；什么是“负面清单管理模式”。

二、教学建议

首先应让学生了解新修订的外商投资企业法的发展概况。

为适应中国加入世界贸易组织的进程，根据世界贸易组织规则和我国对外的承诺，我国自20世纪80年代以来先后制定了《中外合资经营企业法》《中外合作经营企业法》和《外资企业法》。并在此基础之上于2019年3月15日，第十三届全国人民代表大会第二次会议通过了《中华人民共和国外商投资法》。

《外商投资法》正式实施后将取代“外资三法”（《中外合资企业法》《中外合作企业法》《外资企业法》），成为外国投资者在中国境内投资统一适用的法律。官方给该部法律的定位是“新形势下国家关于外商投资活动全面的、基本的法律规范，是外商投资领域起龙头作用、具有统领性质的法律；是确立外商投资准入、促进、保护、管理等方面的基本制度框架和规则”。

实训案例

外商投资企业法概述

（一）知识要点

外商投资企业，是指在中国境内依据中国法律设立的，由中国投资者和外国投资者或完全由外国投资者投资的企业。外国投资者是指国外（包括我国港、澳、台地区）的公司、企业和其他经济组织或个人，中国投资者是指与外商共同投资举办企业的中国公司、企业、个人或者其他经济组织。我国外商投资企业法主要调整外国投资者与中国投资者之间企业内部关系；外商及外商投资企业与中国政府之间的关系。外商投资企业法的基本原则包括：维护国家主权原则、平等互利原则和参照国际惯例原则。

（二）典型案例

王某原是国民党高级将领，1949 年去了台湾，从此与在大陆的家人失去联系。王某到台湾后，就辞去军队要职开办企业。经过 30 多年的经营，积蓄下了亿万财产，但他对家乡和亲人的思念与日俱增。20 世纪 80 年代，大陆改革开放后，王某作为第一批台商来大陆投资开办企业，并且经过多方努力找到了唯一健在的亲人弟弟。王某的弟弟生活在北方农村，弟弟的儿子为当地有名的玉米种植专业户。为了离散之苦和壮大的事业，王某预以现金 1000 万美元与侄儿共同投资设立一家从事玉米深加工的企业。这在当地是一个大的投资项目。

1. 思考问题

（1）如果该企业获准设立，是什么类型的企业？

（2）该企业能否获准设立？

2. 案例分析与参考答案

本题主要考查外商投资企业的投资者的界定。解析本题的关键是要掌握：

（1）外商投资企业的概念。

（2）外商投资企业的投资者的界定。

该企业应该是外商投资企业。外商投资企业，是指在中国境内依据中国法律设立的，由中国投资者和外国投资者或完全由外国投资者投资的企业。根据法律规定，外商投资企业以外国投资者为必备投资主体，即投资主体必须包括或全是外国投资者。外国投资者是指国外（包括我国港、澳、台地区）的公司、企业和其他经济组织或个人。

该企业能够获准设立。本题中，王某预与侄儿共同投资设立企业，王某具备投资设立外资企业的主体资格，其侄儿作为其他投资者以自产玉米参与投资，可以组成外商投资企业。

3. 法理基础

上述案例涉及的法理基础包括：

外商投资企业，是指在中国境内依据中国法律设立的，由中国投资者和外国投资者或完全由外国投资者投资的企业。外商投资企业以外国投资者为必备投资主体，即投资主体必须包括或全部是外国投资者；外商投资企业必须是在中国境内设立的、经中国法律规定的政府机关审查批准、到工商行政管理部门办理登记手续、具有中国国籍的企业。外商投资企业的外国投资者是指国外（包括我国港、澳、台地区）的公司、企业和其他经济组织或个人，中国投资者是指与外商共同投资举办企业的“其他投资者”。

（三）自测案例

1992 年，王某到美国攻读 MBA，完成学业后，受聘于纽约一家公司，从普通职员做到该公司的 CEO。2003 年 5 月，王某辞去该公司的职务，在纽约自己创办了一家东方顺达公司。东方顺达公司成立后，经营业绩直线攀升，到 2015 年 5 月，总资产已达 10 亿美元。2018 年 3 月，王某携现金、设备、技术在大连设立一家生产保健品的企业。请问：该企业是外商投资企业吗？为什么？

本章练习

一、填空题

1. 外商投资企业是外国投资者在我国的________直接投资，既不是政府投资，也不是间接投资，而是外国公司，企业、其他经济组织或公民个人直接经营企业的投资活动。

2. 外商投资企业，是指依照________在中国境内设立的，由中国投资者与外国投资者共同投资，或者由外国投资者单独投资的企业。

3. 外商投资企业以________为必备投资主体。即投资主体必须包括或全部是外国投资者，投资资金来自我国境外。

4. 外商投资企业是外国投资者在我国的私人直接投资，既不是________，也不是________，而是外国公司，企业、其他经济组织或公民个人直接经营企业的投资活动。

5. 外商投资企业是具有________的企业，只能受中国法律管辖，而不能受外国法律管辖。

6. 在东道国设立的外商投资企业属于所在国企业，要接受东道国法律的管辖。外商投资企业必须遵守东道国的法律、法规，这是________通行的做法。

7. 我国外商投资企业法，是调整国家在________过程中发生的有关外商投资企业的经济关系的法律规范的总称。

8. 国家对外商投资实行准入前国民待遇加________。外商投资准入负面清单规定禁止投资的领域，外国投资者不得投资。

9. 所谓“负面清单管理模式”是指政府规定哪些经济领域不开放，除了清单上的________，其他行业、领域和经济活动都许可。国家对负面清单之外的外商投资，给予国民待遇。

10. 国家依法保护外国投资者在中国境内的投资、收益和其他合法权益。对外国投资者的投资不实行________。

11. 外国投资者投资外商投资________规定禁止投资的领域的，由有关主管部门责令停止投资活动，限期处分股份、投资有违法所得的，没收违法所得。

二、单项选择题

1. 国民待遇，是指在投资准入阶段给予外国投资者及其投资（　　）本国投资者及其投资的待遇。

A. 不低于　　B. 高于
C. 低于　　D. 相当于

2. 外商投资企业以（　　）为必备投资主体。即投资主体必须包括或全部是外国投资者，投资资金来自我国境外。

A. 中国投资人　　B. 企业
C. 个人　　D. 外国投资者

3. 外商投资企业是外国投资者在我国的（　　），既不是政府投资，也不是间接投资，而是外国公司，企业、其他经济组织或公民个人直接经营企业的投资活动。

A. 国有企业　　B. 私人直接投资

C. 有限公司　　D. 金融机构

4. 中外合资经营企业的法定代表人是（　　）。

A. 股东大会　　B. 董事会

C. 董事长　　D. 总经理

5. 外商投资企业是具有中国国籍的企业，只能受（　　）管辖，而不能受外国法律管辖。

A. 投资人　　B. 所在国

C. 中国法律　　D. 投资国法律

6. 2019 年 3 月 15 日，第十三届全国人民代表大会第二次会议通过了《中华人民共和国外商投资法》，自（　　）起施行。

A. 2020 年 1 月 1 日　　B. 2019 年 3 月 15 日

C. 2019 年 5 月 1 日　　D. 2019 年 10 月 1 日

7. 国家对外商投资实行准入前国民待遇加负面清单管理制度。外商投资准入负面清单规定禁止投资的领域，外国投资者（　　）。

A. 限制投资　　B. 合理投资

C. 不得投资　　D. 准予投资

8. 国家依法保护外国投资者在中国境内的投资、收益和其他合法权益。对外国投资者的投资（　　）。

A. 不实行征收　　B. 战时实行征收

C. 免征所得税　　D. 给予奖励

三、多项选择题

1. 外商投资企业虽然是依照中国法律，在中国境内设立的中国企业，但它与中国的内资企业企业相比仍然有（　　）不同。

A. 是在我国境内设立的企业　　B. 外国投资者为必备投资主体

C. 必须是外国政府投资　　D. 外国投资者在我国的私人直接投资

2. 外商（外国投资者）与中国政府之间的关系，如（　　）等也应由外商投资企业法调整。

A. 申请设立　　B. 申请注册

C. 请求保护　　D. 利润分配

3. 外商投资法的基本原则有（　　）。

A. 维护国家主权原则　　B. 等价交换原则

C. 平等互利原则　　D. 参照国际惯例原则

4. 外国投资者在中国境内的出资、利润、资本收益、资产处置所得、知识产权许可使用费、依法获得的补偿或者赔偿、清算所得等，可以依法以（　　）自由汇入、汇出。

A. 人民币　　B. 美元

C. 其他外汇　　D. 国家规定的货币

5. 外商投资法所称外商投资，是指（　　）直接或者间接在中国境内进行的投资活动。

A. 外国的自然人　　B. 外国政府

C. 外国企业　　D. 外国的其他组织

6. 外商投资企业是（　　）。

A. 股份有限公司　　B. 有限责任公司

C. 外国法人　　D. 中国法人

7. 外商投资企业的出资方式有（　　）。

A. 现金　　B. 实物

C. 场地使用权　　D. 信用

8. 国际惯例虽然（　　）具有类似法律的约束力。

A. 不是国际法　　B. 许多国家接受

C. 无法律约束力　　D. 许多国家采用

四、判断题

1. 外商投资企业，是指依照中国法律在中国境内设立的，由外国投资者单独投资的企业。（　　）

2. 外商投资企业以外国投资者为必备投资主体。即投资主体必须包括或全部是外国投资者，投资资金来自我国境外。（　　）

3. 外商投资企业是具有外国国籍的企业，只能受外国法律管辖，而不能受中国法律管辖。（　　）

4. 在中国境内设立的外商投资企业，都是中国的法律主体，外资企业凡符合中国法律关于法人条件规定的，均依法取得中国法人资格。（　　）

5.《中华人民共和国外资企业法》《中华人民共和国中外合资经营企业法》《中华人民共和国中外合作经营企业法》等2020年1月1日起废止。（　　）

6. 外商投资企业法，是调整国家在协调经济运行过程中发生的有关外商投资企业的经济关系的法律规范的总称。（　　）

7. 我国政府因为出于国民经济长远发展的考虑，所以不能限制、禁止外商对某些项目的投资。（　　）

8. 国际惯例即是国际法，为多数国家接受和采用，具有完全的法律约束力。（　　）

9. 外商投资法所称外商投资，是指外国的自然人、企业或者其他组织直接或者间接在中国境内进行的投资活动。（　　）

10. 外商投资企业，是指全部或者部分由外国投资者投资，依照中国法律在中国境内经登记注册设立的企业。（　　）

11. 外商投资准入负面清单规定禁止投资的领域，外国投资者不得投资。（　　）

12. 外国投资者在中国境内的出资、利润、资本收益、资产处置所得、知识产权许可使用费、依法获得的补偿或者赔偿、清算所得等，必须依法以人民币汇入、汇出。（　　）

五、简答题

1. 说明什么是外商投资企业。

2. 说明外商投资企业的法律特征。
3. 外商投资法有哪些基本原则?
4. 什么是准入前国民待遇加负面清单管理制度?
5. 我国对外商投资有哪些保护措施?
6. 说明违反外商投资法的法律责任。

第七章

企业破产法律制度

本章概要

一、教学重点、难点

重点：破产概念、破产案件管辖、企业债务清理、企业重整、和解以及对破产企业职工的保护等问题。

难点：破产的概念；法院审查受理破产案件中应注意的问题；债权人会议的表决权；和解协议的法律效力；破产财产与破产债权的认定及范围；破产财产的分配。

二、教学建议

破产是社会主义市场经济体制下竞争机制和优胜劣汰规律相互作用下的必然结果，贯彻执行破产法可更好地提高资源配置的效益。本章具体讲述企业破产的操作过程，难点问题较多，所以也是比较不易掌握的一章。本章主要贯穿两条基本线索，一是破产程序，二是破产财产的清算与分配。教师讲课应首先对破产制度设立的目的进行全面、正确的讲解，即破产清算、企业重整与和解之间的关系。在此基础上讲解破产程序，并把握破产清算、企业重整与和解过程中的联系与区别。在关于破产的清算与分配问题中，应重点讲解破产财产与破产债权的界定，使学生掌握破产财产的分配顺序。

实训案例

一、企业破产法

（一）知识要点

破产是企业法人和其他组织不能清偿到期债务，并且资产不足以清偿全部债务或者明显缺乏清偿能力，由人民法院主持，将债务人的全部财产依法抵偿所欠的各种债务，不足部分不再清偿的司法过程。

破产具有如下法律特征：破产以债务人不能清偿到期债务，并且资产不足以清偿全部债务或者明显缺乏清偿能力为前提。破产以债务人全部财产为偿债客体，以向全体债权人公平清偿为原则，以取消债务主体资格为最终后果，破产是一种执行程序。破产法是破产制度的法律表现形式。概括地讲，破产法是关于债务人不能清偿到期债务而适用破产、重整或和解程序处理债务关系的法律规范的总称。

2006年8月27日第十届全国人民代表大会常务委员会第二十三次会议通过了《中华人民共和国企业破产法》，该法自2007年6月1日起施行，《中华人民共和国企业破产法（试行）》同时废止。《中华人民共和国企业破产法》适用于所有的企业法人，企业法人之外的其他组织（合伙企业、个人独资企业、学校、医院等）的清算，如果属于破产清算的，可以参照破产法。

（二）典型案例

2006年12月，某公司申请破产，人民法院受理了该破产案件。但在适用法律上发生了争议：法官甲认为，公司是企业，应适用《中华人民共和国企业破产法（试行）》；法官乙则认为，《中华人民共和国企业破产法（试行）》适用于全民所有制企业，公司不属于全民所有制企业，应适用《中华人民共和国民事诉讼法》中的有关破产的规定；法官丙表达了自己的意见，认为公司的性质是企业，公司有全民所有制的公司和非全民所有制的公司，所以，是否适用《破产法》，主要看它的所有制性质，而不是企业形式；而法官丁则认为：应适用《中华人民共和国企业破产法》。

1. 思考问题

你认为哪位法官的观点正确？为什么？你的观点如何？

2. 案例分析与参考答案

本题主要考查《中华人民共和国破产法》的生效时间和适用范围。解析本题的关键是要掌握破产法的时间效力和适用范围。《中华人民共和国企业破产法》2006年8月27日通过，自2007年6月1日起施行。之前的破产案件仍适用《中华人民共和国企业破产法（试行）》及《民事诉讼法》中关于破产还债程序的规定。

法官丙的观点正确。该案件是2006年12月申请受理的，《中华人民共和国企业破产法》2007年6月1日起施行，所以不能适用该法。根据规定，《中华人民共和国企业破产法（试行）》适用于全民所有制（国有）企业。公司是企业的一种组织形式，判断公司的破产程序是否适用《中华人民共和国企业破产法（试行）》，主要标准是该公司的所有制性质。如果该公司是全民所有制（国有）公司，就应适用《中华人民共和国企业破产法（试行）》，否则，就适用《中华人民共和国民事诉讼法》。

3. 法理基础

上述案例涉及的法律基础为：

（1）我国破产法的立法情况 。破产法是破产制度的法律表现形式。概括地讲，破产法是关于债务人不能清偿到期债务而适用破产或和解程序处理债务关系的法律规范的总称，是关于破产的实体规范、程序规范的总称。

我国的破产立法主要经历了三个过程：一是《中华人民共和国企业破产法（试行）》。该法于1986年12月由立法机关通过，从1988年11月1日起施行，2007年6月1日废止。二是《中华人民共和国民事诉讼法》中的有关破产的规定。该法于1991年4月9日由立法机关通过，从1991年4月9日起施行，第19章为“企业法人破产还债程序”。三是《中华人民共和国企业破产法》。该法于2006年8月27日通过，自2007年6月1日起施行。

（2）我国破产法的适用范围。《中华人民共和国企业破产法（试行）》适用于全民所有制（国有）企业，《民事诉讼法》中关于破产还债程序的规定虽然适用各类企业法人，但是规范过于简单。《中华人民共和国企业破产法》适用于法人企业。

（三）自测案例

某国有金融企业被债权人申请破产，人民法院裁定受理了此案。请问：人民法院应该适用下列法律中的哪一部：①《中华人民共和国企业破产法》；②《中华人民共和国企业破产法（试行）》；③《中华人民共和国民事诉讼法》。为什么？还有其他的法律可以适用吗？

二、破产申请的提出与受理

（一）知识要点

根据我国《中华人民共和国企业破产法》的规定，企业法人不能清偿到期债务，并且资产不足以清偿全部债务或者明显缺乏清偿能力的，依照本法规定清理债务。可以向人民法院提出重整、和解或者破产清算申请。债务人不能清偿到期债务，债权人可以向人民法院提出对债务人进行重整或者破产清算的申请。企业法人已解散但未清算或者未清算完毕，资产不足以清偿债务的，依法负有清算责任的人应当向人民法院申请破产清算。向人民法院提出破产申请，应当提交破产申请书和有关证据。债务人提出申请的，还应当向人民法院提交财产状况说明、债务清册、债权清册、有关财务会计报告、职工安置预案以及职工工资的支付和社会保险费用的缴纳情况。破产案件由债务人住所地人民法院管辖。人民法院应当自收到破产申请之日起15日内裁定是否受理。人民法院裁定受理破产申请的，应当同时指定管理人。人民法院应当自裁定受理破产申请之日起25日内通知已知债权人，并予以公告。人民法院受理破产申请后，债务人对个别债权人的债务清偿无效。

（二）典型案例

甲企业是当地很有信誉的木材加工企业，多年来一直为乙企业生产木器提供原料。两家的经济往来一直很好，从没出现过不愉快的现象。但2015年，由于市场竞争激烈，加之企业没有及时调整生产经营策略，乙企业出现了亏损现象，致使甲企业的200万元的原料款没能按期支付。2016年，考虑到两家多年的关系，甲企业仍按计划向乙企业提供原料。但由于竞争对手的增多，竞争更加激烈，乙企业亏损更加严重。加之多家货款没能及时收回，乙企业又有300万元的原料款没能按期向甲企业支付，为此给甲企业的资金周转造成了困难，严重影响了甲企业的经济运营。甲企业多次催要，均无结果。

1. 思考问题

乙企业是否符合破产条件？甲企业可否申请乙企业破产？该破产案件由谁受理？

2. 案例分析与参考答案

本题主要考查破产申请的提出和受理。解析本题的关键是要掌握：

（1）破产的条件，是指债务人（企业法人）破产的标准和理由。

（2）破产申请的主体，申请主体包括债务人、债权人、负有清算责任的人。

（3）破产案件的管辖，破产案件由债务人住所地人民法院管辖。

乙企业符合破产条件。根据《中华人民共和国破产法》规定，本题中乙企业在市场竞争激烈的情况下，没有及时调整生产经营策略，出现了亏损现象，加之多家货款没能及时收回，亏损更加严重，以至于甲企业两年的原料款不能清偿。所以已经不能清偿到期债务，而且明显缺乏清偿能力，符合破产条件。

甲企业可以申请乙企业破产。《中华人民共和国破产法》规定："债务人不能清偿到期债务，债权人可以向人民法院提出对债务人进行重整或者破产清算的申请"。所以本题中作为债权人的甲企业可以申请乙企业破产。

根据《中华人民共和国破产法》规定，破产案件由债务人住所地人民法院管辖。该破产案件由乙企业住所地人民法院管辖。

3. 法理基础

上述案例涉及的法理基础主要有：

（1）破产条件。根据《中华人民共和国企业破产法》的规定，企业法人破产的条件是指企业法人不能清偿到期债务，并且资产不足以清偿全部债务或者明显缺乏清偿能力的，依照破产法规定清理债务；企业法人不能清偿到期债务，或者有明显丧失清偿能力可能的，可以依照破产法规定进行重整。具体情况针对不同申请人、不同情形有三项：①不能清偿到期债务，并且资产不足以清偿全部债务企业法人；②不能清偿到期债务，明显缺乏清偿能力的；③明显丧失清偿能力可能的。该项破产原因仅适用于提起重整申请。

（2）破产申请的提出。破产申请是指当债务人达到破产界限时，有权申请破产宣告的当事人提出破产请求，以开始破产程序的行为。《中华人民共和国企业破产法》规定，债务人不能清偿到期债务，并且资产不足以清偿全部债务或者明显缺乏清偿能力的，依照本法规定清理债务。可以向人民法院提出重整、和解或者破产清算申请。债务人不能清偿到期债务，债权人可以向人民法院提出对债务人进行重整或者破产清算的申请。企业法人已解散但未清算或者未清算完毕，资产不足以清偿债务的，依法负有清算责任的人应当向人民法院申请破产清算。基于以上规定，企业破产有三类申请主体：①破产清算的申请主体包括债务人、债权人、负有清算责任的人和国务院金融监督管理机构；②重整的申请主体包括：债务人、债权人、占债务人注册资本 1/10 以上的出资人和国务院金融监督管理机构；③和解的申请主体只有一个，即债务人。

向人民法院提出破产申请，应当提交破产申请书和有关证据。债务人提出申请的，还应当向人民法院提交财产状况说明、债务清册、债权清册、有关财务会计报告、职工安置预案以及职工工资的支付和社会保险费用的缴纳情况。

（3）破产申请的受理 。破产案件由债务人住所地人民法院管辖。人民法院应当自收到破产申请之日起 15 日内裁定是否受理。人民法院裁定受理破产申请的，应当同时指定管理人。人民法院应当自裁定受理破产申请之日起 25 日内通知已知债权人，并予以公告。人民法院受理破产申请后，债务人对个别债权人的债务清偿无效。

（三）自测案例

甲企业为乙企业的原料供应企业，根据双方的约定：甲企业按照乙企业年初提供的生产作业计划供应乙企业的原料，乙企业分年中和年末两次付款。2018 年 10 月 26 日，甲企业获知乙企业已经资不抵债，于是停止供货，并要求乙企业支付下半年的全部货款共计 500 万元，遭到乙企业的拒绝，理由是未到结算期。甲企业在多次催款均无结果的情况下，向乙企业所在地人民法院提出乙企业的破产申请。请问：该法院能否受理该破产申请？为什么？

三、破产案件的审理

（一）知识要点

人民法院裁定受理破产申请的，应当同时指定管理人。管理人可以由有关部门、机构的人员组成的清算组或者依法设立的律师事务所、会计师事务所、破产清算事务所等社会中介机构担任。管理人依照《破产法》规定执行职务，向人民法院报告工作，并接受债权人会议和债权人委员会的监督。管理人的管理事务包括三种：破产清算事务、重整事务、和解事务。债务人的财产由管理人接管和处分。管理人依法行使撤销权。破产法规定了破产费用和共益债务。人民法院受理破产申请后，应当确定债权人申报债权的期限。债权人应当在人民法院确定的债权申报期限内向管理人申报债权。

依法申报债权的债权人为债权人会议的成员，有权参加债权人会议，享有表决权。债权人会议设主席一人，由人民法院从有表决权的债权人中指定。债权人会议主席主持债权人会议。第一次债权人会议由人民法院召集，自债权申报期限届满之日起15日内召开。召开债权人会议，管理人应当提前15日通知已知的债权人。债权人会议的决议，对于全体债权人均有约束力。债权人会议可以决定设立债权人委员会。债务人或者债权人可以依照本法规定，直接向人民法院申请对债务人进行重整。重整是指不对无偿付能力债务人的财产立即进行清算，而是在法院的主持下由债务人与债权人达成协议，制订重整计划，规定在一定的期限内，债务人按一定的方式全部或部分地清偿债务，同时债务人可以继续经营其业务的制度。债务人可以依照本法规定，直接向人民法院申请和解；也可以在人民法院受理破产申请后、宣告债务人破产前，向人民法院申请和解。

（二）典型案例

某企业以一处房产作抵押向银行借款300万元，借款期限为1年。但在期满前该企业被申请破产，法院已经受理了该企业破产案件。当初该企业向银行借款用作抵押的房产经评估作价200万元。该银行在人民法院确定的债权申报期限内向管理人申报债权，申报债权时，书面说明债权的数额和财产担保的情况，并提交了有关证据。

1. 思考问题

该银行可否参加债权人会议？如果可以参加，在债权人会议是否有表决权？如果有表决权，如何行使表决权？

2. 案例分析与参考答案

本题主要考查债权人会议的组成。解析本题的关键是要理解和掌握债权人会议的成员包括和表决权的大小及行使表决权的具体规定。

该银行可以参加债权人会议。根据《中华人民共和国破产法》规定，依法申报债权的债权人为债权人会议的成员，有权参加债权人会议，享有表决权。债权尚未确定的债权人，除人民法院能够为其行使表决权而临时确定债权额的外，不得行使表决权。对债务人的特定财产享有担保权的债权人，未放弃优先受偿权利的，对于通过和解协议、通过破产财产的分配方案不享有表决权。

因该银行享有已作价200万元的抵押房产，所以在债权人会议上享有除通过和解协议和破产财产的分配方案以外的其他各项表决权。

该银行出席债权人会议的形式，可以由法定代表人亲自出席也可以委托代理人出席，依法行使表决权。

3. 法理基础

上述案例涉及的法理基础主要有：

（1）债权人会议的成员和表决权 。依法申报债权的债权人为债权人会议的成员，债权人会议设主席一人，由人民法院从有表决权的债权人中指定。债权人会议的成员，有权参加债权人会议，享有表决权。债权尚未确定的债权人，除人民法院能够为其行使表决权而临时确定债权额的外，不得行使表决权。对债务人的特定财产享有担保权的债权人，未放弃优先受偿权利的，对于通过和解协议、通过破产财产的分配方案不享有表决权。债权人可以委托代理人出席债权人会议，行使表决权。代理人出席债权人会议，应当向人民法院或者债权人会议主席提交债权人的授权委托书。债权人会议应当有债务人的职工和工会的代表参加，对有关事项发表意见，但不享有表决权。

（2）债权人会议的召集 。债权人会议主席主持债权人会议。第一次债权人会议由人民法院召集，自债权申报期限届满之日起 15 日内召开。以后的债权人会议，在人民法院认为必要时，或者管理人、债权人委员会、占债权总额 1/4 以上的债权人向债权人会议主席提议时召开。召开债权人会议，管理人应当提前 15 日通知已知的债权人。

（3）债权人会议的职权。参见《破产法》或课本，债权人会议共有 11 项职权。

（4）债权人会议的决议及异议。债权人会议的决议，由出席会议的有表决权的债权人过半数通过，并且其所代表的债权额占无财产担保债权总额的 1/2 以上。但是，本法另有规定的除外。债权人认为债权人会议的决议违反法律规定，损害其利益的，可以自债权人会议作出决议之日起 15 日内，请求人民法院裁定撤销该决议，责令债权人会议依法重新作出决议。债权人会议的决议，对于全体债权人均有约束力。

（5）债权人委员会 。债权人会议可以决定设立债权人委员会。债权人委员会由债权人会议选任的债权人代表和一名债务人的职工代表或者工会代表组成。债权人委员会成员不得超过 9 人。债权人委员会成员应当经人民法院书面决定认可。

（三）自测案例

乙企业为甲企业向银行借款 500 万元提供保证担保，担保形式为一般保证。但在借款期限届满前，甲企业申请破产。法院受理了该破产申请，甲企业进入了破产程序。于是银行要求乙企业承担保证责任，乙企业为了维护本企业的信誉，代甲企业归还了甲企业的银行借款。请问：乙企业该不该代甲企业归还银行借款？为什么？乙企业代甲企业归还银行借款后，应怎么办？

四、破产宣告和破产清算

（一）知识要点

企业有《中华人民共和国破产法》规定情形之一的，由人民法院裁定宣告该企业破产。人民法院依法宣告债务人破产的，应当自裁定作出之日起 5 日内送达债务人和管理人，自裁定作出之日起 10 日内通知已知债权人，并予以公告。债务人被宣告破产后，债务人称为破产人，债务人财产称为破产财产，人民法院受理破产申请时对债务人享有的债权称为破产债权。对破产人的特定财产享有担保权的权利人，对该特定财产享有优先受偿的权利。其未受偿的债权作为普通债权；放弃优先受偿权利的，其债权作为普通债权。管理人应当及时拟订破产财产变价方案、破产财产的分配方案，提交债权人会议讨论。管理人应适时变价出售破产财产，变价出售破产财产应当通过拍卖进行。债权人会议通过破产财产分配方案后，由管理人将该方案提请人民法院裁定认可，由管理人执行。破产财产在优先清偿破产费用和共益债务后，依照法定顺序清偿。破产财产的分配应当以货币分配方式进行。破产人无财产可供分配的，管理人应当请求人民法院裁定终结破产程序。管理人在最后分配完结后，应当及时向人民法院提交破产财产分配报告，并提请人民法院裁定终结破产程序。人民法院应当自收到管理人终结破产程序的请求之日起15日内作出是否终结破产程序的裁定。裁定终结的，应当予以公告。管理人应当自破产程序终结之日起10日内，持人民法院终结破产程序的裁定，向破产人的原登记机关办理注销登记。

（二）典型案例

债权人某银行分行于2018年12月10日向市中级人民法院申请雅光葡萄酒厂破产。经查：雅光葡萄酒厂亏损额已达86万元，资产负债率为46.1%，债务为159.7万元，目前仅有资产73.7万元。

法院立案，在规定时间内通知债权人，并与2019年1月5日在报上公告要求债权人申报债权，规定2月10日召开第1次债权人会议。有些债权人担心自己的债权得不到全额清偿，通过各种途径抢先清偿。例如从仓库提走产品抵债。2月10日主持召开第1次债权人会议，确认：24家债权人，各种债务累计159.7万元。银行的部分债务是有抵押权的。2月11日法院裁定破产。3月9日成立破产清算组。清算组提出财产分配方案，债权人会议通过：所有财产集体拍卖，全体债权人按比例受偿。

清算组委托拍卖公司公开拍卖。最终，包括手续费以59.7万元成交。

银行提出异议，不同意含有抵押债权的财产加入整体拍卖，要求优先受偿。

法院裁定异议不成立，扣除破产费，按原方案分配后，裁定终止破产程序。

1. 思考问题

（1）银行有部分无财产担保债权，申请破产合法吗？

（2）根据《中华人民共和国企业破产法》和《中华人民共和国民事诉讼法》，破产还债程序包括什么？

（3）果是作为债务人，雅光葡萄酒厂提出破产申请，应向法院提交材料包括什么？

（4）债务人申请破产是否要得到他人同意？

（5）债权人会议召开和清算组成立时间有无不妥？

（6）进入破产程序后，个别清偿是否有效？

（7）银行有部分抵押债权，以上处理合法吗，你认为应该如何处理？

2. 案例分析与参考答案

（1）银行有部分无财产担保债权，申请破产合法。

（2）根据《中华人民共和国企业破产法》和《中华人民共和国民事诉讼法》，破产还债程序是：①债权人或债务人的书面申请；②法院审查，决定是否进入破产还债程序；③进入破产还债程序后，在10日内通知债权人和债务人，并发布公告；④通知后30日内，公告3个月内，申报债权；⑤自债权申报期限届满之日起15日内，由法院召集第一次债权人会议；⑥企业可以与债权人会议达成和解协议，法院认可，并发公告，中止破产程序；⑦法院裁定宣告企业破产，15日内成立清算组，管理、处理有关事务，并分配；⑧分配完毕，法院终结破产程序；⑨清算组向登记机关注销登记。

（3）债务人提出破产申请，应向法院提交材料：①亏损情况；②会计报表；③财产状况；④债权债务清册；⑤全民企业上级意见；⑥其他。

（4）《中华人民共和国企业破产法》第8条第1款规定："债务人经其上级主管部门同意后，可以申请宣告破产"。这是就国有企业债务人申请破产以上级主管部门同意为条件，因为国有企业的所有权人是国家，而上级主管部门享有代表国家行使所有权的权力。这与非国有企业作为债务人申请破产时需要其所有权人同意是相类似的。

（5）第一次债权人会议应于4月5日后的15日内召开，2月10日召开不妥。清算组应于2月11日后15日内成立，3月9日成立不妥。

（6）进入破产程序后，个别清偿是否有效？

《中华人民共和国企业破产法》第12条规定："人民法院受理破产案件后，债务人对部分债权人的清偿无效，但是债务人正常生产经营所必需的除外。"这是关于禁止个别清偿的现行规定。

要构成"债务人正常生产经营所必需"这一例外，须同时具备四项条件：①债务人仍在从事生产经营；②这种生产经营是正常的，即有利于企业财产保值和债权人的清偿利益；③所为的个别清偿是必需的，即若不实施这一清偿，将有损于企业财产和债权人利益；④受理破产案件的人民法院的批准。所以，债务人在《中华人民共和国企业破产法》第12条规定的期间实施的个别清偿，凡不具备这四项条件的，应认定为无效。

（7）银行有部分抵押债权，有权优先受偿，理论上属于别除权。可保证银行抵押债权优先充分受偿，通过把抵押财产单独拍卖，或整体拍卖，价值减少得整体财产。

3. 法理基础

上述案例涉及的法理基础主要有：

（1）破产宣告。破产宣告是法院对债务人不能清偿到期债务的事实作出法律上的判定。

（2）破产受理前破产企业的撤销行为和无效行为。人民法院受理破产申请前1年内，涉及债务人财产被《破产法》列举的行为，管理人有权请求人民法院予以撤销。

人民法院受理破产申请前6个月内，债务人不能清偿到期债务，并且资产不足以清偿全部债务或者明显缺乏清偿能力的，仍对个别债权人进行清偿的，管理人有权请求人民法院予以撤销。但是个别清偿使债务人财产受益的除外。

涉及债务人财产的下列行为无效，并且管理人有权追回。①为逃避债务而隐匿、转移财产的；②虚构债务或者承认不真实的债务的。

（3）破产财产的分配。破产财产的分配简称破产分配，是指清算组把变价后的破产财产或无需变价的破产财 产，依照法定的清偿顺序公平分配给各债权人的过程或程序。变价是指将非金钱的财产通过变卖而转化为金钱形态。变卖和拍卖是破产财产变价的基本方式。破产宣告后，管理人即接管债务人的全部财产，目的在于通过破产清算程序最终分配债务人的财产，以尽可能地满足债权人的清偿要求，所以，破产分配是破产清算程序的最后阶段。为进行破产分配，管理人应当及时拟订破产财产变价方案、破产财产的分配方案，提交债权人会议讨论。债权人会议通过破产财产分配方案后，由管理人将该方案提请人民法院裁定认可，由管理人执行。

（三）自测案例

某造纸厂为国有企业，因长期经营管理混乱，技术人员缺乏，人浮于事，造成严重亏损，不能清偿到期债务，被债权人申请破产。2019年4月18日，债务人所在地人民法院受理了此案，并依法组成合议庭，发布公告，通知债权人申报债权。在规定的时间内向人民法院申报债权的有如下情况：①环保部门对该企业违法排污的罚款20万元；②工商行政管理部门对该企业违法经营的罚款15万元；③该市工商银行对该企业发放的贷款1500万元，2016年11月30日到期；④该市农业银行对该企业的贷款800万元，以办公楼作抵押，办公楼评估作价900万元；⑤由于该厂被申请破产，致使与某印刷的合同不能履行，给印刷厂造成20万元的经济损失；⑥某设备厂的设备款500万元，该厂在购进设备时由兄弟企业提供一般保证担保，兄弟企业已承担了保证责任。请问：根据《中华人民共和国破产法》的规定，上述申报的是否都是破产债权，可以通过破产程序受偿？为什么？

五、本章综合案例

【案例1】

某轻工机械厂系国有企业，拖欠某电力公司的电力款达500万元，久拖不还。电力公司调查了解到该轻工机械厂已严重亏损，负债累累，短期内根本无法偿还贷款，便于2017年7月依法向法院提出破产申请。法院经审查后认为，轻工机械厂符合法定破产条件，便依法宣告破产并制定了管理人，对轻工机械厂的财产进行清理。其清单报告提供的情况如下：

（1）轻工机械厂总资产为2000万元（变现价值），期中流动资金为150万元，长期投资120万元，固定资产1500万元，其他财产230万元。

（2）轻工机械厂现负债2600万元，其中应付职工基本养老保险、基本医疗保险及工资等320万元，应付税款280万元，普通破产债权2000万元（包括欠电力公司500万元），合计2600万元。

（3）在轻工机械厂的固定资产中，有四处厂房拥有产权证。其中新建的3车间和4车间已于2015年3月向某建设银行借款时用于抵押贷款150万元，该两处房产现在变现价值为100万元。

（4）轻工机械厂在破产还债的程序中支付的破产费用和共益债务为150万元。

1. 思考问题

（1）轻工机械厂的破产财产是多少？

（2）轻工机械厂的破产财产应按何种顺序清偿？

（3）电力公司能得到清偿的债权额是多少？

2. 参考答案

（1）破产财产是1900万元，因为2015年向建设银行借款而设定的抵押财产属于别除权的范畴，所以，该公司的2000万元债权人财产中的100万元不能作为破产财产。

（2）根据《企业破产法》第一百一十三条 破产财产在优先清偿破产费用和共益债务后，依照下列顺序清偿：

①破产人所欠职工的工资和医疗、伤残补助、抚恤费用，所欠的应当划入职工个人账户的基本养老保险、基本医疗保险费用，以及法律、行政法规规定应当支付给职工的补偿金；

②破产人欠缴的除前项规定以外的社会保险费用和破产人所欠税款；

③普通破产债权。

破产财产不足以清偿同一顺序的清偿要求的，按照比例分配。具体数额如下：破产财产应当首先清偿破产费用和共益债权150万，然后是职工基本养老保险、基本医疗保险及工资等320万元，税款280万元，最后剩下的是普通债权。

（3）如前所述，破产财产剩余的1150万元用于清偿普通债权。电力公司的债权也属于普通债权之一。根据该债权在普通债权中的比例受偿，即电力公司的债权占普通债权的1/4，所以电力公司获得的清偿债权额应当为287.5万元。

【案例2】

李某为个体运输户，2019年1月听说自己长期为其提运货的某粮油公司，债务纷杂、资不抵债，担心粮油公司所欠自己的运费不能偿还，遂向李某当地法院起诉，诉状要点如下：

（1）以某粮油公司为债权人，由于公司经营管理不善，向法院宣告破产。

（2）以李某为债务人。

（3）粮油公司欠李某的资金未还，所以李某向法院提起诉讼，状告被告不能破产。

1. 思考问题

（1）假定破产案件成立，应向哪地法院起诉？

（2）法院是否能受理此案？

2. 参考答案

（1）如果该破产案件成立，那么李某应向破产企业所在地的人民法院即粮油公司所在地法院起诉。

（2）此案法院不能受理。在该案中，李某搞错了法律关系。按本题所述，粮油公司应为债务人，李某为债权人。如粮油公司破产，李某申报破产债权即可。

本章练习

一、填空题

1. 破产是指企业法人________到期债务时，通过法律规定的程序将债务人的全部资产供债权人________，从而使债务人免除不能清偿的其他债务的一系列司法活动称为破产。

2. 破产法是调整因企业不能清偿________，而依法进行清理债务、企业重整以至于________过程中所形成的一系列法律关系的法律规范的总称。

3. 全国人大会常务委员会第十届二十三次会议于________年8月27日通过了《中华人民共和国企业破产法》。

4. 破产案件由________ 在地的人民法院负责受理破产案件。

5. 企业法人不能清偿到期债务，并且资产不足以清偿全部债务或者明显缺乏清偿能力的，债权人和________均可以向人民法院提出重整、和解或者破产清算申请。

6. 不享有________的债权人和________优先受偿权利的债权人为有表决权的债权人。

7. 破产申请受理时属于________的全部财产，以及破产申请受理后至破产程序终结前债务人取得的________，均为债务人财产。

8. 对债务人的特定财产享有________的债权人，未放弃优先受偿权利的，在通过和解协议和通过破产财产分配方案等二项程序具有表决权之外，对债权人会议的其他程序不享有表决权。

9. 债权人会议的决议，由出席会议的有表决权的债权人过半数通过，并且其所代表的债权额占无财产担保债权总额的________以上。但是，本法另有规定的除外。

10. 和解是指债务人就企业延期或________等问题向人民法院申请和解，经人民法院审查认为和解申请符合破产法规定的，应当裁定和解的法律程序。

11. 破产法的适用范围即破产法所涉及的破产主体，为不能清偿到期债务的________，也就是说破产主体只能是________。

12. 人民法院受理破产申请________，债务人不能清偿到期债务，并且明知资产不足以清偿全部债务，但仍对个别债权人________的，管理人有权请求人民法院予以撤销。

二、单项选择题

1. 《中华人民共和国企业破产法》是（　　）颁布的。

A. 2006年8月27日　　B. 1990年12月2日

C. 2007年6月1日　　D. 1998年12月2日

2. 我国《企业破产法》仅适用于（　　）。

A. 各类企业　　B. 全民所有制企业和集体所有制企业

C. 国有企、事业单位　　D. 全民所有制企业

3. 人民法院受理破产申请的，应当自裁定作出之日起（　　）内送达申请人和债务人。

A. 5日　　B. 10日

C. 15日　　D. 3日

4. 人民法院裁定受理破产申请的，应当同时指定管理人，管理人由（　　）指定。

A. 破产清算组　　B. 最大债权人

C. 上级主管机关　　D. 人民法院

5. 债权申报期限自人民法院发布受理破产申请公告之日起计算，最短不得少于30日，最长不得超过（　　）。

A. 12个月　　B. 2个月

C. 9个月　　D. 6个月

6. 我国《破产法》规定，债权人会议成员中，（　　）享有表决权。

A. 全体债权人

B. 无财产担保的债权人

C. 有财产担保的未放弃优先受偿权的债权人

D. 债务人的保证人

7. 和解是指（　　）就企业延期或减免清偿债务等问题向人民法院申请和解，经人民法院审查认为和解申请符合破产法规定的，应当裁定和解的法律程序。

A. 债务人　　B. 债权人

C. 清算组　　D. 破产企业的上级主管部门

8. 根据我国《破产法》的规定，破产财产应当优先拨付（　　）。

A. 破产费用　　B. 破产企业所欠税款

C. 破产企业所欠职工工资　　D. 职工养老保险费用

9. 我国《企业破产法》只适用于（　　）。

A. 全民所有制工业企业　　B. 一切企业

C. 全民所有制企业和集体所有制企业　　D. 个人合伙企业

10. 管理人依照破产法规定执行职务，向（　　）报告工作，并接受债权人会议和债权人委员会的监督。

A. 人民法院　　B. 债权人会议

C. 被申请破产的企业的上级主管部门　　D. 清算组

三、多项选择题

1. 当债务人不能清偿到期债务时，有权提出破产申请的是（　　）。

A. 债权人　　B. 具有法人资格的债务人

C. 人民法院　　D. 政府授权部门

E. 企业的上级主管部门

2. 破产申请书应当载明下列事项（　　）。

A. 申请人、被申请人的基本情况　　B. 申请金额

C. 申请的事实和理由　　D. 人民法院认为应当载明的其他事项

3. 人民法院受理破产申请前1年内，涉及债务人财产的下列行为，管理人有权请求人民法院予以撤销（　　）。

A. 无偿转让财产的　　B. 以明显不合理的价格进行交易的

C. 对没有财产担保的债务提供财产担保的　　D. 对未到期的债务提前清偿的

4. 人民法院受理破产申请后发生的下列费用，为破产费用（　　）。

A. 破产案件的诉讼费用

B. 管理、变价和分配债务人财产的费用

C. 管理人执行职务的费用、报酬和聘用工作人员的费用

D. 债务人参与破产清理的费用

5. 债权人会议由债权人会议主席主持，债权人会议行使下列职权（　　）。

A. 核查债权

B. 申请人民法院更换管理人，审查管理人的费用和报酬

C. 监督债务人

D. 选任和更换债权人委员会成员

6. 破产企业在重整期间，有下列情形之一的，经管理人或者利害关系人请求，人民法院应当裁定终止重整程序，并宣告债务人破产（　　）。

A. 债务人的经营状况和财产状况继续恶化，缺乏挽救的可能性

B. 债务人有欺诈、恶意减少债务人财产或者其他显著不利于债权人的行为

C. 债务人认为需要停止重整

D. 由于债务人的行为致使管理人无法执行职务

7. 根据《破产法》规定，应在破产财产分配前优先支付某些费用，该费用有（　　）。

A. 破产企业所欠税款　　B. 破产职工的安置费用

C. 破产费用　　D. 共益债务

8. 在重整期间，有下列情形之一的，经管理人或者利害关系人请求，人民法院应当裁定终止重整程序，并宣告债务人破产（　　）。

A. 债务人的经营状况和财产状况继续恶化

B. 债务人有欺诈或者其他显著不利于债权人的行为

C. 由于债务人的行为致使管理人无法执行职务

D. 债权人认为需要更换管理人，审查管理人

9. 人民法院受理破产申请前1年内，涉及债务人财产的下列行为，管理人有权请求人民法院予以撤销（　　）。

A. 无偿转让财产的　　B. 以明显不合理的价格进行交易的

C. 对未到期的债务提前清偿的　　D. 放弃债权的

10. 根据企业破产法律制度的有关规定，在破产企业债权人会议上，下列有关债权人表决权的表述中，正确的有（　　）。

A. 破产企业的所有债权人均享有表决权

B. 有财产担保的债权人在担保物价款不足以清偿其担保债权时，就其未受清偿的债权额在债权人会议上享有表决权

C. 债务人的保证人在代替债务人清偿债务后，可以作为债权人享有表决权

D. 优先受偿权利的有财产担保的债权人享有表决权

四、判断题

1. 所谓破产，是指企业法人不能清偿到期债务时，通过法律规定的程序将债务人的全部资产供债权人平均受偿，不足部分暂缓清偿的一系列司法活动称为破产。（　　）

2. 破产案件由破产企业所在省的高级人民法院负责受理。（　　）

3. 有财产担保的债权人，在债权人会议中同样享有表决权，只是不能担任债权人会议主席。（　　）

4. 根据我国《破产法》的规定，债权人会议的决议对全体债权人都有约束力。（　　）

5. 破产财产的分配应当以货币分配方式进行。但是，债权人会议另有决议的除外。（　　）

6. 人民法院受理破产申请后发生的破产案件的诉讼费用，不能列为破产费用。（　　）

7. 破产申请受理时属于债务人的全部财产，以及破产申请受理后至破产程序终结前债务人取得的财产，均为债务人财产。（　　）

8. 债务人的有关人员，是指企业的法定代表人；经人民法院决定，可以包括企业的财务管理人员和其他经营管理人员。（　　）

9. 债权人可以依照破产法规定，直接向人民法院申请和解。（　　）

10. 债权人会议通过和解协议的决议，只须由出席会议的有表决权的债权人过半数同意即可。（　　）

五、简答题

1. 简述破产法的适用范围。
2. 简要说明破产界限。
3. 哪些情况下可以提出破产申请？
4. 简述破产财产概念和范围。
5. 简述破产财产的分配顺序。
6. 说明对企业破产负有责任的企业董事、监事或者高级管理人员应承担哪些责任？
7. 简要说明债权申报期限。

第八章

公司法律制度

本章概要

一、教学重点、难点

重点：公司的主要特征；有限责任公司的设立条件；股份有限公司的组织机构、设立方式；债券与股份的区别；公司债券的发行条件；公司利润的分配顺序；一人公司。

难点：两类公司特征的异同；两类公司的组织机构的区别；两类公司设立的条件和程序；公司债券的发行的条件和程序。

二、教学建议

社会主义市场经济的四大支柱之一是现代企业制度，公司是规范的企业组织形式，现代企业是相对于传统企业而言的。传统企业是指规模较小的由个人所有和经营的企业，现代企业则是指由企业家经营的企业资产的所有者和经营者相分离的企业。企业制度是指资产的组织和经营方式。现代企业制度是市场经济充分发展的产物，是以产权制度为基础和核心的企业组织制度。它的基本内容是企业法人制度、有限责任制度、科学组织制度；它的基本特征是产权清晰、权责明确、政企分开、管理科学。现代企业的组织形式不是按照所有制的性质划分的，国际上通常的分类是将企业划分为个人业主制企业、合伙制企业、公司制企业。在所有这些企业组织形式中，公司是现代企业制度中最具有典型性和代表性的。在我国建立现代企业制度，是为了改革国有企业管理体制，以适应社会主义市场经济的要求，使千千万万个企业成为健全的市场主体，形成社会主义市场经济的微观基础。因此，我国的《公司法》在整个企业法律体系中处于极其重要的地位，本章是重点章之一。

在教学时，教师可采用案例法、讨论法、对比法等多种教学方式，部分教学内容可做适当的拓展。

实训案例

一、公司法概念

（一）知识要点

公司是依照公司法设立的以营利为目的的企业法人。准确理解公司的概念，应把握以下几个特征：①公司是企业法人，具有法律规定的独立性；②公司是营利性经济组织，具有营利性；③公司必须依法成立，并有一定的组织机构，具有组织性。在我国，《中华人民共和国公司法》（以下简称《公司法》）所称的公司，是指在中国境内设立的有限责任公司和股份有限公司，在我国境内的外商投资的有限责任公司也适用《公司法》，但相关法律另有规定的，适用其规定。

（二）典型案例

张某、李某和王某为多年好友，拟共同成立一家公司，每人分别各出资800万元。根据相应法律要求，三人为公司注册了名称，并成立了相应的机构，明确了公司的经营方向和目标。三人为了表明友谊和诚意，共同约定平均分配利益，责任亦平均承担。并特别申明公司如遇重大风险，需对外清偿债务时，若一方有困难，其他人应主动为其分担，直至用公司以外的个人财产来清偿。

1. 思考问题

三人预设立的公司是什么类型的公司？这类公司有什么特点？我国法律是如何规定的？

2. 案例分析与参考答案

本题主要考查公司的种类。解析本题的关键在于很好地理解和掌握按照股东对公司所负责任不同对公司的分类，及我国《公司法》对公司种类的规定。

根据三人在成立公司时的约定条件“公司对外清偿债务时，如果一方有困难，其他人应主动为其分担，直至用公司以外的个人财产来清偿。”因而三人预设立的公司应该是无限责任公司。无限责任公司是指由两个以上股东组成，全体股东对公司债务负连带无限清偿责任的公司。这类公司，按照我国法律不会予以批准登记，也不会予以保护。因为，《中华人民共和国公司法》中所称的公司，是指依照《公司法》的规定，在中国境内设立的有限责任公司和股份有限公司。

3. 法理基础

上述案例主要涉及的法理基础包括公司的概念和种类及我国《公司法》的特殊规定。

（1）公司的概念和特征。公司是依照公司法设立的以营利为目的的企业法人。公司具有如下特征：

①公司是企业法人。公司是以独立民事主体资格进行经济活动的企业法人，公司一旦成立，就意味着国家承认其法人资格。它就像自然人一样拥有自己独立的财产。有权进行合法的经济活动。

②公司是营利性经济组织。公司必须是营利性经济组织。所谓营利，是指通过生产、经营或服务以谋求物质利益，主要指货币增值。营利性是公司的一个重要特征。

③公司必须依法成立，并有一定的组织机构。

（2）公司的种类。按照股东对公司所负责任不同公司可以分为：

①有限责任公司。指公司股东以其出资额为限，对公司承担有限责任，公司以其全部资本为限，对公司债务承担有限责任的公司。

②无限责任公司。指由两个以上股东组成，全体股东对公司债务负连带无限清偿责任的公司。

③两合公司。指由无限责任股东与有限责任股东组成的公司。

④股份有限公司。指由有限责任股东组成，全部资本分为等额股份，股东仅就其所认购股份对公司承担责任的公司。

另外，按照公司的组织系统，公司可分为母公司和子公司；按照公司的管辖，公司可分为总公司和分公司。

（3）我国《公司法》的规定。《中华人民共和国公司法》中所称的公司，是指依照《公司法》的规定，在中国境内设立的有限责任公司和股份有限公司。在我国境内的外商投资的有限责任公司也适用《公司法》，但相关法律另有规定的，适用其规定。

（三）自测案例

甲、乙两人准备投资设立一个公司。由甲出资金，乙出技术（非专利技术，经评估为公司注册资本的30%）。甲乙双方约定：如果公司营利，两人按8∶2分享；如果公司亏损，如超过乙方投资的限度，乙方不承担，则全部由甲方承担。请问：该公司是什么性质的公司？在我国，能否获准注册？为什么？

二、有限责任公司的设立与组织机构

（一）知识要点

有限责任公司的设立必须符合法定条件，遵循法定程序。《公司法》规定的条件有：①股东符合法定人数；②股东出资达到法定资本最低限额；③股东共同制定公司章程；④有公司名称，建立符合有限责任公司要求的组织机构；⑤有公司住所。有限责任公司的组织机构包括：股东会、董事会、经理和监事会。

（二）典型案例

甲、乙、丙、丁决定共同投资设立“红光”汽车修理有限责任公司，（简称为红光公司）。公司注册资本为400万元，甲公司以房屋出资，作价100万元，乙公司以土地使用权出资，作价100万元，丙公司以现金100万元出资，丁以设备出资作价100万元。上述股东在公司成立时实际缴纳现金100万元。

红光公司于2019年1月10日经过工商局注册登记并领取了营业执照。在公司成立后一周内，丙将自己出资的100万元抽回60万。并且公司成立后发现，甲用以出资的房屋已经出售给张某并在红光公司成立之前已经办理了产权过户手续。丁作为出资的设备经过重新评估价值仅为30万元。

红光公司章程规定，未经公司股东会同意，不得出售公司经营性财产并不得进行非经营性支出。现在公司经营过程中，出现下列情况：①经过公司董事会同意，红光公司董事长王某将自己使用多年的一辆轿车按照现在新车的价格出售给红光公司，该笔交易使得红光公司损失25万元。②向当地工商银行贷款500万元。③乙公司想退出红光公司，准备将自己的股权转让给陈某，但是遭到其他股东的一致反对。

1. 思考问题

（1）股东在红光公司设立时的出资是否符合公司法的规定？为什么？

（2）红光公司成立后，对丁的出资瑕疵行为，应当如何处理？

（3）红光公司成立后，对张某已过户不能实际交付公司的房屋如何处理？

（4）王某将自己的私人汽车转让给红光公司是否符合法律规定？

（5）就王某和红光公司的交易行为造成的损失，如果红光公司不向法院提起诉讼的话，其他股东可以采取哪些救济措施？应当如何实施？

（6）现假设红光公司资不抵债，不能清偿银行贷款。银行的债权应当如何实现？红光公司的股东各应承担哪些责任？

（7）乙公司转让股权需要满足哪些条件？

2. 案例分析与参考答案

（1）红光公司设立时的出资符合法律规定。因为关于有限责任公司的设立时，在出资方面的要求，取消了出资的最低限制和非货币财产在注册资本所占比例限制的法律规定。

（2）对所有出资人的非货币出资，在出资前都应当评估作价，核实财产，不得高估或者低估作价。对丁的出资明显少于应缴出资的行为，应该由丁补足其差额。

（3）张某不能按规定缴纳出资，除应当向公司足额缴纳外，还应当向已按期足额缴纳出资的股东承担违约责任。

（4）王某将自己的私人汽车转让给红光公司的行为不符合公司法的规定。

（5）股东会是公司的权力机构，董事会无权决定董事长王某转让汽车的行为。股东可按《公司法》的规定“代表1/10以上表决权的股东，1/3以上的董事，监事会或者不设监事会的公司的监事”可以提议召开临时股东会，否决此决定。

（6）银行应向红光公司所在地的人民法院申请该公司破产，通过破产清算得到偿付。股东以自己对公司认缴的出资额承担有限责任。

（7）股东向股东以外的人转让股权，应当经其他股东过半数同意。股东应就其股权转让事项书面通知其他股东征求同意，其他股东自接到书面通知之日起满30日未答复的，视为同意转让。其他股东半数以上不同意转让的，不同意的股东应当购买该转让的股权；不购买的，视为同意转让。经股东同意转让的股权，在同等条件下，其他股东有优先购买权。两个以上股东主张行使优先购买权的，协商确定各自的购买比例；协商不成的，按照转让时各自的出资比例行使优先购买权。

3. 法理基础

上述案例的分析，主要涉及有限责任公司的有关规定：

（1）股东出资无法定资本最低限额和非货币财产在注册资本所占比例限制的规定。具体规定有：

第二十六条　有限责任公司的注册资本为在公司登记机关登记的全体股东认缴的出资额。法律、行政法规以及国务院决定对有限责任公司注册资本实缴、注册资本最低限额另有规定的，从其规定。

第二十七条　股东可以用货币出资，也可以用实物、知识产权、土地使用权等可以用货币估价并可以依法转让的非货币财产作价出资；但是，法律、行政法规规定不得作为出资的财产除外。对作为出资的非货币财产应当评估作价，核实财产，不得高估或者低估作价。法律、行政法规对评估作价有规定的，从其规定。

第三十条 有限责任公司成立后，发现作为设立公司出资的非货币财产的实际价额显著低于公司章程所定价额的，应当由交付该出资的股东补足其差额；公司设立时的其他股东承担连带责任。

第三十五条 公司成立后，股东不得抽逃出资。

（2）股东会是公司的权力机构。代表1/10以上表决权的股东，1/3以上的董事，监事会或者不设监事会的公司的监事可以提议召开临时股东会。

（3）股东向股东以外的人转让股权，应当经其他股东过半数同意。股东应就其股权转让事项书面通知其他股东征求同意，其他股东自接到书面通知之日起满30日未答复的，视为同意转让。其他股东半数以上不同意转让的，不同意的股东应当购买该转让的股权；不购买的，视为同意转让。

经股东同意转让的股权，在同等条件下，其他股东有优先购买权。两个以上股东主张行使优先购买权的，协商确定各自的购买比例；协商不成的，按照转让时各自的出资比例行使优先购买权。

（4）破产法关于破产受理的有关规定。

（三）自测案例

甲、乙、丙、丁四人均为某市居民，2019年5月，四人协商一致，决定共同出资设立一家生产饮料的有限责任公司。注册资本为500万元，其中甲以货币出资150万元，乙以技术出资作价100万元，丙以实物出资作价120万元，丁以一处房产出资作价130万元。四人还商定：公司不设董事会，由甲担任执行董事，并兼任公司经理。公司运营一段时间以后，丙以经济上困难为由，预抽回资金，其他三人不同意。请问：该公司是否符合有限责任公司设立条件？该公司在机构设置上是否存在问题？丙在经济上确实遇到了困难，可否抽回资金？

三、股份有限公司的设立与组织机构

（一）知识要点

股份有限公司的设立，除应具备法定条件外，还应采取法定的设立方式：发起设立和募集设立。两种设立方式在发起人人数和条件以及认购股份上有不同规定。股份有限公司的组织机构包括股东大会、董事会、经理和监事会。股份有限公司必须设立董事会和监事会。股份有限公司的股份及股份发行的原则、价格和股票的种类，股份转让及公司高级管理人员持股的规定，有关上市公司的规定。

（二）典型案例

某市侨兴股份有限公司因经营管理不善造成亏损，公司未弥补的亏损达股本的1/4，公司董事长李某决定在2019年4月6日召开临时股东大会，讨论如何解决公司面临的困境。董事长李某在2019年4月1日发出召开2019年临时股东大会会议的通知，其内容如下：

为讨论解决本公司面临的亏损问题，凡持有股份10万股（含10万股）以上的股东直接参加股东大会会议，小股东不必参加股东大会。股东大会如期召开，会议议程为两项：

（1）讨论解决公司经营所遇困难的措施。

（2）改选公司监事两人。出席会议的有90名股东。经大家讨论，认为目前公司效益太

差，无扭亏希望，于是表决解散公司。表决结果，80 名股东，占出席大会股东表决权 3/5，同意解散公司，董事会决议解散公司。会后某小股东认为公司的上述行为侵犯了其合法权益，向人民法院提起诉讼。

1. 思考问题

（1）本案中公司召开临时股东大会合法吗？程序有什么问题？

（2）临时股东大会的通知存在什么问题？

（3）临时股东大会的议程合法吗？作出解散公司的决议有效吗？

2. 案例分析及参考答案

（1）本案中，公司亏损占股本总额的 1/4，未达到法定未弥补亏损占股本总额 1/3 的下限。召开临时股东大会系董事长李某的个人决定，而非董事会决议。在临时股东会的召开条件上也不符合法定条件。

（2）股东大会应由董事会依法负责召集，由董事长主持。召开股东大会，应当将会议审议的事项于会议召开 30 日以前通知各股东。本案中，临时股东大会的通知发出时间不符合法定条件，通知发出人应为董事会而非董事长李某。尤为严重的是，该通知违反了股东平等的原则，不允许小股东参加临时股东大会，严重损害了小股东的合法权益。

（3）计算表决权应依照持有股份，不应依人数。本案中解散公司决议未得到出席会议股东所持表决权 2/3 以上多数同意，因而是无效的。此外，公司的解散，应由股东大会作出决议，而不能由董事会决议通过，故本案的公司解散决议也是错误的。

3. 法理基础

解析本题涉及的法律基础主要有：

我国《公司法》规定，股东大会应当每年召开一次年会，有下列情形之一的，应当在 2 个月内召开临时股东大会：①董事人数不足本法规定的人数或公司章程所定人数的 2/3 时；②公司未弥补的亏损达股本总额 1/3；③持有公司股份 10% 以上的股东请求时；④董事会认为必要时；⑤监事会提议召开时。

《公司法》规定，临时股东大会不得对通知中未列明的事项作出决议。本案中，通知中是讨论解决公司目前亏损问题，而会议议程又增加了讨论改选公司监事 2 人的任务，与通知规定不符。

我国《公司法》规定，股东大会对公司合并、分立或解散公司作出决议，必须经出席会议的股东所持表决权的 2/3 以上通过。

（三）自测案例

江苏省甲、乙两公司拟组建一家新的股份有限公司，在组建过程中，落实了以下工作：

（1）该股份有限公司以发起方式设立，甲、乙两公司交付了在公司登记机关登记注册资本的 35%，其余部分准备社会募集。

（2）该股份有限公司可以不设立股东大会，只设立董事会。

（3）董事会由甲、乙两公司各派 1 人，另聘请会计师事务所 1 人，共 3 人组成。

（4）该股份有限公司还规定，由董事会中所聘请的会计师事务所 1 人，同时兼任该公司独立董事。

请问：该股份有限公司在组建过程是否符合公司法的规定？为什么？

四、公司债券

（一）知识要点

公司债券是指公司依照法定条件和程序发行的、约定在一定期限还本付息的有价证券。公司债券依照不同的标准可以进行不同的分类。公司债券与股票有四点区别。发行公司债券的公司应符合《证券法》规定的6个条件，并且发行公司债券募集的资金，必须用以审批机关批准的用途，出现《证券法》规定的限制性条件，不得再次发行公司债券。公司债券以法定程序发行，也必须依法进行转让。

（二）典型案例

2012年5月23日，经中国人民银行某省分行发文正式批准，被告供销公司向社会发行融资债券6000万元，年息7.027%，期限1年，时间从2012年5月30日至2013年5月30日，由证券公司包销，双方签订了包销合同，包销合同由化学厂提供担保。合同签订后，原告证券公司按期将6000万元人民币划至供销公司指定的账户，将融资债券对外销售。合同期满后，供销公司没有兑付全部本金，利息部分只付了270万元，尚欠原告本金及利息6334.32万元。

1. 思考问题

证券公司可否诉至法院请求判令被告偿还到期本息，并承担违约责任？

2. 案例分析与参考答案

证券公司的诉讼请求是正当的。

法院认为，被告供销公司与原告证券公司签订的关于融资债券协议书，经中国人民银行省分行批准，根据国务院发布的《企业债券管理暂行条例》第4条的规定，协议合法有效。供销公司没有按协议规定偿付到期的全部本息，违反了上述《条例》第8条关于“债券持有人有权按期取得利息、收回本金”的规定。依照《民法通则》第112条第2款的规定，供销公司应承担违约责任，按协议书约定，在原利率基础上加罚10%。被告化学厂担保合同意思表示明确，担保合法有效，应承担连带责任。

3. 法理基础

这是一起融资债券纠纷案。正确办理此类案件的关键是要分清证券公司和供销公司的法律关系，实际上，证券公司和供销公司间存在紧密相连的两种法律关系。

一是证券包销法律关系。证券包销是指证券承销商以销售为目的，将证券发行人发行的证券全部或部分购进再行销售，或在销售期限届满时将其承销未售出的证券自行认购。

在证券包销法律关系中，证券发行人有权要求承销商支付全部或部分证券价款，有义务允许承销商赚取销售差价收入或向其支付报酬；承销商有义务支付价款购进证券并再行向公众投资者销售，有权利赚取购进与销出的差价收入。本案证券公司按包销合同规定将融资债券6000万元划至供销公司指定的账户，履行了包销合同规定的义务。

二是因证券公司持有供销公司债券而形成的债权债务关系。企业债券是企业向投资者出具的、约定在一定时期内还本付息的有价证券，它是一种债务凭证，债券的持有者为债权人，债券发行者为债务人。本案证券公司履行了其与供销公司间的包销合同后，持有了供销公司发行的债券，自然证券公司就成了供销公司的债权人，在债券到期时，证券公司有权要求供销公司还本付息，如果逾期不还，供销公司还应承担违约责任。

（三）自测案例

某股份有限公司成立5年来，经营状况一直很好。公司现有资产8000万元，各种负债3000万元，其中包括前一次发行的尚未到期还本付息的公司债券800万元。公司的经营前景非常看好，公司需进一步扩大生产规模，公司为了筹集资金，准备再一次发行公司债券1000万元，期限3年。如果公司的其他条件均符合法律规定，请问：该公司可否再一次发行公司债券？为什么？如果该公司为有限责任公司，结果会怎样？

五、公司的财务会计管理

（一）知识要点

公司应当根据国家法律、法规的规定，建立本公司的财务、会计制度。《公司法》规定，公司除法定的会计账册外，不得另设会计账册。公司应当按照规定按期编制财务会计报告，公司应当在每一会计年度终了时编制财务会计报告，并依法经会计师事务所审计。财务会计报告应当依照法律、行政法规和国务院财政部门的规定制作。有限责任公司应当依照公司章程规定的期限将财务会计报告送交各股东。股份有限公司的财务会计报告应当在召开股东大会年会的20日前置备于本公司，供股东查阅；公开发行股票的股份有限公司必须公告其财务会计报告。公司应依法进行利润分配。公司的利润分配顺序为：①弥补以前年度亏损；②缴纳所得税；③法定公积金不足弥补以前年度亏损的，弥补亏损；④依法提取公积金；⑤提取任意公积金；⑥向股东分配利润。

（二）典型案例

百运股份有限公司成立于2015年5月，注册资本为人民币1亿元。由于该公司决策正确、经营有方、管理有术，公司的经营效益很好，一直处于盈利状态。到2019年底，公司已累计提取法定盈余公积金6000万元。2019年度，该公司税后利润达到5800万元。公司董事会根据公司的发展，不再提取法定公积金，临时决定提取300万元的任意公积金。

1. 思考问题

公司董事会的决定是否符合法律规定？为什么？

2. 案例分析与参考答案

本题考查的重点在公积金的提取和使用。解析本题的关键在于掌握法定公积金的提取比例和不再提取的情形，以及任意公积金的提取程序。

公司董事会作出的不再提取法定公积金的决定是符合法律规定的，提取任意公积金是不符合法律规定的。

《公司法》规定，公司每年应当按照税后利润的10%提取法定公积金。当公司法定公积金累计金额已达到公司注册资本的50%以上的，可不再提取。百运股份有限公司2019年以前提取的法定公积金6000万元，已超过公司注册资本的50%，依法可以不再提取。

董事会决定“临时提取300万元的任意公积金”的做法是错误的。《公司法》规定，公司从税后利润中提取任意公积金，须经股东大会会议决定，董事会无权决定提取任意公积金。

3. 法理基础

解析上述案例涉及的法理基础是公司的利润分配问题。

（1）公司的利润分配顺序。公司利润是指公司在一定时期内从事经营活动的财务成果，包括营业利润、投资净收益以及营业外收支净额。根据《公司法》和税法的规定，公司的利润分配顺序是：

①弥补以前年度亏损。根据我国企业所得税法规定，纳税人发生年度亏损的，可以用下一年度的所得弥补；下一年度的所得不足以弥补的，可以逐年延续弥补，但是弥补期限最长不得超过5年。

②缴纳所得税。

③规定公积金不足弥补以前年度亏损的，弥补亏损。

④依法提取公积金。《公司法》规定，公司分配当年税后利润时，应当提取利润的10%列入公司法定公积金。当公司法定公积金累计额为公司注册资本的50%以上的，可不再提取。

⑤提取任意公积金。《公司法》规定，公司在从税后利润中提取法定公积金后，经股东大会决议，可以提取任意公积金。任意公积金虽然不受法律的强制限制，但由于任意公积金的提取势必影响股东的利润分配，所以，非经股东大会会议决定，不能提取任意公积金。

⑥向股东分配利润。有限责任公司的股东按照实缴的出资比例分取红利；股份有限公司按照股东持有的股份比例分配，但股份有限公司章程规定不按持股比例分配的除外。股东会、股东大会或者董事会违反前款规定，在公司弥补亏损和提取法定公积金之前向股东分配利润的，股东必须将违反规定分配的利润退还公司。

公司持有的本公司股份不得分配利润。

（2）公积金的使用。公司的公积金属于股东权益，应当按照规定的用途使用。根据《公司法》的规定，公积金主要有两方面用途：

①弥补亏损。公司的亏损根据国家税法规定可以用缴纳所得税前的利润弥补，超过用所得税前利润弥补期限仍未补足的亏损，可以用公司税后利润抵补；发生特大亏损，税后利润仍不足抵补的可以用公司的公积金抵补。

②扩大公司生产经营。

③转赠资本。公司为了实现增加资本的目的，可以将公积金的一部分转为资本。对用任意公积金转增资本的，法律没有限制，但用法定公积金转增资本时，法律规定公司所留存该项公积金不得少于注册资本的25%。

（三）自测案例

某科技开发公司是由四位股东于2015年投资设立的，公司的主要经营内容是高科技电子软产品，注册资金是150万元。经过几年的努力，公司连续盈利，至2019年，公司积累的公积金已达140多万元。由于经营业务的不断扩大，公司也需要增加资本扩大经营。于是，股东会召集会议，于2019年9月10日作出决议，公司将积累的公积金拿出100万元，作为增资投入，股东原有出资比例不变，公司注册资本由原来的150万元变为250万元。请问：该公司的做法是否正确？为什么？

六、本章综合案例

【案例1】

某股份有限公司2017年5月经国务院债券管理部门批准，发行3年期到期一次还本付息的公司债券2000万元，但仅募集到1500万元。由于该公司经营效益不好，连年亏损，到

2019 年 5 月，公司的净资产额仅剩 2800 万元。公司为了弥补亏损，拟定再次发行公司债券。吸取上次的教训，为了吸引投资者，募集到足够的资金，决定债券的利率水平略高于国务院限定的利率水平。

1. 思考问题

该公司能否再次发行债券？为什么？

2. 参考答案

该公司不能再次发行债券。因为存在下列不符合再次发行公司债券的情况：

（1）前一次发行的公司债券未募足；

（2）公司最近连续亏损；

（3）该股份有限公司的净资产额 2800 万元，低于 3000 万元；

（4）发行公司债券募集资金用于弥补公司亏损；

（5）债券的利率水平高于国务院限定的利率水平。

【案例 2】

甲、乙、丙三位投资者共同投资设立某有限责任公司，公司注册资本为人民币 500 万元，其中甲投资者的投资额为 200 万元，乙投资者和丙投资者的投资额同为 150 万元。该公司投资的当年就获利，但由于竞争的压力，2018 年公司亏损 20 万元。2019 年，该公司及时调整了经营策略，开发了适销对路的新产品，遂盈利 70 万元。该公司是按 10% 提取法定公积金的，而且不提取任意公积金（该公司适用 25% 的所得税税率）。

1. 思考问题

该公司 2019 年的利润应如何分配？

2. 参考答案

根据《公司法》的规定，该公司的利润分配顺序是：弥补亏损，缴纳所得税，提取法定公积金，向股东分配利润。具体为：

（1）弥补亏损为 $70-20=50$（万元）

（2）缴纳所得税为 $50\times25\%=12.5$（万元）

（3）提取法定公积金为 $(50-12.5)\times10\%=3.75$（万元）

（4）向股东分配利润

可向股东分配的利润为 $50-12.5-3.75=33.75$（万元）

因为：甲投资者的投资比例为 $200\div500\times100\%=40\%$

乙投资者的投资比例为 $150\div500\times100\%=30\%$

丙投资者的投资比例为 $150\div500\times100\%=30\%$

所以：甲投资者 $33.75\times40\%=13.5$（万元）

乙投资者 $33.75\times30\%=10.125$（万元）

丙投资者 $33.75\times30\%=10.125$（万元）

【案例 3】

几位投资者在讨论资金的投向问题，在是购买某上市公司的股票还是债券上发生了争执。甲投资者说：公司债券和股票都上网发行，因此，购买公司债券和购买股票应该没什么差别。乙投资者说：好像没多大差别，只是公司如果年终盈利，购买股票可以得到分红，购买债券可以得到利息；但如果公司亏损，公司就不会向股东分红，也不付债券的利息。丙投资者说：你们的说法不对，还是有差别的；购买公司债券，公司到期还本付息，收益是固定的；购买公司股票，公司是不退还股本的，但收益会很高。

1. 思考问题

甲、乙、丙三个投资者的观点是否正确？

2. 参考答案

甲投资者的购买公司债券和购买股票应该没什么差别的观点不正确。因为投资者购买公司债券，就成为公司的债权人，但并不拥有股东的权利。

乙投资者的如果公司亏损，公司就不会向股东分红，也不付债券的利息的观点不正确。因为公司债权的性质决定了无论公司是否盈利，在约定的期限内公司都负有对债权人还本付息的义务。

丙投资者的购买公司股票，公司是不退还股本的，但收益会很高的观点不正确。因为公司债券与公司股票具有不同法律特征。公司债券的利息是固定的，而公司股票的收益可能较高，也可能较低，也可能没有，甚至是负收益，风险比债券大。

本章练习

一、填空题

1. 一人有限责任公司________再投资设立新的一人有限责任公司。

2. 无限责任公司指由两个以上股东组成，全体股东对公司债务负________清偿责任的公司。

3. 公司债券的转让应当在依法设立的________进行，不得私下进行。

4. 按照股东对公司所负责任不同划分，公司可以分为________公司、________公司、________公司和________公司。

5. 股份有限公司采取________方式设立的，注册资本为在公司登记机关登记的全体发起人认购的股本总额。

6. 股东人数较少或者规模较小的有限责任公司，可以设一名________，不设董事会。

7. 公司是________，有独立的法人财产，享有法人财产权。公司以其________对公司的债务承担责任。

8. 一人有限责任公司应当以出资额为限负________，而个人独资企业负________。

9. 公司发行债券要求：股份有限公司的净资产额不低于人民币________，有限责任公司的净资产额不低于人民币________。

10. 股东向________的人转让股权，应当经其他股东过半数同意。

11. ________是股份的表现形式，以便于持有和转让。

12. 公司不得收购________的股票或把本公司股票作为抵押权的标的而接受，《公司法》允许的特殊情况除外。

13. 有限责任公司的股东可以用货币出资，也可以用________、________、________等可以用货币估价并可以依法转让的非货币财产作价出资。

14. 有限责任公司的利润分配应当依照股东________进行。

15. 设立股份有限公司，应当有________以上________以下为发起人，其中须有半数以上的发起人在中国境内有常住所。

二、单项选择题

1. 发行公司债券，有限责任公司的净资产额不低于人民币（　　）。

A. 1000 万元　　B. 5000 万元

C. 6000 万元　　D. 3000 万元

2. 股份有限公司注册资本的最低限额为人民币（　　）万元。

A. 1000　　B. 3000

C. 无限额　　D. 6000

3. 法定公积金提取比例为公司当年税后利润的（　　）。

A. 10%　　B. 15%

C. 20%　　D. 25%

4. 股东人数较少和规模较小且不设立董事会的有限责任公司，其法定代表人是（　　）。

A. 董事长　　B. 执行董事

C. 总经理　　D. 股东会指定的负责人

5. 下列公司中不具有法人资格的是（　　）。

A. 股份有限公司　　B. 有限责任公司

C. 某分公司　　D. 某子公司

6. 股东人数较少和规模较小的有限责任公司，不设董事会，由（　　）作为公司的法定代表人。

A. 一名执行董事　　B. 董事长

C. 总经理　　D. 股东会指定的负责人

7. 有限责任公司股东人数不得超过（　　）。

A. 50 人　　B. 200 人

C. 5 人　　D. 10 人

8. 有限责任公司股东向股东以外的人转让股权，应当经其他股东（　　）同意。

A. 过半数　　B. 2/3

C. 全部　　D. 董事会

9. 有限责任公司最低注册资本不得低于（　　）。

A. 20 万元　　B. 无限额

C. 3 万元　　D. 5 万元

10. 公司的法定公积金累计额为公司注册资本的（　　）以上时，可不再提取。

A. 25%　　B. 30%

C. 50%　　D. 40%

11. 公司发行债券，其累计债券总额不得超过公司的净资产的（　　）。

A. 10%　　B. 20%

C. 30%　　D. 40%

12. 有限责任公司设立监事会，监事会的成员不得少于（　　）。

A. 5人　　B. 3人
C. 2人　　D. 4人

13. 以募集方式设立股份有限公司的，发起人认购的股份不得少于公司股份总数的（　　）。
A. 20%　　B. 25%
C. 30%　　D. 35%

14. 自公司成立之日起，3年内不得转让其持有的本公司股票的是（　　）。
A. 董事长　　B. 发起人
C. 总经理　　D. 普通股东

15. 股份有限公司可以发行无记名股票，其发行对象是（　　）。
A. 发起人　　B. 社会公众
C. 法人　　D. 国家授权投资机构

三、多项选择题

1. 下列有关股份有限公司股份转让的行为中，违反《公司法》规定的有（　　）。
A. 公司成立两年，某发起人将其持有的本公司股份转让给另一发起人
B. 公司的某监事在公司成立5年后将其所持本公司的股票全部卖出
C. 公司收购本公司一批股票用作奖金
D. 公司在一份合同中，接受本公司的股票作为抵押权的标的

2. 采取发起设立方式设立股份有限公司的条件有（　　）。
A. 发起人是3人以上　　B. 按照公司章程规定缴纳出资
C. 发起人认购公司股份的35%以上　　D. 发起人认购公司的全部股份

3. 公司提取的公积金主要用于（　　）。
A. 转增资本　　B. 赞助社会公益事业
C. 用于职工福利　　D. 弥补公司亏损

4. 股份有限公司的设立方式主要有（　　）。
A. 本体设立　　B. 合并设立
C. 募集设立　　D. 发起设立

5. 几个企业欲组建一个股份有限公司，在股份制改造方案中，不符合《公司法》规定的有（　　）。
A. 发起人是5人　　B. 设立方式为发起设立
C. 股本总额为人民币800万元　　D. 发起人认购的股本部的少于240万元

6. 有限责任公司的法定组织机构有（　　）。
A. 职工代表大会　　B. 股东会
C. 董事会　　D. 监事会

7. 公司股东的出资方式除货币外，还有（　　）。
A. 实物　　B. 工业产权
C. 劳务　　D. 土地使用权

8. 公司设立监事会的，不可以选任为其成员的是（　　）。
A. 公司董事　　B. 公司职工

C. 公司股东　　D. 公司总经理

9. 我国公司法所调整的公司包括设在中国境内的（　　）。

A. 股份有限公司　　B. 无限责任公司

C. 两合公司　　D. 有限责任公司

10. 公司的特征有（　　）。

A. 公司必须赢利　　B. 公司必须依法成立

C. 公司是企业法人　　D. 公司是赢利性经济组织

11. 以公司的控股权为标准，公司可以分为（　　）。

A. 母公司　　B. 子公司

C. 总公司　　D. 分公司

12. 我国《公司法》规定，不得兼任公司监事的有（　　）。

A. 公司董事　　B. 公司经理

C. 公司财务负责人　　D. 公司股东

13. 下列行为不符合一人有限公司规定的是（　　）。

A. 不必订立公司章程

B. 再投资设立新的一人有限责任公司

C. 只有一位股东的独资公司

D. 在公司登记中注明自然人独资或者法人独资

14. 关于股份有限公司的股份发行，正确说法的有（　　）。

A. 同次发行的股票，每股的发行条件和价格应当相同

B. 实行公开、公平、公正原则

C. 必须同股同权，同股同利

D. 股东个人持股有最高限制比例

15. 不可以随意转让其股票的有（　　）。

A. 公司董事长　　B. 公司经理

C. 公司监事　　D. 公司董事

四、判断题

1. 股份是投资者在公司中所占有的份额，股票则是记载所占股份的证明。（　　）

2. 公司可以设立分公司，分公司具有法人资格。（　　）

3. 在我国境内设立的外商投资的有限责任公司不适用《公司法》。（　　）

4. 有限责任公司不得发行股票。（　　）

5. 在我国的两类公司中，董事会和监事会都是必设机构。（　　）

6. 公司发行债券其累计总额不得超过公司注册资本的40%。（　　）

7. 公司债券的转让价格由转让人和受让人约定。（　　）

8. 董事每届任期不得超过3年，且不得连选连任。（　　）

9. 不设董事会的有限责任公司的法定代表人是总经理。（　　）

10. 一个自然人只能投资设立一个一人有限责任公司。（　　）

11. 股票发行价格可以按照票面金额，也可以高于或者低于票面金。（　　）

12. 股份有限公司可以设立监事会，也可以不设立监事会。（　）
13. 股份有限公司经过股东大会决定，可以收购本公司的股票。（　）
14. 我国的公司承担的都是有限责任，没有承担无限责任的。（　）
15. 国有独资公司是特殊形式的有限责任公司，不设股东会。（　）
16. 以商品批发为主的有限责任公司法定最低资本限额是30万元人民币。（　）
17. 股东人数较少和规模较小的有限责任公司，依法可以不设立监事。（　）
18. 按照《公司法》的规定，凡是有限责任公司就可以发行公司债券。（　）
19. 公司的经理由董事会聘任或者解聘，因而董事会的成员不得兼任经理。（　）
20. 公司的法定公益金必须用于公司的集体福利。（　）

五、简答题

1. 股票与债券有哪些区别？
2. 公司债券发行的条件是什么？
3. 公司的税后利润如何分配？
4. 什么是一人有限公司？《公司法》对一人有限公司有什么特别规定？

六、案例分析题

1. 美伦公司是集体所有制企业，由于市场疲软，濒临倒闭。但由于美伦公司一直是其所在县的利税大户，县政府采取积极扶持的政策。为了转产筹集资金，美伦公司经理向县政府申请发行债券，县政府予以批准，并协助美伦公司向社会宣传。于是美伦公司发行的价值150万元的债券很快顺利发行完毕。债权的票面记载为：票面金额100元，年利率15%，美伦公司以及发行日期和编号。

问：美伦公司债券的发行有哪些问题？

2. 现在有具备完全民事行为能力的中国公民5人，计划共同组建一个以商品批发为主的有限责任公司。其中，俩人打算以人民币现金出资，一人以机器、房屋出资，另有俩人拟用劳务出资。

问：(1) 上述5人出资方式合法吗？
(2) 设立有限责任公司的条件是什么？

3. 某股份有限公司成立于2015年1月，股本总额为人民币3000万元，其中有2200万元人民币系向社会公开发行募集。由于经营管理不善，连续几年造成亏损严重。董事长及三名董事将每人持有的本公司100万元的股份转让给了公司。为了摆脱困境拟向社会再次发行1000万元股份用于弥补亏损。

问：上述行为中有哪些地方违法？并说明理由。

4. 某股份有限公司现有净资产为7000万元人民币，1年前曾发行3年期的公司债券800万元，半年期债券1000万元人民币。为了筹集资金，扩大生产规模，经股东大会决议再次向社会公开发行公司债券，期限为1年。

问：(1) 公司再次发行债券的限制性条件有哪些？
(2) 该公司本次发行公司债券的最大额度是多少？为什么？

第九章

市场管理法律制度

本章概要

一、教学重点、难点

重点：不正当竞争的概念、特征及不正当竞争行为的种类；消费者权利、经营者义务。

难点：社会主义市场经济条件下，区分各种不正当竞争行为及其性质；消费者权利及经营者义务界定。

二、教学建议

本章教学首先应向学生介绍市场管理法概况。

市场管理法，就是国家对生产者与经营者在市场上从事商品交易活动实行管理和监督的法律规范的总称。

目前，我国制定了一系列市场管理方面的法律、法规。如《价格管理法》《标准化法》《产品质量法》《反不正当竞争法》《消费者权益保护法》《反垄断法》等，这些法律为我国市场管理工作走向法制轨道奠定了良好基础。

本章主要介绍：《产品质量法》《反不正当竞争法》《反垄断法》《消费者权益保护法》。

实训案例

一、产品质量法

（一）知识要点

产品质量法是指调整产品的生产、销售以及产品质量监督管理等活动中所发生的社会关系的法律规范的总称。产品质量法所调整的产品是指经过加工、制作、用于销售的产品。也就是说产品是指以销售为目的，通过工业加工、手工制作等生产方式所获得的具有特定使用性能的物品。

我国产品质量的监督管理制度包括：产品质量检验制度、实行严格的强制监督管理制度、推行企业质量体系认证和产品质量认证制度、实行产品质量监督检查并对检查结果予以公告的制度、采取行政强制措施制度。

产品质量义务是产品质量法律关系的内容之一，与产品质量责任相对应。生产者的产品质量义务包括：对产品质量承担明示和默示担保义务、产品或者其包装上的标识应当符合要求的义务、特殊产品包装要求的规定及生产者不得从事的行为。销售者的产品质量义务，主要包括以下方面：

（1）销售者应当建立并执行进货检查验收制度，验明产品合格证明和其他标识。

（2）销售者应当采取措施，保持销售产品的质量。

（3）销售者不得销售国家明令淘汰并停止销售的产品和失效、变质的产品。

（4）销售的产品的标识应当符合产品质量法对生产者产品标识的规定。

（5）销售者不得违反法律规定的禁止性规范。产品的生产者、销售者及其他有关主体，违反产品质量义务应依法承担产品质量责任。产品质量责任是一种综合责任。包括承担相应的行政责任、民事责任和刑事责任。

（二）典型案例

2016年6月至2019年期间，彭某、梅某等人生产、销售的地条钢被某县工商行政管理局查处并没收。某县工商行政管理局经检队队长黄某与被告人某回收公司经理林某商定，由回收公司收购没收的地条钢，回收公司将所得利润的40%以好处费的名义给工商行政管理局经检队，期间，回收公司共18次收购某县工商行政管理局没收的地条钢，其中16次回收公司将没收的地条钢又销售给彭某、梅某等被处罚对象，销售金额达到26万余元。某县工商行政管理局经检队获取好处费20000余元，回收公司获利30000余元。彭某、梅某等人回购后，仍然将地条钢予以销售，这些地条钢最终作为生产圆钢、角钢的钢材料使用。

1. 思考问题

依照《产品质量法》试分析人民法院将如何判决此案？

2. 案例分析与参考答案

（1）被告单位回收公司犯销售伪劣产品罪；

（2）被告人林某犯销售伪劣产品罪；

（3）回收公司违法所得30000元，予以没收，上缴国库；

（4）没收某县工商行政管理局经检队所获的取好处费上缴国库，其违纪行为交监察机关另案处理。

3. 法理基础

上述案例涉及的法理基础包括：

《产品质量法》第49条规定：生产、销售不符合保障人体健康和人身、财产安全的国家标准、行业标准的产品的，责令停止生产、销售，没收违法生产、销售的产品，并处违法生产、销售产品（包括已售出和未售出的产品，下同）货值金额等值以上3倍以下的罚款；有违法所得的，并处没收违法所得；情节严重的，吊销营业执照；构成犯罪的，依法追究刑事责任。第51条规定：生产国家明令淘汰的产品的，销售国家明令淘汰并停止销售的产品的，责令停止生产、销售，没收违法生产、销售的产品，并处违法生产、销售产品货值金额等值以下的罚款；有违法所得的，并处没收违法所得；情节严重的，吊销营业执照。

所以，地条钢属于国家明令淘汰的产品，而且地条钢用于建筑工程，成为人民生命财产安全的重大隐患，生产、销售地条钢的行为，严重干扰钢铁行业正常生产经营秩序、严重危害经济社会协调发展、严重危害公民的生命健康权和公私财产的安全，因此属于生产、销售伪劣产品的违法行为，并应当依据《产品质量法》第49条之规定，“构成犯罪的，依法追究刑事责任”。

（三）自测案例

2019年12月的一天，某市居民王某在乐天酒店与同学聚会，兴致正浓时，酒桌上的一瓶某品牌的啤酒发生爆炸，飞扬的玻璃碎片击中了王某的右眼，导致视力微弱，后被鉴定为伤残六级。事故发生后，王某在治疗过程中，共花去费用3万元。请问：王某的人身、财产损害应怎样求偿？损害赔偿包括哪些项目？

二、反不正当竞争法

（一）知识要点

反不正当竞争法是调整在制止不正当竞争行为过程中所发生的社会关系的法律规范总称。制定《反不正当竞争法》的最直接的目的就是制止不正当竞争行为。不正当竞争是指经营者违反《反不正当竞争法》的规定，损害其他经营者的合法权益，扰乱社会经济秩序的行为。

不正当竞争行为的主体是经营者，不正当竞争行为是违法行为，不正当竞争行为侵害的客体是其他经营者的合法权益和正常的社会秩序。不正当竞争行为包括：混淆行为、虚假宣传行为、限购行为、限制竞争行为、搭售行为、压价销售行为、不当有奖销售行为、侵犯商业秘密行为、商业贿赂行为、串标行为、毁誉行为等十一类。县级以上工商行政管理部门及法律、行政法规规定的其他部门是对不正当竞争行为进行监督检查的部门。监督检查部门在监督检查不正当行为时享有法律规定的职权。根据我国《反不正当竞争法》的规定，不正当竞争行为应承担的法律责任包括民事责任、行政责任和刑事责任等责任形式。

（二）典型案例

张斌等五人原系凌川市药店职工，该药店系集体所有制企业。2013年决定将其所有的资产和经营权由本企业职工竞买，张斌等五人参加了竞标。2013年1月26日，药店经理夏某（甲方）与张斌等五人（乙方）达成协议，载明：

（1）乙方志愿与单位解除劳动合同，甲方补贴乙方每人工龄补贴费1.5万元。

（2）甲方返还乙方上岗集资款8万元。

（3）甲方补贴乙方每人1.3万元，计6.5万元，乙方不与甲方抬标。以上三项合计22万元。

协议签订后，夏某共向张斌等五人支付22万元。此后五人中仅有一人与夏某竞标，最终夏某以15万元的价格获得该药店资产和经营权。

此事后被药店其他职工举报至凌川市工商局。

1. 思考问题

这种竞标行为是否合法？应如何处理？

2. 案例分析与参考答案

2013年5月27日，凌川市工商局作出000134号行政处罚决定，认定五人在该药店竞买中，收受夏某给付的贿赂款，使夏某获得该药店资产和经营权，其行为违反了国家工商行政管理局第60号令《关于禁止商业贿赂行为的暂行规定》（简称《暂行规定》）第四条“任何单位或者个人在销售或者购买商品时不得收受或索取贿赂”的规定。依据该规定第九条、第十条和《反不正当竞争法》第二十二条之规定，对五人处以罚金1万元并没收违法所得4.4万元的行政处罚。

3. 法理基础

上述案例涉及的法理基础包括：

（1）不正当竞争的概念和特征。不正当竞争，是指经营者违反《反不正当竞争法》的规定，损害其他经营者的合法权益，扰乱社会经济秩序的行为。不正当竞争有如下特征：

①不正当竞争行为的主体是经营者。但《反不正当竞争法》把政府及其所属部门滥用行政权力妨害经营者的正当竞争行为也规定为不正当竞争行为。

②不正当竞争行为是违法行为。不正当竞争行为违反了自愿、平等、公平、诚实信用原则或公认的商业道德。

③不正当竞争行为侵害的客体是其他经营者的合法权益和正常的社会秩序。

（2）不正当竞争行为的种类：混淆行为；虚假宣传行为；限购行为；限制竞争行为；搭售行为；压价销售行为；不当有奖销售行为；侵犯商业秘密行为；商业贿赂行为；串标行为；毁誉行为。

（三）自测案例

凤凰针织厂生产的“凤凰”牌床上用品，深受消费者喜爱，属于知名商品。为了与同类其他厂家的商品相区别，凤凰针织厂自行设计并使用了特殊的包装。琴岛纺织品公司也生产床上用品，其产品包装的形状、颜色、图案与凤凰针织厂的产品包装完全相同，只是将“凤凰”字样改为“凤舞”。而且“凤舞”经过特殊处理后，酷似“凤凰”。因此，不少消费者误将琴岛纺织品公司的“凤舞”床上用品当成凤凰针织厂生产的“凤凰”牌床上用品购买。请问：琴岛纺织品公司的行为是什么样的行为？说明理由。

三、反垄断法

（一）知识要点

《反垄断法》对“经营者”的界定：《反垄断法》之前，《反不正当竞争法》第二条对经营者作了如下界定：“本法所称的经营者，是指从事商品经营或者营利性服务的法人、其他经济组织和个人。”在这里，营利性被看作经营者的首要特征。从《反垄断法》的规定来看，经营者也是从两个方面来进行界定的：一是主体类型，即包括自然人、法人和他组织；二是行为性质，即从事商品生产经营或提供服务。所以二者在法律上对垄断经营者的界定在外延上是完全一致的。

垄断有两大类：经济性垄断和行政性垄断。所谓经济性垄断是指经营者以独占或有组织的联合行动等方式，凭借经济优势操纵或支配市场，限制和排斥竞争的行为。所谓行政性垄断是指政府及其经济行政主管部门或其他政府职能部门以及被政府部门授予行政管理权的企业凭借行政权力排斥、限制或妨碍市场竞争的行为。

我国《反垄断法》的主要内容：禁止垄断协议；禁止经营者滥用市场支配地位；禁止利用“经营者集中”限制竞争；禁止滥用行政权力限制竞争。

判别垄断与否，不是以市场占有率为判据，而是以是否限制竞争行为为主要依据。

（二）典型案例

2013年2月21日，济南七大商场以“长虹”售后服务质量不好为由，宣布拒售“长虹”彩电，采取联合行动，同时将各自商场内的“长虹”彩电撤下专柜。而“长虹”方面说，每天有四辆流动服务车在市内流动维修，济南消费者协会也证实没有关于“长虹”彩电的投诉。

这些商场联手拒售“长虹”彩电的真实原因是，“长虹”采取现款现货经销制，在销售上实行台阶式返利的方式，而商场方面认为自己实力雄厚，商誉好，希望“长虹”对他们实行不同于一般小经销商的销售方式，允许他们先拿一批货做铺底销售，也即先给货，后付款。而“长虹”不愿意对任何商场作政策倾斜，导致了事件的发生。

1. 思考问题

济南七大商场的行为是否违法？违反什么法律？其行为构成什么性质的行为？对这些商场的这类行为，由哪一个部门来进行监管？

2. 案例分析与参考答案

济南七大商场的行为违反了《反垄断法》中所规定的：“通过协议或者其他协同一致的行为，实施固定价格、划分市场、限制产量、排挤其他竞争对手等排除、限制竞争的行为。”“经营者在相关市场内具有能够控制商品价格、数量或者其他交易条件，或者能够阻碍、影响其他经营者进入相关市场能力的市场地位。”

其行为构成了经济性联合垄断竞争。对这种错误行为应由山东省的反垄断执行机构进行监管。

3. 法理基础

本案例涉及《反垄断法》相关条款中的部分内容。

第十条　国务院规定的承担反垄断执法职责的机构（以下统称国务院反垄断执法机构）依照本法规定，负责反垄断执法工作。

国务院反垄断执法机构根据工作需要，可以授权省、自治区、直辖市人民政府相应的机构，依照本法规定负责有关反垄断执法工作。

第十三条　禁止具有竞争关系的经营者达成垄断协议：联合抵制交易。

第十七条　禁止具有市场支配地位的经营者从事下列滥用市场支配地位的行为：没有正当理由搭售商品，或者在交易时附加其他不合理的交易条件；没有正当理由，对条件相同的交易相对人在交易价格等交易条件上实行差别待遇。

第十八条　认定经营者具有市场支配地位，应当依据下列因素：其他经营者进入相关市场的难易程度。

（三）自测案例

中国某航空股份有限公司在河南民用航空市场上占有60%～65%的市场份额，自2005年起推出五级代理人制度，按照对其的“忠诚度”将代理人分为五级，分别享受不同的销售待遇，包括供应机票种类和促销奖励等。其中五级待遇最高，优先保证供应其热线航班机票，并给予较高的折扣，条件是不得销售其他航空公司的机票，不得向其他代理商提供该航空公司的机票和航班信息。其他级别待遇依次下降。为了维持这一制度，航空公司还采取了一系列惩罚措施，如装扮成顾客考察代理商的忠诚度，没收代理商销售的其他航空公司机票。通过网络监控代理商每天的售票情况，对不守规的代理商屏蔽该航空公司的航班信息，增加其退票难度等。

思考：该航空公司的行为是否违反了《反垄断法》？其行为是否构成差别性待遇行为，构成不正当竞争行为？为什么？

四、消费者权益保护法

（一）知识要点

消费者是指为了满足个人生活消费的需要而购买、使用商品或者接受服务的居民。消费者权益保护法是指调整在保护消费者权益过程中发生的社会关系的法律规范的总称。《消费者权益保护法》中的消费者是为生活消费需要购买、使用商品或者接受服务的消费者；农民购买、使用直接用于农业生产的生产资料，也参照《消费者权益保护法》执行，这是对农民利益的一种特殊的保护。

消费者的权利作为一项基本人权，是生存权的重要组成部分，也是消费者权益保护法的核心。我国《消费者权益保护法》规定了消费者的九项权利，具体包括：①保障安全权；②知悉真情权；③自主选择权；④公平交易权；⑤依法求偿权；⑥依法结社权；⑦求教获知权；⑧人格受尊重权；⑨监督批评权。

《消费者权益保护法》规定了经营者的八项义务，包括：①依法定或约定履行义务；②听取意见和接受监督；③保障人身和财产安全；④不作虚假宣传；⑤出具相应的凭证和单据；⑥提供符合要求的商品或服务；⑦不得从事不公平、不合理的交易；⑧不得侵犯消费者的人身权。

消费者权益的保护途径为：国家对消费者合法权益的保护和社会对消费者合法权益的保护。消费者与经营者发生争议，可通过以下途径解决：与经营者协商解决、请求消费者协会调解、向有关行政部门申诉、根据与经营者达成的仲裁协议，提请仲裁机构仲裁、向人民法院提起诉讼等。

需要强调的是《消费者权益保护法》在第45条中还明确规定了：广告的经营者、发布者设计、制作、发布关系消费者生命健康商品或者服务的虚假广告，造成消费者损害的，应当与提供该商品与服务的经营者承担连带责任。这就意味着，承担连带责任的主体增加了个人，即包括代言广告的明星。

经营者所提供的商品或劳务对消费者造成侵害的，应视情节及影响承担以下法律责任：民事责任、行政责任、刑事责任。

（二）典型案例

原告姜士民于2018年4月24日晚偕同妻子李某邀约朋友数人到被告经营的红天鹅火锅餐厅就餐，消费了一瓶自带的五粮液酒。在原告消费完结账时，被告单方面按照五粮液在店内售价500元的20%收取了原告酒水服务费100元。原告认为，被告对消费自带酒水要收取酒水服务费未在显著位置张贴告示、事前也没有口头告知原告，未保障原告的知情权；在酒水服务费上，原、被告始终未成立有效的合同关系；被告事后强行收取的行为侵犯了原告的自主选择权，是强迫交易。被告收取酒水服务费的收费金额和项目均不合理、不合法，其张贴在收银台上“谢绝自带酒水”的告示系以格式合同作出对消费者不公平、不合理的规定，违反了消费者权益保护法第二十四条的规定，是无效的民事行为。因此请求法院判决被告返还违法强行收取的100元“酒水服务费”并公开赔礼道歉。

1. 思考问题

原告请求法院判决被告返还违法强行收取的100元“酒水服务费”，能否胜诉？

2. 案例分析与参考答案

本题主要考查消费者权益保护的问题。解析本题的关键是要掌握消费者的权利；经营者的义务；侵害消费者权利的法律责任。

被告收取酒水服务费100元的收费项目不合理、不合法，损害了《消费者权益保护法》中所规定的消费者的权利，原告消费者能够胜诉。

3. 法理基础

上述案例涉及的法理基础包括消费者权利及经营者义务的有关知识。

消费者是指为了满足个人生活消费的需要而购买、使用商品或者接受服务的居民。《消费者权益保护法》明确地规定消费者为生活消费需要购买、使用商品或者接受服务的消费者，其权益受该法保护。

（1）消费者的权利。根据《消费者权益保护法》消费者享有自主选择权。

自主选择权包括：①自主选择提供商品或者服务的经营者的权利；②自主选择商品或者服务的品种、方式的权利；③自主选择购买或不购买任何一种商品、接受或不接受任何一项服务的权利；④在自主选择商品或者服务享有进行比较、鉴别和挑选的权利。

（2）经营者的义务中规定，经营者不得从事不公平、不合理的交易。经营者在经营活动中使用格式条款的，应当以显著方式提请消费者注意商品或者服务的数量和质量、价款或者费用、履行期限和方式、安全注意事项和风险警示、售后服务、民事责任等与消费者有重大利害关系的内容，并按照消费者的要求予以说明。

经营者不得以格式条款、通知、声明、店堂告示等方式，作出排除或者限制消费者权利、减轻或者免除经营者责任、加重消费者责任等对消费者不公平、不合理的规定，不得利用格式条款并借助技术手段强制交易。

格式条款、通知、声明、店堂告示等含有前款所列内容的，其内容无效。

（三）自测案例

2018年年底，某市一家大商场都推出返券购物的促销方法。每购买100元的商品，返购物券20元，多买多返；购物券在购物时冲抵现金，持购物券2000元以上的还另外享受8折优惠。某银行职员王某持购物券来到这家商场，看中一件标价2000元的羊绒大衣，颜色为米色，衣领和袖口都镶有漂亮的蓝狐皮毛。营业员告诉她：该羊绒大衣是内蒙古某厂家生产的出口转内销的产品，做工考究，质量上乘，说明书都是英文的，是国内的名牌产品，原价2980元，现在是迎新年促销，价格2000元，销售得特别好，号码已经不全了，如果有购物券，还另外享受8折优惠就更便宜了。听了营业员的介绍后，王某花1400元现金、200元购物券买下了这件大衣。但回到单位后，和同事仔细一看，才发现大衣的做工粗糙，质量不像营业员说得那样好。这时，一位懂英文的同事看了一下说明书，才知道大衣是人造绒的，衣领和袖口也是人造毛的，厂家也不是内蒙古生产名牌产品的厂家，产品也不是出口转内销的产品。请问：商场的行为是否合法？是否侵犯了王某的权利？为什么？

五、本章综合案例

【案例1】

2018年7月10日，王某从某食品批发店购买了30箱啤酒，用卡车将啤酒运回家中，当王某卸货至第25箱时，其中一瓶啤酒突然爆炸，酒瓶碎片飞进王某的左眼，致使王某左眼球受伤，后因医治无效，王某左眼失明。王某在运输和搬动啤酒的过程中没有任何过错，于是王某向某食品批发店要求赔偿。但批发店称啤酒瓶的爆炸可能是由于生产厂家生产质量不合格所致，自己并没有过错，于是叫王某向厂家索赔。王某遂诉至法院。经查，王某眼睛受伤致残确系啤酒质量不合格所致。

1. 思考问题

（1）王某应向谁索赔，依据是什么？

（2）什么是产品质量责任，产品质量责任的成立应具备哪些要件？

（3）什么是产品质量责任主体，哪些人能成为产品质量责任的主体？

2. 参考答案

（1）王某既可向食品批发店索赔，也可以向生产厂家索赔。《产品质量法》第31条规定："因产品存在缺陷造成人身、他人财产损害的，受害人可以向产品的生产者要求赔偿，也可以向产品的销售者要求赔偿。属于产品的生产者的责任，产品的销售者赔偿的，产品的销售者有权向产品的生产者追偿。属于产品的销售者的责任，产品的生产者赔偿的，产品的生产者有权向产品的销售者追偿。"

（2）产品质量责任系指产品使用、消费的过程中因产品瑕疵造成人身伤害或者财产损害所引起的民事责任，是民法中因产品质量不合格而引起的一种特殊侵权责任。产品质量责任作为一种特殊的侵权责任，其成立须具备以下几个要件：

①产品本身有缺陷。所谓产品缺陷，在国外一般是指产品的"不合理危险"状态或者"缺乏应有安全"的状态。在我国，产品含有缺陷（瑕疵），一般是指产品质量不符合国家的有关法规的规定、质量标准以及合同规定的对产品适用、安全和其他特性的要求。产品缺陷是很复杂的现象，一般可将产品的质量缺陷分为四种类型：设计上的缺陷，即产品本身在结构、功能上的缺陷；制造上的缺陷，即生产时或装配时的工艺流程或操作规程处理不当；指示上的缺陷，即对产品的性能、使用方法未作必要的警告；发展上的缺陷，即产品制造虽已符合当时科学技术标准，但由于受当时科技水平限制，仍不免存在的缺陷。因前三种产品质量缺陷造成损害的，发生产品质量责任；因第四种缺陷造成损害的，按我国产品质量法规定，不负产品质量责任。

②生产者与销售者有提供缺陷产品的行为。生产者与销售者违反法律上的义务提供缺陷产品，主要表现为两种情况：一种情况是提供的产品本身不符合法规、标准以及合同质量的要求；另一种情况是生产者和销售者没有履行或没有适当履行向消费者"告知"的义务。

③存在着造成他人损害的事实。这里的损害，不是指产品的本身的损坏、毁灭，而是指产品造成了他人的人身伤害、死亡和财产损失。例如，食品变质造成食用中毒、电视机爆炸炸伤收视者等。

④损害的事实与提供有缺陷产品行为有因果关系。所谓因果关系，是指损害是由提供有缺陷产品的行为直接造成，即损害是由于产品自身的原因所致，而不是由于他人把产品作为

实施侵权的工具造成的。

（3）产品质量责任主体，就是对产品质量问题应该承担相应责任者。我国产品质量法主要规定了产品的生产者和销售者为产品质量责任的主体。

【案例2】

2018年4月中旬的一个周末18点，王某与朋友相约来到当地一家非常有名的酒吧，喝酒聊天。两人一人一瓶葡萄酒，边喝边聊。19点40分，王某感觉腹部不适，20分钟后，王某去了一趟卫生间，出现腹泻现象，随后又出现恶心、呕吐，后王某被送到医院。经查：王某为食物中毒，原因是王某喝的那瓶葡萄酒是变质的葡萄酒。后经有关部门鉴定：此瓶葡萄酒仍在保质期内，葡萄酒变质的原因是由于生产工艺不过关造成的。

1. 思考问题

王某对于自己的遭遇，可以向谁要求承担责任？

2. 参考答案

王某既可以向葡萄酒的销售者酒吧要求承担责任，又可以向葡萄酒的生产企业要求承担责任。根据《产品质量法》规定，因产品存在缺陷造成人身、他人财产损害的，受害人可以向产品的生产者要求赔偿，也可以向产品的销售者要求赔偿。属于产品生产者的责任，产品的销售者赔偿的，产品的销售者有权向产品的生产者追偿。属于产品的销售者的责任，产品的生产者赔偿的，产品的生产者有权向产品的销售者追偿。本案中，王某的损害是由于产品存在缺陷造成的所以生产者应当承担损害赔偿责任。王某可以直接要求葡萄酒生产企业承担责任，也可以要求酒吧承担责任。酒吧承担责任后，可依法向葡萄酒生产企业追偿。

【案例3】

“双十一”购物节时，王小姐在某大型购物网站上看到一双高跟鞋，款式新颖，价格也很便宜，王小姐毫不犹豫点击了购买，并支付了货款。收到货后，王小姐觉得这双高跟鞋虽然新颖，但颜色跟网页上的图片出入很大，于是便联系上网店店主，要求退货，并愿意承担来往的运费，但遭到店主的拒绝。

1. 思考问题

该店主的做法是否符合消法规定？

2. 参考答案

近几年，网络等远程购物方式逐渐成为人们购物的主流方式之一。远程购物的“非现场性”导致消费者和商家的信息极不对称，因为商家可能隐瞒了商品的负面信息，但由于无法直接接触商品，消费者可能被蒙在鼓里而遭受损失。2013年修改的《消法》针对网络等远程购物方式赋予了消费者七天的反悔权，旨在促进买卖双方的平等地位。根据修改后的《消法》，上述案例中的王小姐有权要求退货。

反悔权仅适用于网络等远程购物方式，消费者直接到商店购买的物品，不适用该条规定。另外反悔权的期限是七日内，且根据商品性质不宜退货的商品，不在此列。同时消费者退货的商品应当完好，退回商品的运费由消费者承担；经营者和消费者另有约定的，按照约定。

本章练习

一、填空题

1. 没有国家规定和当事人约定的，消费者可以自收到商品之日起＿＿＿＿＿＿内退货。

2. 没有＿＿＿＿＿就没有垄断，但＿＿＿＿＿最终却会阻碍竞争。

3. 不正当竞争行为侵害的客体是其他经营者的＿＿＿＿＿＿＿和＿＿＿＿＿＿＿。

4. 商业秘密是指不为公众所知悉、能为权利人带来＿＿＿＿＿＿＿，具有实用性并经权利人采取保密措施的技术信息和经营信息。

5. 消费者在购买、使用商品和接受服务时，享有＿＿＿＿＿＿＿、民族风俗习惯得到尊重的权利，享有个人信息依法得到保护的权利。

6. 垄断是指在交易中操纵贸易，泛指对市场的＿＿＿＿＿＿＿。

7. 农民购买、适用直接用于农业生产的生产资料，也参照＿＿＿＿＿＿＿执行，这是对农民利益的一种特殊的保护。

8. 串标行为是指投标者相互串通投标以＿＿＿＿＿＿＿或＿＿＿＿＿＿＿，以及投标者与招标者相互勾结，以排挤竞争对手的行为。

9. 产品质量是指产品在正常使用的条件下，满足合理使用要求所必须的＿＿＿＿＿＿的总和。

10. 生产者对特殊产品包装要满足＿＿＿＿＿＿＿的义务。

二、单项选择题

1. 使用知名商品的（　　）不是不正当竞争行为。

A. 名称　　B. 包装

C. 装潢　　D. 原料

2. 不正当竞争，是指经营者违反（　　）的规定，损害其他经营者的合法权益，扰乱社会经济秩序的行为。

A. 《产品质量法》　　B. 《反不正当竞争法》

C. 《消费者权益保护法》　　D. 《工商管理法》

3. 反不正当竞争立法主要是规范（　　）。

A. 经营者　　B. 劳动者

C. 经营者的市场交易行为　　D. 不正当竞争行为

4. 产品质量责任，是指产品的生产者、销售者及其他有关主体，违反法律规定，（　　）法定的产品质量义务，所应依法承担的法律后果。

A. 不履行或者不完全履行　　B. 完成

C. 履行　　D. 执行

5. 消费者有权拒绝经营者的强制交易行为，这是消费者的（　　）。

A. 知悉真情权　　B. 依法求偿权

C. 公平交易权　　D. 获得赔偿权

6. 经营者常常以店堂告示等方式作出对消费者的（　　），是错误的。

A. 道歉　　B. 通知

C. 声明　　D. 不公平、不合理规定

7. 承担产品质量责任的赔偿范围，一般不包括（　　）。

A. 人身伤害　　B. 精神损失

C. 财产损失　　D. 死者的抚恤金

8.（　　）是“国际消费者权益保护日”。

A. 2 月 14 日　　B. 3 月 5 日

C. 3 月 15 日　　D. 3 月 25 日

9. 经营者销售或购买商品，可以用（　　）方式给对方折扣、可以给中间人佣金。

A. 账外暗中　　B. 变相

C. 明示　　D. 任何双方商定的

10. 保护下列主体（　　）的合法权益是制定《反不正法竞争法》的目的之一。

A. 经营者　　B. 消费者

C. 经营者和消费者　　D. 生产者和销售者

三、多项选择题

1. 下列有奖销售行为中属于不当奖售行为的有（　　）。

A. 谎称有奖进行有奖销售

B. 故意让内定人员中奖进行有奖销

C. 利用有奖销售的手段推销质次价高的商品

D. 抽奖式有奖销售的奖品为价值 2000 元的实物

2.《反不正当竞争法》的主体经营者是指（　　）。

A. 从事生产的法人　　B. 从事销售的个人

C. 从事营利性服务的经济组织　　D. 从事商品经营的经济组织

3. 根据《反不正当竞争法》规定，（　　）的行为，属于不正当竞争行为。

A. 抽奖有奖销售奖金额为 5000 元

B. 为清偿债务大幅度降价销售商品

C. 政府有关部门限制外地商品进入本地市场以扶持本地企业

D. 煤气公司要求用户在接受供气时须购买其指定的热水器

4. 产品质量监督部门包括各级（　　）。

A. 质量技术监督部门　　B. 工商行政管理部门

C. 食品卫生检验部门　　D. 卫生防疫部门

5. 刘某在个体摊贩王某处挑选皮鞋，王某介绍一双皮鞋让刘某试穿，刘感觉不合适，便脱下要走，但王某执意要刘某买下这双鞋。王某的行为侵犯了消费者刘某的哪些权利（　　）。

A. 自主选择权　　B. 公平交易权

C. 维护尊严权　　D. 保险安全权

6. 经济性垄断在我国主要表现为（　　）等。日常生活中常见的打压价格、排挤竞争对手、欺行霸市、强买强卖等现象都是经济性垄断的表现。

A. 联合竞争行为　　B. 搭售和附加条件交易行为

C. 价格歧视行为　　D. 议价行为

7. 消费争议解决的途径有（　　）。

A. 与经营者协商解决　　B. 请求消费者协会解决

C. 向有关行政部门投诉　　D. 根据与经营者达成仲裁协议提请仲裁机构解决

8. 我国《反不正当竞争法》严加禁止的不正当竞争行为有（　　）。

A. 以格式合同对消费者作出不合法律规定的行为

B. 侵犯消费者的人身权行为

C. 产品无中文标明的产品名称行为

D. 降价排挤行为

E. 通谋投标行为

9. 商业秘密具有（　　）。

A. 普遍性　　B. 保密性

C. 实用性　　D. 秘密性

10. 不正当竞争行为违反了自愿、（　　）原则或公认的商业道德。

A. 平等　　B. 公平

C. 诚实信用　　D. 平等互利

11. 下列哪些产品不属于产品质量法的调整范围（　　）。

A. 未经加工的天然形成的产品　　B. 虽经过加工，但只为自己使用不销售的产品

C. 建设工程产品　　D. 军工产品

四、判断题

1. 产品质量是指产品在正常使用的条件下，满足合理使用要求所必须的特征和特性的总和。（　　）

2. 消费者为表明自己的清白，有义务让经营者搜查自己的身体。（　　）

3. 销售者应当执行进货检查，验收制度，验明产品合格证明和其他标识。（　　）

4. 易碎品、易燃易爆品、剧毒品、储运中不能倒置的产品和有其他特殊要求的产品，包装力求符合相应的要求。（　　）

5. 《反不正当竞争法》的制定和实施，目的在保护消费者的合法权益。（　　）

6. 垄断的原意是独占，即一个市场上只有一个经营者。从字面意义上说，是指在交易中操纵贸易，泛指对市场的把持和独占。（　　）

7. 我国的《反垄断法》明确规定了三种垄断行为，即：经营者达成垄断协议；经营者鼓励市场支配地位；具有或者可能具有排除、限制竞争效果的经营者集中。（　　）

8. 没有国家规定和当事人约定的，消费者可以自收到商品之日起七日内退货。（　　）

9. 农民购买、使用直接用于农业的生产资料，也可参照《消费者权益保护法》执行。（　　）

10. 生产者对产品质量承担明示和默示担保义务。（　　）

五、简答题

1. 产品质量责任构成要件有哪些？

2. 不正当竞争概念及特征有哪些？
3. 我国的《反垄断法》明确规定的垄断行为有哪些？
4. 最后一次修订的《消费者权益保护法》从何时开始施行？
5. 侵犯消费者权益产生争议的解决途径有哪些？

六、案例分析题

1.《每日新报》报道，不久前，年近六旬的刘奶奶在一家超市购物，结账后准备兑换积分奖品。这时，超市的保安怀疑刘奶奶偷拿了超市的商品，于是当众对她进行拦截、盘问和检查，但并未找到“偷窃的东西”，双方为此发生言语冲突。次日，刘奶奶感觉身体不适，遂到医院就医，前后共花费4000余元。刘奶奶遂将超市告上法庭。她表示，超市人员的行为侵害了她的合法权益，故请求法庭判令超市向其赔礼道歉；在超市范围内张贴公告消除影响；赔偿其医疗费4000余元，并承担继续治疗的责任；赔偿其精神抚慰金5000元。

问题：法院应如何处理此案？

2. 2005年8月，刘某率一群青年工人开起了一家饮料厂，经过10多年的艰苦努力，终于创出了“金泉”牌名牌饮料，远销邻近各省，饮料厂将此注册了商标。刘某又请人设计了漂亮而又独特的饮料瓶外包装。2015年4月，刘某出差，在火车上看到一种外包装与“金泉”饮料极其相似的名为“全泉”的饮料由列车服务员在叫卖，价格比“金泉”要便宜。刘某十分气愤，买了一瓶，看到上面写着是由广东省某市一家小饮料厂生产的“名牌产品”。刘某出差回来，状告到法院。

问题：(1) 该小饮料厂生产“全泉”饮料的行为是何种行为？

(2)“全泉”厂是否要赔偿“金泉”厂的损失？

3. 华龙饮料厂生产的注册商标为“华龙”牌的汽水，由于口感好，质量关把严，因而深受本市及邻市消费者的喜爱，销售量逐年上升。2018年，该市饮料二厂将其汽水生产、销售业务租赁给于某。因为于某以该厂“凤”牌商标上加盖“华龙”印章，在汽水瓶盖上冲压“华龙”标志，并在推销时声称是“与华龙饮料厂联营生产”，致使许多消费者误以为是联营产品，基于对华龙饮料厂的产品的信任而购买。结果一时之间该假称联营的汽水充斥市场，致使真正的“华龙”牌汽水销售量逐渐下降。并且由于“凤”牌汽水质量不如“华龙”牌汽水，许多消费者对华龙饮料厂的信任也降低了，该厂的市场信誉大受影响。

问题：饮料二厂（即于某）的行为是否构成不正当竞争，依法应如何处理？

4. 2017年春节前，李某将家里装扮一新，接来老人，准备欢欢乐乐过个年。除夕晚上，李某点燃刚从单位拿回的卡式炉，正打算露一手，谁知“轰”一声，卡式炉爆炸了，老人被炸伤，李某的右手也被炸裂。事后，李某找到有关部门，有关部门对此进行了调查。原来该型号卡式炉是某市一家电器公司的新产品，出事前几天送到李某单位（电子产品检测所）请求测试，李某认为该电器公司产品质量一直不错，于是就顺手拿回一台，准备春节使用，谁想竟发生了此事。

问题：若李某起诉卡式炉制造公司（即某市电器公司）能否胜诉？哪些情况可以不负产品质量责任？

第十章

合同法律制度

本章概要

一、教学重点、难点

重点：合同订立的程序；缔约过失责任；合同的效力；合同的担保；合同的履行、变更、转让、解除、违约责任承担方式。

难点：合同履行抗辩权，特别是不安抗辩权的理解和适用；代位权与撤销权；合同担保中保证的方式及保证的责任；抵押与质押的区别及适用。

二、教学建议

本章的特点是法律专有概念较多，实用性强，灵活性突出，故此有一定的学习难度，教师应特别强调，加强对法律规定灵活运用的训练，同时可结合前几章中法律行为与代理等问题一同复习。

合同问题可概括为两大问题，即合同的订立与合同的履行。合同案例的分析可照此思路进行；首先确定合同效力，如合同无效则按无效的处理方式予以处理；如合同有效，继续分析，进入合同的履行。在第二步骤中，如涉及合同抗辩、转让、变更、解除等问题，则按相应规定解决；如尚未发生上述情况，则应确认违约方，进而追究违约方的违约责任。

本章的两条主线就是合同的订立与合同的履行。

实训案例

一、合同与合同法概念

（一）知识要点

合同又称契约，是平等主体的自然人、法人、其他组织之间设立、变更、终止民事权利义务关系的协议。

合同具有三大法律特征。合同按照不同的标准可以进行不同的分类，《中华人民共和国合同法》（以下简称《合同法》）规定了15种有名合同。合同法是调整平等主体之间当事人的合同权利义务关系的法律规范的总称。《合同法》的调整范围是平等主体之间的民事权利义务关系和企业及社会各组织之间的经济关系，包括自然人之间的买卖、租赁、借贷、赠与等合同关系。但有关婚姻、收养、监护等身份关系的协议，不适用《合同法》，其他法律对合同另有规定的，依照其规定。《合同法》具有平等、自愿，公平、诚实信用，守法、不得损害社会公共利益，依法订立的合同对当事人具有法律约束力等原则。

（二）典型案例

在学习合同和合同法概述时，几名同学在一起争论。张同学说：合同是一种协议，所以凡协议就要受《合同法》调整。李同学说：你说的不一定正确，签订合同是平等、自愿的，所以合同就应是等价有偿的。王同学说：你说的有道理，所以合同双方当事人意思表示一致，合同即成立。正在争论时，老师走了进来。三人把自己的观点说给老师听，都想得到老师的认可。这时，老师把目光投向一直默不作声的赵同学。

1. 思考问题

如果你是赵同学，你对三位同学的观点有什么看法？你将作什么样的评论？

2. 案例分析与参考答案

本题考查的知识点是合同的分类、《合同法》的调整范围和基本原则。解析本题的关键是要理解掌握《合同法》的调整范围及《合同法》的适用，即哪些合同适用《合同法》哪些合同不适用《合同法》；理解掌握《合同法》的基本原则的含义。同时，掌握合同的不同分类，如：诺成合同和实践合同、要式合同和非要式合同等。

三位同学的观点都有片面性、都不是正确完整的。

首先，张同学的观点涉及《合同法》的调整范围。《合同法》调整的是平等主体之间的民事关系。政府的经济管理活动中所订立的合同，属于行政管理关系，不是民事关系，不适用《合同法》；企业、单位内部的管理关系所订立的合同，不是平等主体的关系，也不适用《合同法》。有关婚姻、收养、监护等身份关系的协议，虽然是平等主体间的关系，但也不适用《合同法》的规定，由其他法律调整。除《合同法》规定的15种有名合同外，其他管理对合同另有规定的依照其规定，但仍适用《合同法》总则的规定。所以，并不是所有的协议都受《合同法》调整。

其次，李同学的观点涉及合同的普遍原则。平等、自愿是《合同法》的基本原则，它贯穿于合同活动的全过程，体现的是当事人法律地位的平等。并不要求合同内容的对价。如赠与合同就是无偿的合同。

最后，赵同学的观点也涉及合同的种类问题。诺成合同，当事人双方意思表示一致即告成立。实践合同，除当事人双方意思表示一致外，还须交付标的物才能成立。而有些合同还必须具备特定形式和手续才能成立，这就是要式合同。显然，赵同学的观点不正确。

3. 法理基础

解析上述案例涉及的法理基础是合同和合同法的基本问题。

（1）合同的概念。合同又称契约，是平等主体的自然人、法人、其他组织之间设立、变更、终止民事权利义务关系的协议。

（2）《合同法》的调整范围和基本原则。合同法是调整平等主体之间当事人的合同权利义务关系的法律规范的总称。《合同法》调整的是平等主体之间的民事关系。政府的经济管理活动，属于行政管理关系，不是民事关系，不适用《合同法》；企业、单位内部的管理关系，不是平等主体的关系，也不适用《合同法》。有关婚姻、收养、监护等身份关系的协议，虽然是平等主体间的关系，但也不适用《合同法》的规定，由其他法律调整。除《合同法》规定的15种有名合同外，其他法律对合同另有规定的依照其规定，但仍适用《合同法》总则的规定，如我国商标法、专利法、著作权法、保险法、担保法等法律对有关合同的特殊问题作了具体规定。

《合同法》的基本原则是合同当事人在合同活动中应当遵守的基本准则。《合同法》关于合同的订立、效力、履行、违约责任等以及各个分则的内容，都是根据这些基本原则规定的。具体包括：平等、自愿原则，公平、诚实信用原则，守法、不得损害社会公共利益原则，依法订立的合同对当事人具有法律约束力等原则。

（三）自测案例

王先生和李先生两人签订了一份名画的买卖合同。在合同履行过程中，李先生曾怀疑该名画为赝品，经王先生再三讲解后李先生信以为真。买卖发生后，经专家鉴定证实确为赝品。因而李先生责怪王先生欺骗，准备将画返还给王先生，并要求退还画款。王先生不同意，认为李先生自己鉴别力差，应该自己承担这个后果，怪不得别人。为此，王先生与李先生双方发生纠纷。请问：王先生的做法符合《合同法》的基本原则吗？为什么？

二、合同的订立

（一）知识要点

合同的订立是双方当事人依法就合同的主要条款达成协议的法律行为。当事人订立合同，应当具有相应的民事权利能力和民事行为能力。自然人、法人其他组织都可以成为合同的主体，但是必须具备合同主体资格。当事人依法可以委托代理人订立合同。合同可以采用书面形式、口头形式和企业形式。合同的内容通常称为合同的条款，包括：当事人的名称或姓名和住所，标的，数量，质量，价款或报酬，履行期限、地点和方式，违约责任，解决争议的方法。当事人订立合同，采取要约和承诺方式。承诺生效时合同成立，承诺生效的地点为合同成立的地点。当事人在订立合同过程中，因违背诚实信用原则给对方造成损失时应承担缔约过失责任。

（二）典型案例

甲企业（本题下称“甲”）向乙企业（本题下称“乙”）发出传真订货，该传真列明了货物的种类数量、质量、供货时间、交货方式等，并要求乙在10日内报价。乙接受甲发出传真列明了条件并按期报价，亦要求甲在10日内回复；甲按期复电同意其价格，并要求签订书面合同。乙在未签订书面合同的情况下按甲提出的条件发货，甲收货后未提出异议，亦未付货款。后因市场发生变化，该货物价格下降。甲遂向乙提出，由于双方未签订书面合同，买卖关系不能成立，故乙应尽快取回货物。乙不同意甲的意见，要求其偿付货款。随后，乙发现甲放弃其对关联企业的到期债权，并向其关联企业无偿转让财产，可能使自己的货款无法得到清偿，遂向人民法院提起诉讼。

1. 思考问题

（1）试述甲传真订货、乙报价、甲回复报价行为的法律性质。

（2）买卖合同是否成立？并说明理由。

（3）对甲放弃到期债权、无偿转让财产的行为，乙可向人民法院提出何种权利请求，以保护其利益不受侵害？对乙行使该权利的期限，法律有何规定？

2. 案例分析与参考答案

（1）甲传真订货行为的性质属于要约邀请。因该传真欠缺价格条款，邀请乙报价，故不具有要约性质。乙报价行为的性质属于要约。根据《合同法》的规定，要约要具备两个条件，第一，内容具体确定；第二，表明经受要约人承诺，要约人即受该意思表示约束。本例中，乙的报价因同意甲方传真中的其他条件，并通过报价使合同条款内容具体确定，约定回复日期则表明其将受报价的约束，已具备要约的全部条件。甲回复报价行为的性质属于承诺。因其内容与要约一致，且于承诺期内作出。

（2）买卖合同依法成立。根据《合同法》的规定，当事人约定采用书面形式订立合同，当事人未采用书面形式但一方已经履行主要义务，对方接受的，该合同成立。本例中，虽双方未按约定签订书面合同，但乙已实际履行合同义务，甲亦接受，未及时提出异议，故合同成立。

（3）乙可向人民法院提出行使撤销权的请求，撤销甲的放弃到期债权、无偿转让财产的行为，以维护其权益。对撤销权的时效，《合同法》规定，撤销权应自债权人知道或者应当知道撤销事由之日起 1 年内行使，自债务人的行为发生之日起 5 年内未行使撤销权的，该权利消灭。

3. 法理基础

上述案例涉及的法理基础是合同的订立程序与合同的成立时间。

《合同法》第 13 条规定，“当事人订立合同，采取要约、承诺方式。”依照这一规定，当事人订立合同要经过要约和承诺这一过程。

（1）要约。要约是希望和他人订立合同的意思表示。发出要约的当事人称为要约人，要约所指向的对方当事人则称为受要约人。要约在不同情况下又可称为发盘、出盘、发价、出价或报价等。

要约应具备以下条件：①内容具体确定。要约作为希望与他人订立合同的意思表示，其目的在于唤起受要约人对要约作出承诺，从而双方订立合同。因此要约的内容必须具体明确，要包含要约人所希望订立合同的具体条款。②表明经受要约人承诺，要约人受该意思表示约束。要约是一种法律行为，要约人受到要约的约束，当要约已达受要约人后，在要约的有效期限内，要约人不得擅自撤回要约或变更要约内容。也就是说，如对方接受要约，合同即告成立。

注意要约与要约邀请的区别。要约邀请是行为他人向自己发出要约的意思表示。例如：寄送的价目表、拍卖公告、招标公告、招股说明书等都是要约邀请。

要约的生效时间。要约到达受要约人时生效。口头形式的要约，应自受要约人了解要约时开始生效；一般书面形式的要约则自该书面形式的要约文件到达受要约人处生效；采用数据电文形式订立合同，收件人指定特定系统接收数据电文的，该数据电文进入该特定系统的时间，视为到达时间，未指定特定系统的，该数据电文进入收件人的任何系统的首次时间，视为到达时间。要求注意的是，要约到达受要约人，并不是指要约一定实际达到受要约人或代理人手中，要约只要送达到受要约人通常的地址、住所或能控制的地方（如信箱等）即为送达。

要约可以撤回和撤销，但要符合法律规定。要约撤回，是指要约人在要约生效前取消要约的行为；要约的撤销是指要约人在要约生效后取消要约的行为。

要约失效。要约失效是指生效的要约，有下列情形之一的要约失效：①拒绝要约的通知到达要约人。拒绝要约只能由特定的受要约人作出，而对于受要约人不特定的要约，如构成要约的商业广告，就不因某个人的拒绝而失效；②要约人依法撤销要约；③承诺期限届满，受要约人未作出承诺；④受要约人对要约的内容作出实质性变更。

（2）承诺。承诺是受要约人同意要约的意思表示。承诺生效时合同成立。

承诺应具备以下条件：①必须由受要约人作出。如由代理人作出承诺，则代理人须有合法的委托手续；②必须向要约人作出；③承诺的内容应当和要约的内容一致；④必须在规定的期限内作出。不符合上述条件的，不能认为是承诺。

承诺的方式是指受要约人将其承诺的意思表示传达给要约人所采用的方式。《合同法》规定，承诺应当以通知的方式作出，但根据交易习惯或要约表明可以通过行为作出承诺的除外。依此规定，承诺即可以通知的方式作出，也可以行为作出。需要指出的是：此行为应当是积极的作为行为，而不是消极不作为行为。

承诺的法律效力。承诺的法律效力表现在承诺生效合同成立。一般情况下，承诺通知到达要约人时，承诺即生效。承诺不需要通知的，根据交易习惯或要约的要求作出承诺的行为时，承诺即生效。受要约人超过承诺期限发出承诺的，除要约人及时通知该承诺有效以外，为新要约。受要约人在承诺期限内发出承诺，按照通常情形能够及时到达要约人，但因其他原因承诺到达要约人时超过承诺期限的，除要约人及时通知受要约人因承诺超过期限不接受承诺的以外，该承诺有效。

承诺也可以撤回。撤回承诺的通知应当在承诺通知到达要约人之前或与承诺通知同时到达要约人。

一般合同谈判的过程，就是要约、新要约、更新的要约，再要约直到承诺的过程。承诺生效合同成立。但当事人采用合同书面形式订立合同的，自双方当事人签字或盖章时合同成立。当事人采用信件。数据电文等形式订立合同的，可以在合同成立之前要求签订确认书，签订确认书时合同成立。法律、行政法规规定或当事人约定采用书面形式订立合同，当事人未采用书面形式但一方已经履行主要义务且对方接受时，该合同成立。

（三）自测案例

1. 甲公司6月1日在当地报纸发布广告，内容包括：出售某品牌空调，价格八折优惠，购买数量不限，优惠截止日期是6月30日。适值乙公司在改善办公环境，准备购买50台。于是派人携带支票于6月29日到达甲公司购买空调，但甲公司称广告所述品牌空调已全部售完，乙公司因此遭受一定的经济损失。请问：甲公司的广告是否构成要约？乙公司的行为是否构成承诺？甲公司和乙公司之间是否有合同关系？乙公司的经济损失应如何弥补？

2. 甲公司向乙公司发出要约，要约表明：对方如同意其条件，可将答复发至要约中指定的电子邮箱中。乙公司收到要约后，遂作出承诺，并依约将承诺发至甲公司指定的电子邮箱中。但由于甲公司的业务员在外地开会，一直未开邮箱，致使甲公司以为乙公司未作承诺，并已与其他公司签订了合同。两周后，当乙公司要求甲公司履行合同时，甲公司的答复是双方未订立合同。请问：甲、乙公司之间是否存在合同关系？为什么？

（四）判例阅读

以合法形式掩盖非法目的的合同是指当事人为了越过法律的障碍进而达到违法的目的而订立的以合法形式出现的合同。这类合同主要有两种：①为达到违法目的而订立的虚伪的合同。如为逃避追赃或者法院强制执行其财产而以虚伪的买卖合同或者赠与合同隐匿财产。②为达到违法目的以一个虚伪的合同掩盖另一个真实的合同。在这种情况下，虚伪的合同应当被认定为无效；被虚伪合同掩盖的真实的合同，如果不违反法律，可以有效，反之，也应无效。

案情介绍：

自 1996 年至 1998 年，河南省滑县亿博粮油深加工有限责任公司（以下简称亿博公司）在原滑县华融城市信用合作社（以下简称华融信用社，后被撤销）贷款 3700 万余元。因中国人民银行滑县支行（以下简称滑县人行）顾虑该公司贷款数额过大，不让华融信用社再向其发放贷款。华融信用社主任张爱卿、副主任黄国然考虑该公司正在生产，缺少资金，如不放贷该公司就会停产，原贷款可能收不回来，于是在 1998 年 3 月 2 日华融信用社从内黄城市信用社拆借 200 万元给了亿博公司。1999 年 1 月 2 日亿博公司还款 100 万元，下欠 100 万元无能力偿还。内黄城市信用社一再催促华融信用社还款，经华融信用社班子研究决定，找他人办贷款手续，用此款偿还拆借款，于是就找到三星公司。

1999 年 1 月 22 日，华融信用社与三星公司、滑县铝型材料安装服务部、三机车行签订借款担保合同，借款人为三星公司，保证人为三机车行和滑县铝型材料安装服务部，贷款金额为 80 万元。合同签订后，华融信用社转至三星公司账户 80 万元，时任三星公司法定代表人刘全民在现金付出传票上签署了自己的名字。合同签订当日，黄国然给三星公司出具了一份“三星摩托公司 1999 年 1 月 22 日在我社贷款 80 万元，今后不让本公司还款付息”的证明，华融信用社法定代表人张爱卿在该证明上签署了“同意”二字。由于国家政策调整，2001 年 7 月 29 日，华融信用社被撤销，上述债权被转让给了滑县人行。2001 年 11 月 26 日、7 月 26 日，2003 年 1 月 3 日、3 月 19 日，亿博公司四次以三星公司名义归还贷款本金 103800 元，仍欠本金 696200 元及利息未付。

滑县人行提起诉讼，要求三星公司偿还本息合计 1014099 元，滑县铝型材料安装服务部、三机车行承担保证责任。在审理过程中，原告放弃了滑县铝型材料安装服务部应承担的保证责任，因三星公司被工商部门吊销了营业执照，原告申请追加公司股东刘全民、王中森为共同被告参加诉讼，诉讼请求变更为要求判令刘全民、王中森、王红梅、白文波共同承担赔偿责任。

裁判结果：

滑县人民法院认为，华融信用社与三星公司、三机车行签订的借款担保合同不是双方的真实意思表示，签订该合同只是一种形式，合同签订后并没有按合同约定履行，其真实的目的是华融信用社利用该合同归还内黄城市信用社的拆借款，因此该借款担保合同为无效合同；三星公司并未取得该笔贷款的使用权，根据权利义务相一致的原则，三星公司也不应承担还款义务；同时三星公司的股东也不应该承担赔偿责任。

滑县法院一审判决驳回滑县人行的诉讼请求，案件受理费 11910 元由滑县人行负担。

滑县人行不服一审判决，提起上诉。

安阳市中级人民法院认为，《合同法》第五十二条第（三）项规定，以合法形式掩盖非法目的所订立的合同无效。本案中，原华融信用社的领导班子成员及经办人员、亿博公司均证实，与三星公司签订80万元借款合同的真实目的是利用该合同归还违规挪给亿博公司的拆借款，该合同并没有实际履行，三星公司也未使用该笔款项，实际用款人以及对该笔款项进行还本付息的均是亿博公司，因此原判认定华融信用社与三星公司、三机车行签订的借款担保合同无效是正确的。

原华融信用社的领导班子成员张爱卿、黄国然证实，1998年3月2日从内黄城市信用社拆借资金挪给亿博公司的200万元款项与同日贷给亿博公司的200万元不是同一笔款项，挪给亿博公司的200万元没有手续；1999年1月23日所偿还100万元的拆借资金的来源是同年1月22日以三星公司名义所贷的80万元，且华融信用社因违法违规经营于2001年7月24日被责令停业整顿，故其1998年3月2日从内黄城市信用社拆借200万元，在没有手续的情况下挪给亿博公司使用存在违规行为也是必然的。从滑县人行提供的华融信用社剥离信贷资产明细表来看，亿博公司在华融信用社所贷款项中一日之内存在多笔贷款，因此，滑县人行上诉称华融信用社1998年3月2日从内黄城市信用社拆借的200万元于当日以贷款的形式给了亿博公司，以及1999年1月23日偿还内黄城市信用社100万元拆借资金的来源是亿博公司归还的100万元的贷款，进而推定华融信用社与三星公司签订80万元的借款合同真实有效的理由不能成立。

2006年5月12日，安阳中院根据《中华人民共和国民事诉讼法》第一百五十三条第一款第（一）项之规定判决：驳回上诉，维持原判。

三、缔约过失责任

（一）知识要点

缔约过失责任，是指在合同订立过程中，一方当事人因违背其应依据诚实信用原则所尽的义务，而导致另一方的信赖利益的损失应承担的民事责任。依通说，缔约过失责任是指当事人在订立合同过程中，因过错违反依诚实信用原则负有的先合同义务，导致合同不成立，或者合同虽然成立，但不符合法定的生效条件而被确认无效、被变更或被撤销，给对方造成损失时所应承担的民事责任。所谓先合同义务，又称先契约义务或缔约过程中的附随义务，是指自缔约当事人因签订合同而相互接触磋商，至合同有效成立之前，双方当事人依诚实信用原则负有协助、通知、告知、保护、照管、保密、忠实等义务。

我国《合同法》第42条确立了缔约过失责任制度，该条规定：“当事人在订立合同过程中有下列情形之一，给对方造成损失的，应当承担损害赔偿责任：①假借订立合同，恶意进行磋商；②故意隐瞒与订立合同有关的重要事实或者提供虚假情况；③有其他违背诚实信用原则的行为。”

缔约过失责任的法律特征主要有：

1. 法定性

缔约过失责任是基于法律的规定而产生的一种民事责任。只有当事人的行为给对方造成经济损失的，才应依法承担缔约过失责任。

2. 相对性

缔约过失责任只能存在于缔约阶段（也称先契约阶段），即合同订立的磋商阶段，而不能存在于其他阶段。同时，缔约过失责任也只能在缔约当事人之间产生。

3. 补偿性

缔约过失责任的补偿性，是指缔约过失责任旨在弥补或补偿缔约过失行为所造成的财产损害后果。缔约过失责任补偿性是民法意义上平等、等价原则的具体体现，也是市场交易关系在法律上的内在要求。

缔约过失行为主要有以下四种类型：

（1）假借订立合同，恶意进行磋商。

（2）故意隐瞒与订立合同有关的重要事实或者提供虚假情况。

（3）泄露或不正当地使用商业秘密。

（4）有其他违背诚实信用原则的行为。

（二）参考案例

原告权星因与被告伟盈精密模具（无锡）有限公司（以下简称伟盈精密公司）劳动合同缔约过失责任纠纷一案，向无锡高新技术产业开发区人民法院提起诉讼。

原告权星诉称：伟盈精密公司通过猎头公司欲招聘原告入职，并于 2013 年 12 月 28 日向原告出具了《录用通知书》《体检通知书》和《报到通知书》。原告按照上述各项通知要求进行了体检并与原用人单位办理了离职手续。但在原告按照规定时间前往伟盈精密公司报到时，却被告知不予录用。原告遂向无锡市新区劳动争议仲裁委员会（以下简称新区仲裁委）申请仲裁。因新区仲裁委决定不予受理该案，原告现诉至法院，要求判令：①伟盈精密公司赔偿原告因与原单位解除劳动合同所造成的损失 54000 元（以原告在原单位工作期间每月税前收入 9000 元的标准计算 6 个月，期间自 2014 年 1 月 6 日至 2014 年 7 月 6 日）；②伟盈精密公司支付原告体检费 38 元；③伟盈精密公司支付原告交通费 10000 元；④本案诉讼费由伟盈精密公司承担。

无锡高新技术产业开发区人民法院于 2014 年 10 月 24 日作出民事判决：

（1）伟盈精密公司应于本判决发生法律效力之日起十日内赔偿权星 27000 元以及体检费 38 元、交通费 500 元，合计 27538 元。

（2）驳回权星的其他诉讼请求。宣判后，伟盈精密公司不服一审判决，向无锡市中级人民法院提出上诉。二审中，双方达成调解协议，由伟盈精密公司一次性支付权星 20591.51 元。

四、合同的效力

（一）知识要点

合同的效力是指合同是否有效。有效合同对当事人具有法律约束力，国家法律予以保护，无效合同则不具有法律约束力。《合同法》对合同的效力规定了以下四种情况：一是有效合同，即依法成立的合同，一般应自合同订立时生效。但法律法规规定应当办理批准或登记手续的，只有在批准或登记手续办理完毕时，该合同才能生效。二是无效合同，无效合同是指因违反法律、法规要求，国家不予以承认和保护、不发生法律效力的合同。无效合同自始无效。三是可撤销合同，可撤销合同是指因合同当事人订立合同时意思表示不真实，通过有撤销权的当事人行使撤销权，可使已经生效的合同变更或归于无效的合同。四是效力待定合同，效力待定合同是指已经成立的合同，因不符合有关生效要件的规定，其效力是否发生尚未确定，而有待于其他行为使之确定的合同。

（二）典型案例

甲多年在外国留学打工，后在国内买了套商品房，因其长期住在国外，该房交由甲父管理。后因城市房屋增值，甲父擅自将房屋出售给乙，并已交付房屋，约定一个月后办过户手续，逾期支付违约金。甲在得知卖房之事后，表示坚决反对，甲根据物权法规定提起诉讼要求乙归还房产，法院判决乙退出房屋。乙因此损失了部分房屋装修、搬家等费用，还因未及时购得房产而遇到房产涨价导致损失，乙遂根据合同法状告甲父。

1. 思考问题

（1）如何评价甲父与乙之间的房屋买卖合同的效力？

（2）甲父是否要对不能依约办理登记过户承担违约责任？

（3）乙对甲父享有哪些权利？甲父应对哪些损失负赔偿责任？

2. 案例分析与参考答案

（1）甲父与乙之间的房屋买卖合同属于效力待定合同，即甲父没有处分权处分了甲的房产，因事后未获得甲的追认或取得处分权，故该合同未生效。

（2）甲父最终不能交房，不是因为甲父过失不履行，而是因为合同未生效不得履行；甲父不应承担违约责任，而应当承担缔约过失责任。

（3）乙可以对甲父提起损害赔偿诉讼。甲父应对乙房屋装修、搬家等信赖利益损失予以赔偿，而房价上涨的损失不属于赔偿范围（因为房价上涨是市场价格波动的结果，不能列入预见利益损失）。

3. 法理基础

解析上述案例涉及的法理基础主要是合同的效力问题，具体为：

合同的效力是指合同是否有效。有效合同对当事人具有法律约束力，国家法律予以保护，无效合同不具有法律约束力。《合同法》对合同的效力规定了以下四种情况：

（1）有效合同。依法成立的合同，自成立时生效。但法律法规规定应当办理批准或登记手续的，只有在批准或登记手续办理完毕时，该合同生效。

当事人对合同的效力可以约定附条件。附生效条件的合同，自条件成就时生效。附解除条件的合同，自条件成就时失效。当事人为自己的利益不正当地阻止条件成就的，视为条件已成就，不正当地促成条件成就的，视为条件不成就。

当事人在订立合同时约定了合同生效期限的，自期限届满时生效。附终止期限的合同，自期限届满时失效。

（2）无效合同。无效合同是指因违反法律、法规要求，国家不予承认和保护的，不发生法律效力的合同。无效合同自始无效。无效合同具有违法性、履行的非必要性、无效合同自始无效特征。

另外，在当事人所订立的合同中，常常会出现一些约定的免责条款。对于这类条款，我国《合同法》作了限制性的规定，合同中的下列条款无效：①造成对方人身伤害的；②因故意或重大过失造成对方财产损失的。

（3）可撤销合同。可撤销合同是指因合同当事人订立合同时意思表示不真实，通过有撤销权的当事人行使撤销权，可使已经生效的合同变更或归于无效的合同。

有撤销权的当事人是指有权请求人民法院或仲裁机构变更或撤销合同的当事人。对于因重大误解订立的合同和在订立时显失公平的合同，当事人任何一方均有权请求变更或者撤销合同，主要是误解方或受害方行使请求权；对于一方以欺诈、胁迫的手段或乘人之危，使对方在违背真实意思的情况下订立的合同，则只有受损害方当事人才可以行使请求权。

当事人请求变更合同的，人民法院或仲裁机构不得撤销。但撤销权的行使是有时间限制的。有下列情形之一的，撤销权消灭：①具有撤销权的当事人自知道或应当知道撤销事由之日起 1 年内没有行使撤销权；②具有撤销权的当事人知道撤销事由后明确表示或以自己的行为放弃撤销权。

被撤销的合同，同无效合同一样，没有法律约束力。对因该合同取得的财产，当事人应承担三种形式的民事责任：①返还财产。合同被撤销，就意味着双方当事人之间没有任何合同关系存在，那么就应该让双方当事人的财产状况恢复到没订立合同时的状态，取得财产的一方应当将财产返还对方。②折价补偿。这是在财产不能返还或者没有必要返还的情况下对对方当事人的经济补偿办法。③赔偿损失。有过错的一方应当赔偿对方因此所受到的损失，双方都有过错的，应当各自承担相应的责任。承担相应的责任的含义是，当事人各方按责任主次、轻重，分别承担经济损失中与其责任相应的份额；不是各自承担自己的损失，也不是平均分担损失。

当事人恶意串通，利用合同形式损害国家、集体或者第三人利益的，应追缴当事人已经取得或约定取得的财产，收归国家所有或返还第三人。情节严重的，追究有关人员的刑事责任。

（4）效力待定合同。效力待定合同是指已经成立的合同，因不符合有关生效要件的规定，其效力是否发生尚未确定，而有待于其他行为使之确定的合同。效力待定合同具有以下特征：

①效力待定的合同，其效力处于未确定状态。不确定的原因在于该合同基本符合合同生效要件的规定，但因有一些欠缺，所以既不属于无效合同，也不属于可撤销的合同。其效力处于有效和无效之间。

②效力待定的合同，其结果取决于合同当事人及第三人的补正行为。承认该合同，合同即为有效；拒绝承认，合同则归于无效。从而有利于促成更多的交易和维护相对人的利益。

效力待定的合同包括：限制民事行为能力人订立的合同；因无权代理订立的合同；无处分权人订立的合同。

4. 共性解决方法

合同效力方面的案例主要涉及两个方面：一是合同是否有效的案例；二是无效合同的案例。在前类案例中的主要问题是要求考生判断合同是否有效，考查的是考生对合同的生效要件的理解和运用；后一类案例的主要问题是针对合同无效的具体原因，此类案例可分成以下几种：①合同主体不合格的案例；②合同内容不合法的案例；③因受胁迫、欺诈而订立合同的案例；④形式不具备法律要求而导致合同无效的案例；⑤代理人违法代订合同因而无效的案例。其中，超越经营范围订立合同、代理人违法代订合同、没有履约能力订立合同等情况往往是考查的重点问题。上述两个方面也可能结合在一起出题。例如，乙公司将其所拥有的一块土地使用权转让给甲公司，甲公司支付了转让费。不久，乙公司就同一块土地又与丙公司签订了土地使用权转让合同，并协助丙公司办理了土地使用权过户登记手续。现甲公司和丙公司对土地使用权归属发生争议，双方诉至法院。问：谁拥有这块土地的使用权，为什么？

分析方法：根据案情，运用合同有效的实质要件和形式要件，认定合同是否有效。有效合同，应当履行，否则，构成违约，违约方要承担违约责任。如果是无效合同，要弄清无效的原因是什么？属于哪一种无效合同？无效的合同，不得履行，已经开始履行的要停止履行，当事人不履行的，不承担违约责任。对于无效合同，要分清当事人的过错，有过错的一方要赔偿对方的损失，双方有过错的，应双方返还。双方故意订立违法合同的，应将双方取得的或约定取得的财产收归国库。在上述案例中，甲乙合同为无效合同（由于违反国家法律关于土地使用权转让应当登记的规定），因此甲不能取得土地使用权，而乙丙之间的合同为有效合同，丙依法取得了土地使用权。

（三）自测案例

甲将自己所有的一间房屋出租给乙使用，乙将该房屋用于水果零售，后乙业务发展，又向他人租借了更大的场地，便擅自将向甲租用的房屋，以自己的名义租给丙，尽管乙始终按时支付房租，但甲得知后，便以乙擅自转租为由，诉至法院要求解除其与乙的合同。正在诉讼期间，该地区遭遇百年不遇的强台风的袭击，导致该出租的房屋倒塌，造成丙财产损失5000元。请根据合同法原理，回答下列问题：

（1）甲的合同解除主张能否获得法院支持，为什么？

（2）该出租房倒塌造成丙的损失，应由谁承担，为什么？

五、合同的履行

（一）知识要点

合同的履行是指合同的双方当事人正确、适当地完成合同中规定的双方应当承担的义务的行为。合同的履行原则包括实际履行原则、适当履行原则和协作履行原则。合同的履行规则有：当事人就有关合同内容约定不明确时的确定规则和执行政府定价或者政府指导价的合同的价格履行规则。双务合同的履行中，当事人可以依法行使抗辩权，抗辩权分为同时履行抗辩权、后履行抗辩权和不安抗辩权。为了防止因债务人的财产不当减少而给债权人带来危害，法律允许债权人为保全其债权的实现而采取保全措施，保全措施包括代位权和撤销权两种。

（二）典型案例

甲、乙公司签订了一份买卖合同，合同的内容如果出现下列情况：

（1）双方约定：交款提货。但在规定的履行期限内，交货方乙公司没有合同规定的货物。

（2）合同约定：买方甲公司预付货款20%，乙公司收到预付款后即发货，甲公司收到货物并验收合格后结清余款。甲公司依约预付货款，乙公司也及时发货。但甲公司收到，验收时发现货物不符合合同约定的质量。

（3）合同约定：买方甲公司预付货款20%，乙公司收到预付款后即发货，甲公司收到货物并验收合格后结清余款。正当甲公司准备预付货款时，却发现乙公司由于资金周转困难，生产已处于停顿状态，无货可发。

1. 思考问题

在合同履行过程中，区别不同情况，甲公司应如何对待？

2. 案例分析与参考答案

本题主要考查的是抗辩权的行使。解析本题的关键是要掌握什么是抗辩权，当事人在什么情况下可以行使抗辩权，抗辩权有几种，如何行使。

本案中，甲、乙公司签订的合同显然是一个互负债务的双务合同。根据《合同法》规定，双务合同的当事人依法享有抗辩权。

（1）甲公司行使同时履行抗辩权。由于甲、乙公司互负债务，没有先后履行顺序、而乙公司无货可交，根据同时履行抗辩权制度，甲公司可以拒绝向乙公司付款。

（2）甲公司可以行使后效力抗辩权。本案此种情况下，合同虽已成立并生效，由于乙公司交付的货物质量不符合约定，但根据后效力抗辩权制度，甲公司有权拒绝支付其余货款。

（3）甲公司可以行使不安抗辩权。本案中合同已经成立，但由于乙公司生产处于停顿状态，无可靠的货源确保履行合同。根据不安抗辩权制度，甲公司可以通知乙公司中止履行支付预付货款的义务，待乙公司恢复履行能力或提供适当担保时，再合法履行。

3. 法理基础

上述案例涉及的法理基础是双务合同履行中抗辩权的有关知识。

双务合同履行中的抗辩权是指一方当事人依法具有对抗对方当事人的请求，暂时拒绝履行其合同债务的权利。根据《合同法》规定，双务合同的当事人依法享有以下抗辩权：

（1）同时履行抗辩权。同时履行抗辩权是指当事人互负债务，没有先后顺序，应当同时履行，一方在对方履行之前有权拒绝权其履行要求；一方在对方履行债务不符合约定时，有权拒绝其相应的履行要求。同时履行抗辩权的行使，需具备以下条件：

①需基于同一双务合同。双方当事人因同一合同互负债务，在履行上存在关联性，形成对价关系。这是同时履行抗辩权成立的前提条件。

②根据合同约定和合同性质要求当事人同时履行合同义务。

③双方债务已届清偿期。当事人行使抗辩权必须双方债务都已到清偿期，否则不能抗辩。

④一方当事人有证据证明应同时履行义务的对方当事人未履行或未适当履行合同。同时履行抗辩权只是暂时阻止对方当事人请求权的行使，非永久的抗辩权，当对方当事人履行了合同义务，同时履行抗辩权即消灭，主张抗辩权的当事人就应当履行自己的义务。

（2）后履行抗辩权。后履行抗辩权是指合同当事人互负债务，有先后履行顺序，先履行一方未履行的，后履行一方有权拒绝其履行要求。先履行一方履行债务不符合约定的，后履行一方有权拒绝其相应的履行要求。后履行抗辩权的行使须有四个条件：

①需基于同一双务合同；

②该合同需由一方当事人先履行；

③应当先履行的当事人不履行合同或不适当履行合同；

④后履行抗辩权的行使人是履行义务顺序在后的一方当事人。

（3）不安抗辩权。不安抗辩权又称先履行抗辩权，是指双务合同成立后，应当先履行债务的当事人，有确切证据证明对方不能履行债务或者不能履行债务的可能时，在对方没有履行或没有提供担保之前，有权中止履行合同义务。

不安抗辩权行使的条件也需基于双务合同，但它是由应先履行债务的一方当事人行使，规定不安抗辩权是为了切实保护当事人的合法权益，防止借合同进行欺诈，促使对方履行义务。但是对不安抗辩权要严格加以限制，必须依法行使，不能滥用。《合同法》规定，应当先履行债务的当事人，有确切证据证明对方有下列情形之一的，可以中止履行：

①经营状况严重恶化；

②转移财产，抽逃资金，以逃避债务；

③丧失商业信誉；

④有丧失或者可能丧失履行债务能力的其他情形。

（三）阅读案例

我国有外贸权的甲工厂与日本乙公司于2014年1月1日签订了一份货物买卖合同。合同约定，日本乙公司购买甲工厂生产的一批工艺陶瓷，于2014年9月1日前交货；发生争议通过仲裁解决；另外合同的主要条款，违约责任条款均齐全。合同成立后，甲厂立即组织生产，不料同年7月发生特大涝灾，致使合同无法履行。甲厂于当年7月10日将有关部门证明灾情的文件及无法正常生产的公证材料通知乙公司，要求延迟5个月履行合同。日方于当年8月1日电告甲工厂，因延迟交货供不上市场需求，宣告解除合同。甲方认为日方擅自解除合同，要求其支付违约金，并赔偿损失；日方要求中方支付违约金。2019年4月，甲方向本企业所在地法院起诉。问：(1) 本案双方的做法是否合法？为什么？(2) 本案应该如何解决？

解答：

(1) 中方要求延迟履行合同合法，因为不可抗力导致合同不能按时履行，而且中方出示了公证材料并且及时通知了对方。因此日方要求中方支付违约金不合法。

(2) 日方要求解除合同也是合法的，因为中方违约，导致合同没有必要履行。因此中方要求日方承担违约金并且赔偿损失是不合法的。

(3) 中方向法院起诉不合法，因为双方之间有仲裁协议，只能用仲裁的方式解决，不能用诉讼的方式解决。而且涉外货物买卖合同的诉讼时效和仲裁期限为4年，此时已超过。

(4) 本合同争议的处理办法即不履行该合同。甲方因不可抗力请求延迟履行，并及时通知乙方，符合免责法律规定，因此不构成违约。

根据《合同法》第一百一十七条　因不可抗力不能履行合同的，根据不可抗力的影响，部分或者全部免除责任，但法律另有规定的除外。当事人迟延履行后发生不可抗力的，不能免除责任。本法所称不可抗力，是指不能预见、不能避免并不能克服的客观情况。第一百一十八条　当事人一方因不可抗力不能履行合同的，应当及时通知对方，以减轻可能给对方造成的损失，并应当在合理期限内提供证明。

乙方因甲方延迟交货供不上市场需求，及时通知甲方宣告解除合同合法，不构成违约。

根据《合同法》第九十四条　有下列情形之一的，当事人可以解除合同：当事人一方迟延履行债务或者有其他违约行为致使不能实现合同目的。第九十六条　当事人一方依照本法第九十三条第二款、第九十四条的规定主张解除合同的，应当通知对方。合同自通知到达对方时解除。对方有异议的，可以请求人民法院或者仲裁机构确认解除合同的效力。法律、行政法规规定解除合同应当办理批准、登记等手续的，依照其规定。

本案中甲方虽因不可抗力造成迟延履行，但乙方合同的目的因此无法实现，并且该买卖合同的解除无须办理批准、登记手续，所以符合解除合同法律规定。

因此，双方指责对方违约均不成立。甲方要求乙方支付违约金及赔偿损失、乙方要求甲方支付违约金的请求都是错误的。

六、合同的担保

（一）知识要点

合同的担保是促使债务人履行其债务，保障债权人的债权得以实现的法律措施。担保具有从属性、自愿性和条件性等特征。《中华人民共和国担保法》规定，在借贷、买卖、货物运输、加工承揽等经济活动中，债权人需要以担保方式保障其债权实现的，可以设定保证、抵押、质押、留置和定金5种方式的担保。

（二）典型案例

2015年3月1日，甲公司和乙服装厂签订了一份买卖服装的合同，合同约定：甲公司3月30日支付预付款5万元，乙服装厂4月1日前交货。3月25日，乙服装厂发生火灾，部分设备和原料被烧毁，严重影响了履行债务的能力。甲公司闻讯后，依此为由通知乙服装厂中止履行合同，不再支付预付款。后经交涉，甲公司同意由丙公司为乙服装厂作一般保证，甲公司向乙服装厂支付预付款，合同继续履行。4月1日，乙服装厂未能按期交货。甲公司要求乙服装厂返还预付款并赔偿经济损失，乙服装厂拒绝了甲公司的要求。甲公司要求丙公司承担保证责任，但丙公司也拒绝了甲公司的要求。

1. 思考问题

（1）甲公司单方面通知乙服装厂中止履行合同是否违反法律规定？为什么？

（2）丙公司拒绝甲公司要求其为乙服装厂承担保证责任的要求是否符合法律规定？为什么？

2. 案例分析与参考答案

本题主要考查抗辩权的行使和保证责任的承担。解析本题的关键是：①要把握不安抗辩权的行使条件，即什么情况下当事人可以单方面通知对方中止履行合同。②掌握保证担保的两种方式一般保证和连带保证及承担保证责任的具体规定。

甲公司单方面通知乙服装厂中止履行合同不违反法律规定。根据《合同法》规定双务合同成立后，应当先履行债务的当事人，有确切证据证明对方不能履行债务或者有不能履行债务的可能时，在对方没有履行或者没有提供担保之前，有权中止履行合同。

丙公司拒绝甲公司要求其为乙服装厂承担保证责任的要求符合法律规定。根据《担保法》的规定，一般保证中的保证人享有先诉抗辩权，即当债权人向保证人请求履行保证债务时，保证人在主合同纠纷未经审判或者仲裁，并就债务人的财产依法强制执行仍不能履行债务前，对债权人享有拒绝承担保证责任的权利。

3. 法理基础

上述案例涉及的法理基础有是不安抗辩权及合同担保的有关知识。

（1）不安抗辩权。参见“关于合同的履行”中的相关内容。

（2）保证担保。合同的担保是促使债务人履行其债务，保障债权人的债权得以实现的法律措施。保证是指第三人为债务人的债务履行作担保，由保证人和债权人约定，当债务人不履行债务时，保证人按照约定履行债务或者承担责任的行为。

按照《担保法》的规定，具有代为清偿债务能力的法人、其他组织或公民，可以作为保证人。国家机关，学校、幼儿园、医院等以公益为目的的事业单位，社会团体、企业法人的分支机构、职能部门，不得作保证人。

行使保证责任时，要明确担保人的一般保证或连带责任保证的方式。如果当事人在保证合同中对保证方式没有约定或约定不明确的，按照连带责任保证承担保证责任。

保证有一般保证和连带责任保证两种方式。一般保证是指当事人在保证合同中约定，债务人不能履行债务时，由保证人承担保证责任。一般保证中的保证人享有先诉抗辩权，即当债权人向保证人请求履行保证债务时，保证人在主合同纠纷未经审判或者仲裁，并就债务人财产依法强制执行仍不能履行债务前，对债权人享有拒绝承担保证责任的权利。连带责任保证是指当事人在保证合同中约定保证人与债务人对债务承担连带责任的保证。连带责任保证的债务人在主合同规定的债务履行期届满没有履行债务的，债权人既可以要求债务人履行债务，也可以要求保证人在保证范围内承担保证责任。可见，连带责任保证之保证人不享有先诉抗辩权。

如果当事人在保证合同中对保证方式没有约定或约定不明确的，按照连带责任保证承担保证责任。

保证责任是指当债务人（即被保证人）届期不履行债务时，保证人依合同的约定或法律规定所承担的代为履行或代为赔偿损失的义务。保证责任的范围包括主债权和利息、违约金、损害赔偿金和实现债权的费用。保证人承担保证责任后，有权向债务人追偿。

（三）自测案例

某市宏达有限责任公司为了上一个新项目，向该市工商银行申请贷款1亿元人民币，请求并得到该市甲、乙两家经济效益好、比较有实力的企业为其提供担保。但由于该公司对新项目缺乏科学论证，导致新项目投产后，公司严重亏损，贷款到期后，无法归还本息。请问：工商银行应如何要求保证人承担保证责任？

七、合同的变更与转让

（一）知识要点

合同的变更是指合同成立后、履行完毕之前，当事人依法对合同内容所作的修改。合同的变更有协议变更和依法变更两种，依法变更的情形有：①因重大误解订立的合同；②在订立合同时显失公平；③一方以欺诈、胁迫的手段或者乘人之危，使对方在违背真实意思的情况下订立的合同。合同的转让是指合同当事人一方将其合同的权利和义务全部或部分转让给第三人的法律行为。合同的转让，分为权利的转让、义务的转让和权利义务全部转让三种。

（二）典型案例

甲商场3月份欲从乙冰箱厂购进冰箱50台，每台2800元，共计14万元。双方约定4月份货到后先付4万元，其余待销售后付清余下的10万元货款。后乙冰箱厂想在甲商场开设销售专柜，打开销路。双方遂签订租赁场地合同，约定租赁期为1年，自同年4月起至次年4月止，月租金2万元，共计24万元。由乙冰箱厂3个月付1次，分4次付清。7月份乙冰箱厂通知甲商场，称用应收甲商场的10万元冰箱货款中的6万元抵销其4月至7月的租金。

1. 思考问题

用所学的合同法的理论和有关法律规定分析乙冰箱厂的做法是否合法？

2. 案例分析与参考答案

乙冰箱厂的做法符合我国合同法的有关规定。该案涉及的是合同权利义务终止中债务相互抵销的法律规定。抵销，是指两个以上的债的关系的当事人就互负给负种类相同的债务，各自得以其对他方享有的债权充抵自己对他方的债务，而使各自的债务在对等的数额内相互消灭的意思表示。

3. 法理基础

上述案例涉及的法理基础有：

我国《合同法》第 99 条规定，“当事人互负到期债务，该债务的标的物种类、品质相同的，任何一方可以将自己的债务与对方的债务抵销，……当事人主张抵销的，应当通知对方。通知自到达对方时生效。”本案中，甲商场与乙冰箱厂互负债务，互享债权，彼此的合同标的物又属于种类和品质相同的货币，也到了履行期，因此，乙冰箱厂可以根据我国合同法的有关同类债务相互抵销的规定，通知甲商场对 6 万元债务予以抵销。

4. 共性解决方法

此类案例主要是针对合同变更或解除的原因、内容、时间、效力以及民事责任承担等方面的问题。例如，公民甲将两间房屋出租给乙居住，租期 3 年。1 年以后，甲为取得更多的租金，便以自己家人要居住为由与乙达成了提前终止租房合同的协议。后来乙发现甲并没有自己居住该房，而是以更高的租金将该房出租给了丙。问：甲乙解除租房合同的协议是否有效？为什么？

分析方法：在分析此类案例时，主要要明确当事人变更或解除合同的原因是什么、是否符合法律的有关规定、合同从何时变更或解除等，从而确定当事人的变更或解除合同的行为是否有效、是否应当承担法律责任等问题。上述案例中由于当事人一方甲以欺诈手段解除原租房合同，该行为应属无效，甲对此行为后果应当承担违约责任。

（三）自测案例

甲公司欠乙公司货款 50 万元，乙公司欠丙公司加工费 50 万元，且已经到期。乙公司与丙公司协商，把乙公司对甲公司的债权让与丙公司。请问：乙公司可否这样做？乙公司怎样做才能使该协议生效？

八、合同的权利义务终止

（一）知识要点

合同的权利义务终止，是指合同当事人双方终止合同关系，合同确立的权利、义务关系随之消灭。合同终止系因为：债务已经按照约定履行、合同解除、债务相互抵消、债务人依法将标的物提存、债权人免除债务、债权债务同归一人、法律规定或者当事人约定终止的其他情形等原因而终止。合同的解除是指合同依法成立后，因当事人一方或双方的意思表示，使基于合同而生的权利义务关系终止的行为。合同解除有协议解除和法定解除两种。

（二）典型案例

2015 年 1 月，东北某市甲公司从山东某市乙蔬菜公司定购了新鲜豆角、茄子、西红柿、菠菜各 1 车皮，并汇去货款。某市乙蔬菜公司收到货款后立即将蔬菜发往甲公司指定的车站。蔬菜到站后，因当地蔬菜价格下跌，已无利润可赚，甲公司拒绝接受该批蔬菜。乙蔬菜公司在与甲公司多次交涉均无结果的情况下，为了防止蔬菜腐烂变质，只好将蔬菜低价变卖，所得价款交当地公证处提存，并通知甲公司到公证处领取价款。甲公司认为自己并未接收该批蔬菜，乙蔬菜公司应将货款全额返还，乙蔬菜公司交给公证处的价款低于其支付给乙蔬菜公司的货款，所以不能接受。

1. 思考问题

乙蔬菜公司将所有的蔬菜低价变卖并提存到当地公证处的行为是否符合法律规定？该行为的法律后果是什么？

2. 案例分析与参考答案

本题主要考查合同的权利义务终止的原因之一“提存”。解析本题的关键是要掌握：债务人在什么情况下可以提存、什么情况下提存标的物、什么情况下提存价款、提存后的法律后果等。

乙蔬菜公司将所有的蔬菜低价变卖并提存到当地公证处的行为符合法律规定。根据《合同法》规定，债权人无正当理由拒绝受领标的物，致使债务人无法履行债务的，债务人可以将标的物提存。标的物不适于提存或者提存费用过高的，债务人可以依法拍卖或者变卖标的物，提存所得价款。所以乙蔬菜公司的行为符合法律规定。乙蔬菜公司通过提存行为消灭债务，使合同权利和义务终止。

3. 法理基础

上述案例涉及的法理基础有：

（1）合同的权利义务终止的概念。合同的权利义务终止是指合同当事人双方终止合同关系，合同确立的权利、义务关系随之消灭。

（2）合同权利义务终止的原因。《合同法》第91条规定了合同的权利义务可以终止的原因。

（三）自测案例

2018年1月15日，甲公司委托乙公司为其生产加工一批服装，双方约定4月1日交货，验收合格后即付货款。2月1日，乙公司有确切证据证明甲公司经营状况严重恶化，已经丧失履约能力，于是停止为其生产加工服装，并派人与甲公司交涉，要求甲公司在一个月内提供担保。3月1日，乙公司在甲公司仍未恢复履约能力又未提供担保的情况下，通知与其解除合同。请问：乙公司单方中止履行合同并要求甲公司提供担保的行为是否合法？为什么？乙公司单方解除合同的行为是否合法？为什么？

九、关于违约责任

（一）知识要点

违约责任是指合同当事人一方不履行合同义务或者履行合同义务不符合约定时，依照法律规定或者合同约定所承担的法律责任。承担违约责任的主要形式有：继续履行，采取补救措施、赔偿损失、支付违约金或定金等。一般情况下，当事人只要有违约行为，就应当承担违约责任。但如果违约是由于不可抗力造成的及法律特别规定或者合同特别约定的其他责任原因，可以免责。

（二）典型案例

2018年9月1日，甲公司和乙服装厂签订了一份价值100万元的羽绒服买卖合同。合同约定：甲公司支付给乙服装厂20万元的定金，乙服装厂在10月1日交货。双方还约定违约金为合同标的额的30%。合同签订后，甲公司依约支付了定金，而乙服装厂没有按期交货，造成甲公司16万元的巨额损失。甲公司要求乙服装厂承担违约责任，双倍返还定金，支付违约金30万元，赔偿经济损失16万元。

1. 思考问题

如果甲公司诉至法院，甲公司的主张是否应当得到支持？为什么？

2. 案例分析与参考答案

本题主要考查承担违约责任的形式。解析本题的关键是要掌握：当事人既约定违约金，又约定定金的，一方违约时，对方可以选择适用违约金和定金条款。

甲公司的主张不能得到支持。根据《合同法》的规定，甲公司只能选择适用违约金条款或者定金条款要求乙服装厂承担违约责任。由于违约金或者定金数额足以弥补甲公司的损失，所以法院不会支持甲公司的其他主张。

3. 法理基础

上述案例涉及的法理基础有：

违约责任是指合同当事人一方不履行合同义务或者履行合同义务不符合约定时，依照法律规定或者合同约定所承担的法律责任。当事人双方都违反合同的，应当各自承担相应的责任。

依法订立的有效合同，对当事人双方来说，都具有法律约束力。如果不履行或履行义务不符合约定，就要承担违约责任。只有这样，才能促使当事人双方及时全面地履行合同，保护当事人的合法权益。承担违约责任的主要形式有：继续履行，采取补救措施，赔偿损失，支付违约金或定金等。具体适用哪种违约责任，由当事人根据自己的要求来加以选择。

但《合同法》规定，当事人既约定违约金，又约定定金的，一方违约时，对方可以选择适用违约金与定金条款。现实中，有些当事人在合同中既约定违约金，也约定定金，在一方违约时，对方要求违约金与定金条款并用。能否并用？原有的立法中规定是可以并用的，但这样会造成违约方承担过重的责任，与合同的公平原则也相悖。因此，合同法规定了当违约金与定金同时存在时，二者不能并用，只能选择其中的一种责任形式。即一方违约时，守约方可以在违约金条款和定金条款中选择对自己最有利的条款。赋予守约方选择适用权，能够起到保障其合同利益，补救其违约损失的作用。如果违约金过分高于或低于因违约所造成的损失，当事人可以请求人民法院或仲裁机构予以适当减少或增加。

4. 共性解决方法

违约责任方面的案例往往和上述三种情况结合在一起出题。在分析此类案例时注意：首先要考虑合同是否有效，然后弄清是一方违约还是双方违约，造成违约的原因是当事人自己的过错还是上级主管机关的过错，第三步要分析是全部违约还是部分违约，是数量不足、质量不合格还是时间上迟延、方式上错误等，最后根据法律的有关规定或合同的约定，确定当事人的违约责任。如果是有担保的合同，当事人一方违约时，应按有关的担保条款的规定，由有责任的当事人承担责任。

（三）自测案例

甲公司与乙公司签订了一份买卖合同，甲公司购买乙公司的一套设备，总价款为300万元，合同约定：乙公司先交货，甲公司验收合格10日内付款，违约方应支付违约金60万元。合同签订后，乙公司未能按期交货，给甲公司造成3万元的经济损失。请问：乙公司要求减少违约金数额，法律是否允许？

十、本章综合案例

【案例1】

S省某建筑工程公司因施工期紧迫，而事先未能与有关厂家订好供货合同，造成施工过程中水泥短缺，急需100吨水泥。该建筑工程公司同时向A市海天水泥厂和B市丰华水泥厂发函，函件中称："如贵厂有300号矿渣水泥现货（袋装），吨价不超过1500元，请求接到信10天内发货100吨，货到付款，运费由供货方自行承担。"A市海天水泥厂接信当天回信，表示愿以吨价1600元发货100吨，并于第3天发货100吨至S省建筑工程公司，建筑工程公司于当天验收并接收了货物。B市丰华水泥厂接到要货的信件后，积极准备货源，于接信后第7天，将100吨袋装300号矿渣水泥装车，直接送至某建筑工程公司，结果遭到某建筑工程公司的拒收。理由是：本建筑工程仅需要100吨水泥，至于给丰华水泥厂发函，只是进行询问协商，不具有法律约束力。丰华水泥厂不服，遂向人民法院提起了诉讼，要求依法处理。

1. 思考问题

（1）丰华水泥厂与某建筑工程公司之间是否存在生效的合同关系？

（2）某建筑工程公司拒收丰华水泥厂的100吨水泥是否于法有据？

（3）对海天水泥厂的发货行为如何定性？

（4）海天水泥厂与建筑工程公司的合同何时成立？合同内容如何确定？

（5）假设建筑工程公司收到海天水泥厂的回信后，于次日再次去函表示愿以吨价1599元接货，海天水泥厂收到该第二份函件后即发货100吨至建筑工程公司。那么，二者之间的合同是否成立？如果成立，合同内容如何确定？

2. 参考答案

（1）丰华水泥厂与某建筑工程公司之间不存在生效的合同关系。理由是某建筑工程公司并不确定丰华厂是否有其所需的水泥，某建筑工程公司发出的函件不符合要约的构成要件，应当视为要约邀请，丰华后来的实际行动应视为要约，二者之间尚未成立合同关系。

（2）某建筑工程公司拒收丰华水泥厂的100吨水泥于法有据。依据是丰华水泥厂与某建筑工程公司之间不存在生效的合同关系，某建筑工程公司当然有拒绝的权利。

（3）海天水泥厂的发货行为应当视为一个要约。

（4）海天水泥厂与建筑工程公司的合同，于建筑工程公司验收并接收货物时成立生效。合同内容以建筑公司的承诺为准，即货物以接收的为准，价格等其他条件以海天水泥厂的要约内容为准。

（5）二者之间的合同成立。海天水泥厂的要约中并未表明承诺不得对要约的内容做出任何变更，且海天水泥厂在接到回信后并未及时反对，而是以实际行动去履行，表明其默认接受建筑公司的承诺，故该承诺视为有效。

合同内容以建筑公司的承诺的内容为准。

【案例2】

甲、乙公司签订了一份买卖合同，合同的总标的额为100万元，规定乙公司在2018年8月1日前一次性交货，甲公司收货验收合格后一次性付款，并由丙公司为甲公司的债务担保，担保金额为100万元，担保方式为连带保证。合同签订后，乙公司发生火灾，烧毁部分设备和原材料，致使乙公司无法按期交货。后经双方协商，交货时间推迟1个月。此后，虽经乙公司的努力，但还是拖至9月10日才发货，由此给甲公司造成20万元的损失。甲公司收货后以乙公司违约为由拒付货款。于是乙公司要求丙公司承担担保责任，丙公司由乙公司违约在先为由拒绝承担担保责任。乙公司认为迟延发货的原因是不可抗力造成的，应免除违约责任。

1. 思考问题

（1）乙公司认为迟延发货属不可抗力所致，免予承担违约责任的理由是否充分？

（2）甲公司以乙公司违约为由拒付货款的理由是否充分？

（3）丙公司拒绝承担保证责任的理由是否充分？此案应如何处理？

2. 参考答案

（1）乙公司的理由不充分。乙公司发生火灾，是公司内部管理问题，不属于无法预计、无法克服的自然灾害、战争等不可抗力事件。

（2）甲公司拒付货款的理由不充分。甲公司已接受货物，表明该合同应继续履行，乙公司违约应承担违约责任，甲公司不能依此为由拒付货款。

（3）丙公司拒绝承担保证责任的理由不充分。乙公司虽然违约，但甲公司已经接收货物，表明合同继续履行且有效，所以担保合同也有效。乙公司要求丙公司承担保证责任，丙公司应依法承担。本案应作如下处理：乙公司应向甲公司支付违约金或赔偿损失；甲公司应及时付款；甲公司不付货款时，丙公司应承担保证责任。

【案例3】

孙某原是甲厂的一名采购员，现已被开除。孙某对甲厂怀恨在心。某日，孙某到外地遇见乙厂厂长，便以甲厂名义与乙厂签订了购销合同。在合同履行期到来之前，乙厂电话询问甲厂到期能否履行合同，甲厂声称不知道孙某的行为。之后乙厂便把孙某如何代表甲厂与其签订合同以及合同主要条款向甲厂做了交代。甲厂厂长见该合同有利可图，便函答应按期交货声称无任何问题。结果由于甲厂经营不善，到期未能生产足够的产品来履行合同。乙厂向法院起诉，要求追究甲厂的违约责任。甲厂则以孙某的代理行为无效而拒绝。

1. 思考问题

甲厂的主张合法吗？为什么？

2. 参考答案

甲厂的主张是不对的。因为孙某被开除后仍以甲厂名义签订合同，属无权代理，是无效的，本应由无权代理人孙某承担责任。但当乙厂询问合同到期能否履行合同时，甲厂答应无任何问题，即对孙某的无权代理行为予以追认，从而使该合同由原来的无效合同追认而变为有效。有效的经济合同必须履行，不履行则应承担违约责任。

【案例4】

某乡镇企业为了购置设备，以自有的两辆载重卡车作抵押，并由乡政府作保证人，向银行贷款50万元。贷款到期后，该乡镇企业仅归还20万元，其余贷款和利息均无法偿付。而当时用于抵押的卡车评估价值为10万元。

1. 思考问题

（1）乡政府是否应承担连带责任？

（2）如果银行起诉到法院，法院应如何处理？

（3）如果保证人不是乡政府，而是另一家乡镇企业，保证方式没有约定，该案又如何处理？

（4）如果银行嫌卡车破旧而放弃行使抵押权，对保证人的保证责任有无影响？

2. 参考答案

（1）乡政府不应承担连带责任。因为根据《担保法》规定，作为国家机关的乡政府不能作为保证人，其保证行为无效。所以不承担连带责任。

（2）法院应作如下处理：拍卖或者变卖该企业抵押的财产，以偿还银行贷款本金和利息。不足清偿的部分，该乡镇企业应通过其他方式继续清偿。

（3）如果保证方式没有约定，依照法律规定作为保证人的另一家乡镇企业应按连带责任保证承担连带责任。首先，对抵押财产通过拍卖或者变卖偿付贷款后，不足部分由乡镇企业和作为保证人的另一乡镇企业承担连带责任。银行可以直接要求保证人承担清偿责任。

（4）没有影响。按照法律的规定，同一债权既有人的保证又有物的担保的，保证人对物的担保以外的债权承担保证责任。债权人放弃物的担保的，保证人在债权人放弃权利的范围内免除保证责任。也就是说保证人对银行放弃抵押权所担保的债权部分，依法免除保证责任。

本章练习

一、填空题

1. 实际履行原则是指当事人要按照__________的标的来履行义务，不能用其他标的代替。

2. 自愿原则是指当事人依法享有自愿订立合同的__________，任何单位和个人不得非法干预。

3. 当事人订立合同，应当具有相应的__________能力和__________能力。

4. 保证是指第三人为债务人的债务履行作担保，由保证人和债权人约定，当债务人不履行债务时，__________按照约定履行债务或者承担责任的行为。

5. 可撤销合同是指因合同当事人订立合同时意思表示不真实，通过有撤销权的当事人行使撤销权，可使__________的合同变更或归于无效的合同。

6. 合同又称契约是指__________的自然人、法人、其他组织之间设立、变更、终止民事权利义务关系的协议。

7. 双务合同履行中的抗辩权，是指一方当事人依法具有的对抗__________的履行请求，暂时拒绝履行其合同债务的权利。

8. 标的是合同当事人双方权利和义务所共同指向的__________。

9. 价款或报酬是指一方当事人向对方当事人所付代价的__________表现。

10. 合同解除是合同订立之后__________合同义务而使合同的权利义务归于消灭的唯一情况。

11. 承担违约责任的主要形式有：继续履行，__________，赔偿损失，支付违约金或定金等。

12. 合同的变更是指合同成立后、履行完毕之前，当事人依法对合同内容所作的修改。合同的变更有__________和__________两种。

二、单项选择题

1. 经济合同订立后，因承办人员或法定代表人的变更，该经济合同（　　）。

A. 不允许变更　　B. 允许变更

C. 允许解除　　D. 允许撤销

2. 经济合同双方当事人故意违反国家利益和社会公共利益时，对财产的处理方法是（　　）。

A. 赔偿损失　　B. 收归国库

C. 返还财产　　D. 各自收回

3. 下面哪些法律关系可以订立合同，适用合同法的规定（　　）。

A. 工商机关对企业的管理　　B. 车间对班组的管理关系

C. 企业之间的购销关系　　D. 税费的征缴关系

4. 甲企业与乙企业订立一份购销合同，双方约定由甲企业向乙企业供应50吨生产原材料，总货款为60万元，货到付款时，甲企业最迟于6月底之前发货。5月份，甲企业在报纸上得知乙企业逃避债务，私自转移财产，被法院依法查封，扣押财产的消息，为此，甲企业未向乙企业按时供货，甲企业的行为属于（　　）。

A. 行使后履行抗辩权　　B. 行使不安抗辩权

C. 与乙企业解除合同关系　　D. 甲企业已构成违约，应承担违约责任

5. 根据《经济合同法》的规定，给付定金的一方不履行合同的应（　　）。

A. 如数返还定金　　B. 定金抵付货款

C. 部分返还定金　　D. 无权请求返还定金

6.《中华人民共和国经济合同法》是由（　　）通过的。

A. 全国人民代表大会　　B. 全国人民代表大会常务委员会

C. 国务院　　D. 国家工商行政管理局

7. 格式合同的条款是由（　　）拟订的。

A. 双方当事人　　B. 一方当事人

C. 多方当事人　　D. 当事人经协商后

8. 合同生效后，当事人就价款或报酬约定不明确的，按照（　　）的市场价格履行。

A. 合同订立地　　B. 合同履行地

C. 合同接受地　　D. 合同签订地

9. 合同生效后，履行地点不明确的，给付货币的，在（　　）。

A. 给付货币一方所在地履行　　B. 接受货币一方所在地履行

C. 合同签订地　　D. 双方当事人之外的第三地

10. 下列各项中，属于要约行为的是（　　）。

A. 向客户寄送价目表　　B. 发布拍卖公告

C. 刊登悬赏广告　　D. 发布招股说明书

三、多项选择题

1. 需要转移财产的经济合同有（　　）。

A. 购销合同　　B. 供用电合同

C. 财产租赁合同　　D. 借款合同

2. 订立经济合同的程序包括（　　）阶段。

A. 要约　　B. 承诺

C. 鉴证　　D. 审核批准

E. 公证

3. 《中华人民共和国合同法》的规定，下列合同中，属于无效合同的有（　　）。

A. 一方以欺诈手段使对方在违背真实意思情况下订立的合同

B. 损害社会公共利益的合同

C. 以合法形式掩盖非法目的的合同

D. 显失公平的合同

4. 我国《经济合同法》规定，经济合同担保的方法有（　　）。

A. 预付款　　B. 定金

C. 抵押　　D. 留置

E. 保证

5. 按照《经济合同法》的有关规定，承担违约责任的方式有（　　）。

A. 违约金　　B. 赔偿金

C. 定金制裁　　D. 支付利息

E. 信贷制裁

6. 合同法规定了（　　）抗辩权。

A. 同时履行　　B. 先履行

C. 后履行　　D. 实际履行

7. 《经济合同法》第16条对无效经济合同引起的财产后果的处理有（　　）。

A. 返还财产　　B. 支付违约金

C. 支付赔偿金　　D. 追缴财产收归国库所有根据

8. 根据《担保法》的规定，可以用于抵押的财产有（　　）。

A. 土地所有权　　B. 土地使用权

C. 运输工具　　D. 机器设备

9. 下列情形中（　　）属于效力待定的合同。

A. 一位小学生接受某公司捐赠而订立的合同

B. 因重大误解订立的合同

C. 行为人超越代理权以被代理人名义订立的合同

D. 承租人将租住的房屋卖与他人而订立的合同

10. （　　）合同是可撤销合同。

A. 因重大误解而订立的　　B. 显失公平而订立的

C. 乘人之危订立的　　D. 限制行为能力人订立的

四、判断题

1. 定作人甲公司委托承揽人乙公司定做礼品笔记本，乙公司按约定完成制作工作，而甲公司无故迟延领受礼品笔记本。对此，乙公司可将礼品笔记本提存于提存机关。（　　）

2. 2019 年 5 月 8 日甲作为出租人与乙订立租赁合同，约定将甲的房屋于同年 7 月 1 日租赁给乙作为办事处。同年 6 月 10 日，甲向丙出售了该出租房屋，并办理了产权转让手续。甲与乙于 5 月 8 日所签租赁合同因甲对该房屋已无处分权而无效。（　　）

3. 甲商场向乙啤酒厂订购一批听装啤酒。乙啤酒厂虽然运输车辆紧张，在接受订单却偏偏误将“供方代办托运”条款修改为“供方送货”。乙啤酒厂的行为已构成承诺。（　　）

4. 无效合同是指因违反法律，法规要求，国家不予承认和保护的，不发生法律效力的合同。（　　）

5. 甲公司与乙航空公司签订航空货运合同。甲公司将货物运到指定机构后，乙公司表示不能提供约定航班。为此甲公司解除了合同，对此，乙公司有权以合同终止为由拒绝甲公司请求赔偿运费等损失的权利。（　　）

6. 甲、乙两公司订立一药品合同。总货款为 100 万元，甲支付定金 5 万元，同时设定违约金为违约部分货款的 5%。甲公司没有按约定履行合同，对甲公司可以同时适用定金和违约金罚款。（　　）

7. 为防止因债务人的财产不当减少而给债权人的债权带来危害，法律允许债权人为保全其债权的实现而采取的法律措施，称为合同的保全措施。（　　）

8. 因无效代理行为产生的无效合同，由委托人承担责任。（　　）

9. A 市实业发展总公司与 B 市房地产开发公司签订一份楼宇买卖合同。楼宇位于 C 市，合同没有规定履行地。则该合同履行地为 C 市。（　　）

10. 可撤销合同，具有撤销权的当事人如果自合同签订之日起 1 年内没有行使撤销权，撤销权消灭。（　　）

五、简答题

1. 简述合同的主要条款。
2. 简述合同终止时法定原因。
3. 简述承诺的概念和条件。
4. 简述合同生效应具备的条件。
5. 无效合同的法定情形有哪几种？
6. 简述缔约过失责任的主要内容。
7. 简述合同中止履行的条件。
8. 简述违约的概念和条件。
9. 简述定金的担保作用。
10. 简述合同变更条件。

六、案例分析题

1. 甲油料厂与某供销社订立一份农副产品供销合同，双方约定由供销社在 1 个月内向甲油料厂供应黄豆30吨，每吨单价1000元。在合同履行期间，乙公司找到供销社表示愿意以每吨1500元的单价购买20吨黄豆，供销社见其出价高，就将20吨本来准备运给甲油料厂的黄豆卖给了乙公司，致使只能供应10吨黄豆给甲油料厂。甲油料厂要求供销社按照合同的约定供应剩余的20吨黄豆，供销社表示无法按照原合同的条件供货，并要求解除合同。甲油料厂不同意，坚持要求供销社履行合同。

试分析：

（1）甲油料厂的要求是否有法律依据？

（2）在合同没有明确约定的情况下，甲油料厂如果要求供销社继续履行合同有无法律依据？

（3）供销社能否只赔偿损失或者只支付违约金而不继续履行合同？

2. 某高中生朱某（17周岁）去某鞋城购买鞋子，见一双款式与某名牌极为相似的运动鞋，非常喜欢，便回家征求父亲意见。父亲表示，朱某完全有能力自己选购鞋子，便同意并给钱让朱某买回该双鞋子，事后，母亲张某认为，该运动鞋价格确实合适，但鞋子毕竟不是名牌，对其质量心存疑虑。便要朱某以自己未成年，不具备完全民事行为能力为由去鞋城退掉那双鞋子。

试分析：

（1）朱某买鞋的行为是否属于无效民事行为？

（2）若朱某误将自己新买的运动鞋当作名牌运动鞋，这种购买合同是无效合同吗？为什么？

3. 某养鸡场为引进良种鸡急需资金10万元，于是以一套价值15万元的豪华视听设备作质押，向甲公司借款10万元，双方签订了价款和质押合同，并将视听设备交由甲公司占有。养鸡场得到价款后与某良种场签订了良种鸡引进合同，合同标的额为5万元，养鸡场预付定金1万元，违约金为合同标的额的10%，货款以养鸡场售鸡款偿还。但合同未约定履行地点。在合同履行中，良种场将种鸡送到养鸡场，并要求养鸡场支付运费，养鸡场予以拒绝。之后，养鸡场所在地山洪暴发，养鸡场被冲毁，以至于无法偿还良种场的货款和甲公司的借款。而甲公司在占有视听设备期间，由于管理不善，该视听设备损坏，送维修公司修理，修理费2万元，甲公司没有支付，故该视听设备被维修公司留置。

试分析：

（1）良种场要求养鸡场支付送鸡的运费，是否合法？

（2）对视听设备，甲公司要求行使质押权，维修公司要求行使留置权，应由谁优先行使权利？

（3）养鸡场和良种场的合同中约定的定金条款和违约金条款可否同时适用？养鸡场对良种场提出不可抗力的免责抗辩，是否成立？

4. 甲乙双方签订了一项买卖合同，约定甲方向乙方购买化工原料100吨，总价款200万元，合同签订后3个月内供货，甲方支付定金10万元。合同违约金为10万元。合同签订3个月后，乙方未能供货，甲方多次催讨未果。经查乙方已将该批货物高价转卖他人。由于乙方违约，致使甲方遭受经济损失50万元。甲方诉诸人民法院，请求依法维护其合法权益。

要求：根据《合同法》的规定，处理本案。

5. 某市食品公司因建造一栋大楼急需水泥，其基建处遂向本省的青峰水泥厂、新华水泥厂及原告建设水泥厂发出函电。函电中称："我公司急需标号为150型号水泥100吨，如贵厂有货，请速来函电，我公司愿派人前往购买。"三家水泥厂在收到函电后，都先后向食品公司回复了函电，在函电中告知备有现货，注明了水泥价格，而建设水泥厂在发出函电的同时，派车给食品公司送去了50吨。在该批水泥送达之前，食品公司得知新华水泥厂所产的水泥质量较好，且价格合理，于是向新华水泥厂发去函电："我公司愿购买贵厂100吨150型号水泥，盼速发货，运费由我公司负担。"在发出函电后的第二天上午，新华水泥厂发函称已准备发货。下午，建设水泥厂将50吨水泥送到，食品公司告知建设水泥厂他们已决定购买新华水泥厂的水泥，因此不能接收建设水泥厂送来的水泥。建设水泥厂认为食品公司拒收货物构成违约，双方协商不成，建设水泥厂遂向法院起诉。

试分析：

（1）食品公司向三家水泥厂分别发函的行为，在合同法上属于什么行为？三家水泥厂回函的行为是什么行为？食品公司第二次向新华水泥厂发函的行为是什么行为食品公司与新华水泥厂之间的买卖合同是否成立？为什么？

（2）建设水泥厂与食品公司之间的买卖合同是否成立？食品公司有无义务接受建设水泥厂发来的货物？本案中建设水泥厂的损失应由谁承担？

第十一章 知识产权法律制度

本章概要

一、教学重点、难点

重点：知识产权的特征；商标注册及专利申请的原则；侵犯商标权的行为及制裁；专利权的客体及取得的条件；专利权人的权利和义务。

难点：知识产权的国际保护；侵犯商标权和专利权行为的认定；知识产权取得的程序；商标的禁用；专利权的客体；授予专利权的条件。

二、教学建议

当代，作为第一个认识到科学技术在社会经济发展中具有重大作用的资产阶级，不仅已经把知识产权作为一种生产力，而且还把它当作生存竞争的武器。所以，需要运用法律手段将商标、发明创造这类智力成功作为私有财产加以确定给予保护，并且凭借法律制度促进科学技术的迅速发展。为此我们在讲述知识产权法律制度产生的过程中，要突出其强烈的时代性，它是现代经济发展的产物，是伴随着资本主义制度的产生而产生的。

实训案例

一、工业产权法概念

（一）知识要点

知识产权（也称工业产权）是指人们依法对应用于商品生产和流通中的创造发明和显著标记等智力成果，在一定地区和期限内享有的专有权。知识产权由专门法律确认，具有专有性、地域性、时间性等法律特征。知识产权法是调整在确认、保护转让和使用知识产权过程中所发生的各种社会关系的法律规范的总称。知识产权的地域性限制已不能适应科技成果的迅猛发展，因而产生知识产权的国际保护问题。国际条约成为知识产权国际保护的主要法律依据。知识产权国际保护的世界性或地区性的国际公约，主要有《保护工业产权巴黎公约》《商标国际注册马德里协定》《商标注册条约》等。其中《巴黎公约》自 1985 年 3 月

19 日起对我国生效。该公约主要规定了三项原则：①国民待遇原则；②优先权原则；③独立性原则。

（二）典型案例

2011 年 3 月 1 日，美国远东电器公司向美国有关部门提出了申请，在电视机上注册使用“绿健”牌商标。2011 年 8 月 1 日，该公司向中国商标局提出了同样的申请。美国为《巴黎公约》的成员国，商标局在受理美国远东公司的商标注册申请时发现：我国的光大电器公司已于 2011 年 3 月 15 日提出了同样的申请，而我国的飞达鞋业公司于 2011 年 7 月 1 日提出了在运动鞋上使用“绿健”牌商标的注册申请。

1. 思考问题

商标局审核后，哪家公司会获准注册？说明理由。

2. 案例分析与参考答案

本题主要考查《巴黎公约》的原则。解析本题的关键是要掌握：①《巴黎公约》原则适用的前提——同为《巴黎公约》的成员国；②优先权原则的适用范围和时间。

商标局审核后，美国远东电器公司和飞达鞋业公司将获准注册。根据《巴黎公约》的优先权原则，凡缔约国国民第一次向一个缔约国提出专利或商标注册申请后，又在一定期限内（发明和实用新型为 12 个月，工业品外观设计和商标为 6 个月）就同一发明创造或商标向另一个缔约国申请时，其第二次的申请日应视同第一次申请日。在优先权期限内，即使有任何第三人就相同的发明创造或商标提出申请或已实施了该发明创造或使用了商标，申请人仍因享有优先权而获得专利权或商标专用权。我国的商标注册采用先行申请的原则，从申请的时间上光大电器公司早于美国远东电器公司，但由于中国和美国同为《巴黎公约》的成员国，根据优先权原则，美国远东电器公司第一次申请的日期为 2011 年 3 月 1 日，在中国申请的日期为 2011 年 8 月 1 日，在 6 个月之内，所以美国远东电器公司在中国的申请日视为 2011 年 3 月 1 日，这样就先于光大公司。所以美国远东电器公司将获准注册。至于飞达鞋业公司的申请与另两家联邦属于同类商品，不发生任何冲突，故可以获准注册。

3. 法理基础

上述案例涉及的法理基础包括：

《保护工业产权巴黎公约》是 1883 年在巴黎签订的，并经过多次修改。它是保护工业产权方面影响最大的国际公约。1984 年 11 月 14 日我国第六届人大常委会第八次会议决定加入《巴黎公约》，自 1985 年 3 月 19 日起该公约对我国生效。该公约主要规定了三项原则：①国民待遇原则；②优先权原则；③独立性原则。

另外，我国商标注册采用先申请原则。两个或两个以上的申请人，在同一种商品或类似商品上以相同或近似的商标申请注册时，适用申请在先的原则，即商标专用权属于最先提出申请的人。

（三）自测案例

美国发明家保罗完成了一项发明，2012 年 2 月 28 日在美国申请专利。2013 年 2 月 15 日，保罗又就该发明向中国专利局提出了申请，并申请优先权。2015 年 4 月 5 日，该发明在美国被授予专利权。而中国专利局经过审查，认为该发明属于中国《专利法》规定不能授予专利权的情况。请问：根据《巴黎公约》的原则，中国专利局驳回保罗的申请，是否恰当？为什么？

二、商标法律制度

（一）知识要点

商标是商品生产者或销售者在其生产、制造、加工、拣送或经销的商品上使用的，用于区别其他商品生产者或销售者商品的一种具有显著特征的标志。我国《商标法》规定的商标主要有：文字商标、图形商标、组合商标和立体商标。商标法就是规定商标的组成、注册、使用、管理和商标专用权的保护等的法律规范的总称。商标权是指商标所有人对其注册商标所享有的专用权，包括商标的续展权、商标的转让权、商标许可权等。注册商标是指经国家商标主管机关核准注册而使用的商标。我国《商标法》明确规定："经商标局核准注册的商标为注册商标，商标注册人享有商标权，受法律保护。"所以，在我国商标权实际上是指注册商标专用权。

商标注册是指商标使用人为了取得商标的专用权，将其使用的商标依照法定的程序向国家商标主管机关申请，经主管机关审核予以注册的制度。经过商标局核准注册的商标称为注册商标。注册商标由商标注册人使用，享有专用权，具有排他性。商标注册申请的原则有：①先申请原则；②一申请一商标原则；③自愿原则。

商标获得注册的条件：①商标的构成要素必须具有显著特征，便于识别；②申请注册的商标不得使用法律所禁止使用的文字、图形。申请注册的商标能否获准注册，必须经过商标局的审查才能确定。我国对申请注册的商标采取形式审查和实质审查。《商标法》还规定了注册商标的续展、转让、使用许可、使用管理等问题，并且列明了侵犯商标权的行为和对商标侵权行为的制裁（包括民事责任、行政责任和刑事责任）。

（二）典型案例

2004年3月15日，商标局核准康保电器公司在其生产的家用电器上使用"康保"注册商标。2013年，通业机电公司在其生产的电饭锅上使用"康保"商标，后来逐渐扩大到其他家用电器上。对此康保电器公司未提出疑义。2014年9月30日，通业机电公司向商标局提出了在家用电器上使用"康保"商标的注册申请。

1. 思考问题

（1）通业机电公司的行为是否构成侵权？

（2）商标局审核后，通业机电公司的注册申请能否获准？为什么？

2. 案例分析与参考答案

本题主要考查商标的侵权行为和注册商标的续展。解析本题的关键是要掌握：①侵犯商标专有权的行为；②注册商标的续展的规定。

通业机电公司2013年使用"康保"商标的行为构成侵权。《商标法》规定的商标侵权行为是指侵犯他人注册商标专用权的行为。商标侵权行为的表现之一就是未经注册商标所有人的许可，在同一商品或者类似商品上使用与其注册商标相同或者近似的商标。《商标法》规定，商标侵权行为不以商标占用权人是否提出疑义为前提条件。所以，本案中通业机电公司的行为已经构成侵权。

通业机电公司的注册申请可以获准。康保电器公司的"康保"商标没有申请续展，且已经过了宽展期。《商标法》规定，注册商标的有效期限为10年，自核准之日起计算。注册商标的有效期限届满，需要继续使用的，应当在期满前6个月内申请续展注册，在此期间未能提出申请的，可以给予6个月的宽展期。宽展期满仍未提出申请的，注销其注册商标。康保电器公司的“康保”商标是2004年3月15日获准注册的，2014年3月14日到期，再加上6个月的宽展期，到2014年9月14日（至此，康保公司不再享有“康保”注册商标的专有权）。在这期间内康保电器公司的“康保”商标没有申请续展，商标局应该注销该商标，所以通业机电公司的注册申请可以获准。

3. 法理基础

上述案例涉及的法理基础包括：

（1）注册商标的续展。

①注册商标的有效期限为10年，自核准之日起计算。

②注册商标有效期限届满，需要继续使用的，应当在期满前6个月内申请续展注册，在此期间未能提出申请的，可以给予6个月的宽展期。宽展期满仍未提出申请的，注销其注册商标。每次续展注册的有效期为10年。商标权的续展没有次数限制。

（2）注册商标专用权的保护。保护商标专用权是指以法律手段制裁侵犯他人注册商标专用权的行为，以保护商标权人对其注册商标所享有的专有权利。

1）侵犯商标权行为的主要表现形式：

①未经注册商标所有人的许可，在同一商品或者类似商品上使用与其注册商标相同或者近似的商标。

②销售明知是假冒注册商标的商品。

③伪造、擅自制造他人注册商标标识或者销售伪造、擅自制造的注册商标标识。商标标识是指附有文字、图形或其组合所构成的图样的物质实体，如商标牌、商标纸、商标塑料袋等，就是商标标识。

④给他人的注册商标专用权造成其他损害的行为。这类行为包括：经销明知或者应知是侵犯他人注册商标专用权的商品的；在同一种商品或者类似商品上，将与他人注册商标相同或近似的文字、图形作为商品名称或者商品装潢使用，并足以造成误认的；故意为侵犯他人注册商标专用权行为提供仓储、运输、邮寄、隐匿等便利条件的。

2）对商标侵权行为的制裁包括：

①承担民事责任。包括责令侵权人停止侵害、消除影响、赔偿损失。

②承担行政责任。行政处罚有责令侵权人立即停止销售、收缴并销毁侵权商标标识，消除现存商品上的侵权商标，收缴直接用于商标侵权的模具、印版和其他作案工具，处以非法经营额50%以下或者侵权所获利润5倍以下的罚款，对侵犯商标专用权单位的直接责任人员，工商行政管理机关可根据情节处以1万元以下的罚款。

③承担刑事责任。侵犯注册商标专用权的犯罪有假冒注册商标罪；销售假冒注册商标商品罪；非法制造、销售非法制造的注册商标标识罪。

以上犯罪可处3年以下有期徒刑或拘役，并处或单处罚金；情节特别严重的，处3年以上7年以下有期徒刑，并处罚金。如果单位犯以上罪，对单位判处罚金，对其直接负责的主管人员和其他直接责任人员依照上述规定处罚。

（三）自测案例

2012年6月16日，阿保乳业公司成立。由于该公司严于质量管理，注重售后服务，其生产的阿保牌纯牛奶在当地颇受欢迎，销售量两年翻两番。2014年9月16日，当地工商行政管理局接到举报：阿保公司生产的纯牛奶使用的“阿保”商标为非注册商标，故其产品质量不能得到保证。请问：工商行政管理局应该怎样处理？为什么？

三、专利法

（一）知识要点

专利在这里是专利权的简称。专利权是指法律赋予专利权人对其获得的发明创造在一定范围内依法享有的专有权。专利法是调整因发明创造的开发、利用及其保护等产生的各种社会关系的法律规范的总和。《专利法》规定，专利权主体是指依法申请并取得专利权的单位和个人。依我国《专利法》之规定，专利权主体包括职务发明创造单位，非职务发明创造的发明人、设计人，共同发明人或共同完成发明创造的单位，外国人、外国企业、外国其他组织。专利权的客体是指《专利法》所保护的对象，即依法可以取得专利权的发明创造。它包括发明、实用新型、外观设计。《专利法》规定，对于违反善良风尚的发明创造和《专利法》不适用的对象，不授予专利权。发明创造要取得专利权必须具备新颖性、创造性和实用性，授予专利权的外观设计，应当具备新颖性。专利权人享有独占权、许可权、转让权、标记权、放弃权等权利。同时专利权人还必须承担相应的义务。发明专利权的期限为20年，实用新型和外观设计的期限为10年，均自申请日起计算。我国《专利法》还规定了专利实施的强制许可制度，明确规定了专利权的保护范围、专利侵权行为种类、不视为侵犯专利权的行为、违反《专利法》的法律责任等。

（二）典型案例

工程师王某利用在英国的弟弟提供的资金和技术，在业余时间刻苦钻研，2014年6月16日，发明了一种高效节能电池。6月19日，王某在首次发表其发明的学术会议后，又将其发明发表在国家公开发行的一级学术刊物上。8月22日，王某将该产品送到中国政府主办的一次国际展览会上参展，展览会上，许多客商抽以浓厚的兴趣。11月26日，王某委托其弟弟将该发明的产品带到英国，在英国政府主办的国际展览会上展出，当即就有几家公司表示要购买该项技术。2014年12月16日，王某向专利局申请发明专利。

1. 思考问题

专利局审核后，能否授予王某发明专利？为什么？

2. 案例分析与参考答案

本题主要考查发明专利的条件。解析本题的关键是要理解和掌握授予发明专利的条件，就“三性”的具体内容——新颖性、创造性和实用性，尤其是新颖性的时间界定。

专利局审核后不能授予王某发明专利。因为王某的发明已经丧失了新颖性。我国《专利法》规定，授予专利权的发明和实用新型，应当具备新颖性、创造性和实用性。新颖性是指在申请日以前没有同样的发明或者实用新型在国内外出版物上公开发表过、在国内公开使用过或者以其他方式为公众所知，也没有同样的发明或者实用新型由他人向专利局提出过申请并且记载在申请日以后公布的专利申请文件中。我国《专利法》还规定，申请专利的发明创造在申请日前6个月内，在中国政府主办或者承认的国际展览会上首次展出的；在本案例中，王某的发明在申请日前公开发表或展出过，虽然都在申请日前6个月内，但只有8月22日在中国政府主办的一次国际展览会上参展符合我国《专利法》规定的不认为是丧失新颖性的规定。

所以，该发明已经丧失新颖性，专利局不能授予专利权。

3. 法理基础

上述案例涉及的法理基础包括：

发明创造要取得专利权必须具备一定的条件，我国《专利法》规定，授予专利权的发明和实用新型，应当具备新颖性、创造性和实用性。

（1）新颖性。新颖性是指在申请日以前没有同样的发明或者实用新型在国内外出版物上公开发表过、在国内公开使用过或者以其他方式为公众所知，也没有同样的发明或者实用新型由他人向专利局提出过申请并且记载在申请日以后公布的专利申请文件中。

（2）创造性。创造性是指同申请日以前已有的技术相比，该发明有突出的实质性特点和显著的进步，该实用新型有实质性特点和进步。

（3）实用性。实用性是指该发明或者实用新型能够制造或者使用，并且能够产生积极效果。

（三）自测案例

吴某是闻名中外的肝病治疗专家，根据自己多年的临床经验和潜心钻研，于 2003 年 6 月 16 日形制出一种肝炎汗液自我快速诊断方法。此方法不仅方便快捷，而且费用低，检测者无痛苦。此方法的应用会大大有利于肝炎的早期发现和治疗，减少肝炎病人的痛苦，降低医疗费用。吴医生在临床上经过近半年 1000 次验证，目前，还无一例差错。2003 年 12 月 1 日，吴医生向中国专利局提出了该方法发明专利的申请。请问：经专利局审核后，能否授予吴医生该项发明专利？为什么？

四、本章综合案例

【案例 1】

2013 年 4 月，黑龙江省齐齐哈尔市某公司经商标局核准，注册使用“同心”商标。2014 年 5 月，宁夏回族自治区某单位对该商标注册提出异议，“同心”是宁夏回族自治区同心县的行政区划名称，不应该作为商标注册。

1. 思考问题

该商标注册是否不当？说明理由。

2. 参考答案

该商标注册不存在不当。《商标法》规定，县级以上行政区划的地名或者公众知晓的外国地名，不得作为商标，但是地名具有其他含义的，或者作为集体商标、证明商标的组成部分的除外，《商标法》实施前已经注册的使用地名的商标继续有效。本题中，“同心”显然是有其他含义，所以不能认为注册不当。

【案例 2】

东远电视机厂自 1985 年开始生产“民乐”牌电视机，质量稳定，受到广大消费者的好评，并多次获奖。1991 年 4 月，东远电视机厂向国家商标局申请“民乐”牌商标注册。同日丰华电脑公司将刚刚投入生产的“民乐”牌电子计算机也向国家商标局申请商标注册。

1. 思考问题

国家商标局应当把商标专用权授予谁？为什么？

2. 参考答案

国家商标局应当把商标专用权授予东远电视机厂。因为根据我国的《商标法》的规定，商标注册申请的原则是先申请原则，如果同日申请的，适用使用在先的原则。东远电视机厂和丰华电脑公司在类似商品上使用相同商标，又是同日申请的，东远电视机厂先于丰公元电脑公司使用，按照使用在先的原则，商标局应当把商标专用权授予东远电视机厂。

【案例3】

红光机械厂2014年向中国专利局申请一项发明专利，2015年被授予专利权。宇宙公司于2012年就独立研制成功了相同内容的发明，并以年产8万套的生产规模进行生产。2017年，宇宙公司扩大了生产规模，以满足市场的需要。

1. 思考问题

宇宙公司的行为是否构成侵犯红光机械厂的专利权？

2. 参考答案

宇宙公司的行为在2017年以前，不构成侵权。我国《专利法》规定："在专利申请日以前，已经制造相同产品、使用相同方法或者已经做好制造、使用的必要准备，并且仅在原有范围内继续制造、使用的，不视为侵权行为。"宇宙公司在红光机械厂专利申请日以前已经制造相同产品，故不构成侵权。

2017年以后，宇宙公司的行为构成侵权。根据上述的法律规定，宇宙公司在原有范围内继续制造、使用行为是合法的。现在扩大了生产规模，超过原有范围的制造、使用行为，是违法的，构成对红光机械厂专利权的侵犯。

本章练习

一、填空题

1. 我国《商标法》对极少数商品如__________和__________，规定必须使用注册商标。否则，不得在市场上销售。

2. 商标在日常生活中，人们俗称其为"牌子"。商标依其构成不同可分为__________商标、__________商标和__________商标。

3. 商标权是指商标所有人对其注册商标所享有的专用权，包括商标的__________、商标的__________、商标__________等。

4. 两个或者两个以上的申请人，在同一种商品或者类似商品上以相同或者类似的商标申请注册时，适用__________的原则。同一天申请的，适用__________的原则。

5. __________级以上的行政区划的地名或者__________的外国地名，不得作为商标。《商标法》实施前已经使用地名的商标__________。

6. 工业产权的国际保护，主要是通过__________的途径来实现的。

7. 转让注册商标的，转让人和受转让人应当向__________提交转让注册商标申请书，转让注册商标申请手续由__________办理。

8. 职务发明创造是指发明人或设计人为执行__________或者主要是利用__________的物质技术条件所完成的发明创造。

9. 发明按其表现形式可分为三类：第一类是__________发明，第二类是__________

发明，第三类是______________发明。

10. 我国《专利法》规定，发明专利权的期限为______________年，实用新型和外观设计专利权期限为______________年，均自____________起计算。

二、单项选择题

1.《保护工业产权巴黎公约》在我国生效的时间是（　　）。

A. 1984 年 11 月 14 日　　B. 1985 年 3 月 19 日

C. 1989 年 10 月 4 日　　D. 1973 年 6 月 1 日

2. 注册商标是指经国家（　　）核准注册而使用的商标。

A. 工商管理局　　B. 商标主管机关

C. 商务局　　D. 当地政府

3. 工业产权与版权，统称为（　　）。

A. 财产权　　B. 知识产权

C. 著作权　　D. 专利权

4. 专利申请人自专利申请日起，（　　）内申请人可提出实质审查请求。

A. 1 年　　B. 2 年

C. 3 年　　D. 5 年

5. 保护工业产权方面影响最大的国际公约是（　　）。

A.《保护工业产权巴黎公约》　　B.《商标注册条约》

C.《商标国际注册马德里协议》　　D.《发展中国家发明样板法》

6. 对初步审定、予以公告的商标提出异议的，可以自收到通知之日起（　　）内向商标评审委员会申请复审。

A. 10 日　　B. 15 日

C. 3 个月　　D. 1 个月

7. 商标局核准转让注册商标申请后，发给（　　）相应证明，并予以公告。

A. 转让人　　B. 受让人

C. 申请人　　D. 登记机关

8. 根据国际条约的优先权原则，专利权人的工业品外观设计优先权的期限为（　　）。

A. 12 个月　　B. 6 个月

C. 3 个月　　D. 18 个月

9. 一集体企业的一项“小发明”于 1995 年 1 月 25 日提出申请，国家专利局是 1995 年 2 月 1 日收到专利申请文件，1996 年 1 月 8 日，国家专利局发给实用新型专利证书，并予以登记和公告。该专利权的正常终止的期限是（　　）。

A. 2005 年 1 月 24 日　　B. 2005 年 1 月 31 日

C. 2015 年 1 月 31 日　　D. 2006 年 1 月 7 日

10. 可以授予专利权的是（　　）。

A. 新的动物品种　　B. 重大科学发现

C. 最新的计算方法　　D. 新水稻生产方法

三、多项选择题

1. 下列成果中不可以授予专利权的是（　　）。

A. 新的动物品种　　B. 重大科学发现

C. 最新的计算方法　　D. 新水稻生产方法

2. 商标注册申请的原则有（　　）。

A. 优先权原则　　B. 自愿原则

C. 先申请原则　　D. 一申请一商标原则

3. 授予发明和实用新型专利权的条件是（　　）。

A. 新颖性　　B. 有用性

C. 创造性　　D. 实用性

4. 发明取得专利权的条件是（　　）。

A. 新颖性　　B. 创造性

C. 实用性　　D. 经济效益

5. 作为无形财产的工业产权与有形财产权不同的法律特征是（　　）。

A. 时间　　B. 地域性

C. 依附性　　D. 专有性

6. 专利权人的权利有（　　）。

A. 独占权　　B. 标记权

C. 放弃权　　D. 转让权

7. 下列行为构成侵权的有（　　）。

A. 伪造他人注册商标标识

B. 未经许可在同一商品上使用类似注册商标

C. 销售假冒他人注册商标的商品

D. 销售擅自制造的注册商标标识

8. 关于注册商标的续展，说法正确的有（　　）。

A. 注册商标的续展应当在期满前6个月提出申请

B. 续展次数不限

C. 注册商标的续展也可以在期满后6个月提出申请

D. 每次续展注册商标的有效期限为10年

9. 专利申请人自专利申请日起，（　　）内申请人可提出实质审查请求的说法是错误的。

A. 1年　　B. 2年

C. 3年　　D. 5年

10. 下列使用的商标，不符合法律规定的是（　　）。

A. “新西兰”风衣　　B. “蜘蛛”计算机

C. “月光”衬衫　　D. “锋利”菜刀

四、判断题

1. 职务发明的专利申请权属于该单位和发明人或设计人共有。（　　）
2. 被宣告无效的专利权，自宣告之日起失去法律效力。（　　）
3. 注册商标需要在同一类其他商品上使用的，不需要另行申请。（　　）
4. 发明专利权期限届满前可以申请续展。（　　）
5. 注册商标专用权的保护范围，以核准注册的商标和核定使用的商品为限。（　　）
6. 专利权人转让专利权时，应与受让人签订书面专利转让合同，并向国务院专利行政部门登记，由专国务院专利行政部门予以公告，转让自登记之日起生效。（　　）
7. 在我国，不管是个人，还是单位，只要有符合条件的发明创造，都可以提出申请，成为专利权人。（　　）
8. 使用未注册商标，不得违反《商标法》禁用条款。（　　）
9. 按照我国法律规定，职务发明人不能成为专利申请人。（　　）
10. 工业产权也叫知识产权，主要包括专利权和商标权。（　　）
11. 发生商标侵权行为后，商标所有人可以向县级以上工商行政管理部门要求处理，不可以直接向人民法院起诉。（　　）
12. 只要不是在完成本职工作中做出的发明创造，都属于非职务发明。（　　）

五、简答题

1. 什么是知识产权？知识产权的特征有哪些？
2. 商标注册申请的原则有哪些？
3. 侵犯商标权的行为有哪些？
4. 什么是专利实施的强制许可？哪些情况下可以实施专利实施的强制许可？
5. 简要说明专利权的使用年限。

六、案例分析题

1. 王某为某研究所的高级研究员，2015 年 5 月退休，王某没有停止科学研究，把自己的家作为办公室继续从事研究工作，并聘请了两名助手小柳和小孙，做一些事务性的工作。2016 年 11 月，王某完成了一项发明，并以个人的名义向中国专利局申请发明专利。2017 年 9 月 28 日，王某的专利获得批准并公告。研究所得知消息后，认为该发明是王某使用工作期间积累的资料完成的，为职务发明，所以向专利局主张权利。王某不想同自己的单位对簿公堂，悄悄地将专利转让给同学吴某。而王某的助手小柳和小孙得知后，则表明在该发明上二人的贡献不可磨灭，该发明为共同发明，所以请求共享专利。在纠纷解决过程中发现：某公司正在生产相同的专利产品，但该公司在王某之前就研究出该项技术，只是没有申请专利。

问题：（1）对于该项发明，研究所的主张是否有法律依据？为什么？

（2）王某的同学能否取得该专利权？为什么？

（3）王某的助手小柳和小孙的请求是否成立？为什么？

（4）某公司的行为是否构成侵权？

2. 某大学于教授经过多年的研究，发明了一种汽油节油添加剂，节油效果显著，2014年获国家专利。同年，于教授与A厂签订了专利实施许可合同。

2015年，于教授在市场上发现B厂盗用该生产配方，生产并销售汽油节油添加剂。另外，于教授还发现某大学化学实验室利用他的配方，制造这种汽油节油添加剂，并在教学实验中使用。

问题：（1）B厂的行为是否构成侵权？为什么？

（2）某大学化学实验室的行为是否构成侵权？为什么？

3. 某卷烟厂未经许可，擅自委托某乡印刷厂印刷“555”牌香烟的卷烟纸、烟盒与封条，用来包装本厂生产的劣质卷烟，批发给一些个体烟贩在市场上销售。

问题：（1）上述哪些单位和个人的行为构成侵权？各属什么性质的侵权行为？

（2）些案应如何处理？

4. 某私营合伙企业生产了一种新款服装，在市场销售时，由于没有使用注册商标，被当地工商行政管理部门处以罚款，并责令其停止销售。

请问：当地工商行政管理部门的处理是否合法？为什么？

第十二章

会计、审计法律制度

本章概要

一、教学重点、难点

重点：会计机构和会计人员的设置；会计机构和会计人员的职责；会计人员的条件和任免；会计核算的内容和基本要求、基本程序；单位内部的会计监督管理制度；审计机关的职权范围。

难点：我国现行的会计法律制度；内部会计监督的基本要求和方法；违反会计法的法律责任；注册会计师的执业规则。

二、教学建议

本章分别讲述了会计法、审计法，重点内容是在会计法。在教学中，可以联系会计专业知识和现代社会贪污、受贿等违反会计法律法规的反面教材，采用讨论、对比等教学方式突出重点，讲清难点。

实训案例

一、会计法律制度

（一）知识要点

会计工作的本质是对单位的经济业务进行确认、计量、记录和报告，并通过所提供的会计资料作出预测，参与决策，实行监督，旨在实现最优经济效益的一种管理活动。会计的基本职能是进行会计核算，实行会计监督。会计法律制度是调整会计关系的法律规范。我国会计法律制度包括会计法律、会计行政法规和会计规章。根据会计法的规定，国务院财政部门管理领导全国的会计工作，地方各级人民政府的财政部门管理本地区的会计工作，实行统一领导、分级管理的原则。国家统一的会计制度由国务院财政部门根据《会计法》制定；国务院业务主管部门、各省级人民政府财政部门、解放军总后勤部，可根据《会计法》和国务院统一的会计制度制定实施会计制度的具体办法或者补充规定，但须报国务院财政部门审批或备案。《会计法》对会计核算的法律规定包括：会计核算的内容、会计期间与记账本位币、会计核算的基本要求、会计核算的程序。《会计法》对会计监督的法律规定包括：单位内部会计监督、会计工作的国家监督、会计工作的社会监督、电子计算机进行会计核算的法律规定。对违反会计法律制度的违法行为应当承担的法律责任，在《会计法》及相关法律、行政法规中作出了相应的规定。

（二）典型案例

2019年3月间的一天，时任被告单位W造纸厂厂长的被告人杨某，召集该厂经营副厂长、财务科长、副科长、出纳和该厂劳动服务公司的出纳到其办公室，指使上述人员共同对该厂劳动服务公司上年度（2018年3月至当日止）的财务支出流水账、凭证等会计资料进行审核，确认无异议后，将余额结转到新账簿上，由在场人签名。之后，杨某决定延用该厂以往的做法，将审核过的会计资料让人拿到锅炉房予以烧毁。

1. 思考问题

（1）W造纸厂的行为是否违反《会计法》的有关规定？是否应当追究刑事责任？

（2）此案将如何处理？并说明其所依据的法律。

2. 案例分析与参考答案

（1）法院审理后认为，法律规定为“单位犯罪的，应当负刑事责任”的规定，W造纸厂应当承担刑事责任。被告人杨某身为W造纸厂的厂长、法定代表人，召集有关人员审核并指使他人烧毁会计资料，违反了《会计法》的相关规定，应当追究其刑事责任。

（2）W市人民法院于2019年11月16日，对W造纸厂实施的销毁会计资料犯罪行为判决如下：

①被告单位W造纸厂犯销毁会计资料罪，判处罚金10万元。

②被告人杨某犯销毁会计资料罪，判处有期徒刑1年，缓刑1年，并处罚金5万元。

3. 法理基础

会计凭证、会计账簿是《会计法》规定依法应当保存的会计资料，任何单位与个人均不得隐匿或者故意销毁。

第三十五条　各单位必须依照有关法律、行政法规的规定，接受有关监督检查部门依法实施的监督检查，如实提供会计凭证、会计账簿、财务会计报告和其他会计资料以及有关情况，不得拒绝、隐匿、谎报。

第四十条　因有提供虚假财务会计报告，做假账，隐匿或者故意销毁会计凭证、会计账簿、财务会计报告，贪污，挪用公款，职务侵占等与会计职务有关的违法行为被依法追究刑事责任的人员，不得取得或者重新取得会计从业资格证书。

第四十四条　隐匿或者故意销毁依法应当保存的会计凭证、会计账簿、财务会计报告，构成犯罪的，依法追究刑事责任。

（三）自测案例

万达公司是一家国有企业，近几年连续亏损。3年前，公司董事长王某上任时曾表示：两年扭亏，3年盈利。2016年是王某担任公司董事长的第3年，但公司仍处于亏损状态。2016年12月，王某指示财务部门：今年一定要盈利，尤其在财务报表中，要有盈利体现。为此，公司会计虚拟了若干笔销售收入，从而使万达公司的财务报表由亏变盈，经立信会计师事务所审计并出具无保留意见的审计报告后报出。请问：根据《会计法》的规定，哪些行为违反了会计法律制度？应承担什么责任？

二、注册会计师法律制度

（一）知识要点

注册会计师是依法取得注册会计师证书并接受委托从事审计和会计咨询、会计服务业务的执业人员。取得注册会计师资格要通过注册会计师考试，凡具有高等专科以上学校毕业的学历，或者具有会计或相关专业中级以上技术职称的中国公民，可以申请参加注册会计师全国统一考试；具有会计或相关专业高级技术职称的人员可以免予部分科目的考试。参加注册会计师全国统一考试成绩合格，并从事审计业务工作 2 年以上的，可以向省、自治区、直辖市注册会计师协会申请注册。准予注册的申请人，由注册会计师协会发给国务院财政部门统一制定的注册会计师证书。《注册会计师法》还规定了不予注册的情况。

注册会计师承办下列审计业务：①审查企业会计报表，出具审计报告；②验证企业资本，出具有关的报告；③办理企业合并、分立、清算事宜中的审计业务，出具有关的报告；④法律、行政法规规定的其他审计业务，依法执行审计业务所出具的报告，具有证明效力。注册会计师还可以承办会计咨询、会计服务业务。

注册会计师享有下列权利：①注册会计师执行业务时，根据需要有权查阅委托人的有关资料和文件，查看委托人的业务现场和设施；要求委托人提供其他必要的协助；②注册会计师在执行业务时，有权拒绝对委托人的不真实或故意不提供有关会计资料文件等出具有关报告。

注册会计师应履行下列义务：①必须遵守法律、行政法规及会计工作规则；②为委托人保守商业秘密；③注册会计师执行审计业务，必须按照执业准则、规则确定的工作程序出具报告。

（二）典型案例

2018 年 2 月的一天，私营企业老板李某在工商局胡科长的陪同下来到某会计师事务所办理验资。会计师事务所负责人交代注册会计师小王从速办理。小王对李老板提供的验资资料，进行了一一审验。对其中最关键的材料——两张银行进账单，小王特别仔细地查验：进账金额分别为 36 万元和 64 万元，合计 100 万元，收款人系被审验单位，其用途为投资款，银行业务公章和工作人员私章一应俱全，无一涂改痕迹。于是，小王当场就起草了验资报告。

半年后，李老板由于搞非法传销，进了公安局的看守所。公安机关发现，其向事务所提供的两张银行进账单，金额是变造的，变造方法是：先向银行分别存入 6 万元和 4 万元现金，在填写银行进账单时预留空格，待银行盖章后，再在预留的空格处填补，由于笔迹相同，填补恰到好处，外人无法辨别。办案人员认为，注册会计师小王在验资时未向银行调查取证，仅凭李老板提供的经过变造的银行进账单，就草率地出具验资报告，属于严重不负责任，且已造成严重后果。

1. 思考问题

注册会计师小王应该负什么责任？为什么？

2. 案例分析与参考答案

从本案中可以看出，注册会计师应当树立充分的刑事法律意识，才能保证不会稀里糊涂地触犯刑律。注册会计师应当认真学习刑法的有关条文，改变过去那种“重民轻刑”、认为出了问题有事务所负责的不正确认识。与民事责任不同，注册会计师的刑事责任不能由其所在的事务所替代或者免除，只要在法定追诉期内，即使离开了本行业也可将其“缉拿归案”。

本案例中的注册会计师小王，出具了不实的验资报告，没有尽到注册会计师应尽的义务，违背了注册会计师法律责任的相关规定。小王的行为已构成犯罪，应停止其执行业务、吊销其注册会计师证书，并应追究其刑事责任。

3. 法理基础

上述案例涉及的法理基础包括：

（1）注册会计师的业务范围。《注册会计师法》第14条规定，注册会计师承办下列审计业务：①审查企业会计报表，出具审计报告；②验证企业资本，出具有关的报告；③办理企业合并、分立、清算事宜中的审计业务，出具有关的报告；④法律、行政法规规定的其他审计业务，依法执行审计业务所出具的报告，具有证明效力。根据《注册会计师法》第12条规定，注册会计师还可以承办会计咨询、会计服务业务。

（2）注册会计师的权利和义务。注册会计师依法执行业务时，享有下列权利：①注册会计师执行业务时，根据需要有权查阅委托人的有关资料和文件，查看委托人的业务现场和设施；要求委托人提供其他必要的协助；②注册会计师在执行业务时，有权拒绝对委托人的不真实或故意不提供有关会计资料文件等出具有关报告。

注册会计师执行业务时，应履行下列义务：①必须遵守法律、行政法规及会计工作规则；②为委托人保守商业秘密；③注册会计师执行审计业务，必须按照执业准则、规则确定的工作程序出具报告。

（3）注册会计师法的法律责任。注册会计师执行审计业务违法出具报告的，可以由省级以上人民政府财政部门暂停其执行业务或吊销注册会计师证书。会计师事务所、注册会计师故意出具虚假的审计报告、验资报告，构成犯罪的，依法追究刑事责任。

（三）自测案例

王某原为通达国有控股公司的财务科长，2018年5月18日，因变造会计凭证，报销不合理的费用，被当地财政部门予以通报，并处罚款和撤职处分。事情发生以后，王某就离开了这家公司，并报名参加注册会计师全国统一考试，年底一次性通过了考试。2019年6月，王某向其所在省注册会计师协会申请注册。请问：王某能否获准注册？为什么？

三、审计法律制度

（一）知识要点

审计是指审计机构和审计人员依法对被审计单位的财经活动和财务收支及其有关的经济活动进行审核、评价和监督的活动。它包括对被审计单位的会计记录、会计报表、会计机构和会计行为以及对财产的经营管理效益进行全面审查。《审计法》是指用于调整审计关系的法律规范的总称。

国务院设立审计署，在国务院总理领导下，主管全国的审计工作。审计长是审计署的行政首长。地方各级人民政府的审计机关，分别在地方首长和上一级审计机关的领导下，负责本行政区域内的审计工作。地方各级审计机关对本级人民政府和上一级审计机关负责并报告工作，审计业务以上级审计机关领导为主。审计机关根据工作需要，可以在其审计管辖范围内派出审计特派员。审计特派员根据审计机关的授权，依法进行审计工作。审计机关依法享有监督检查权和经济处罚权。审计工作依据法律规定的审计程序进行，即组成审计组，送达审计通知书；进行审计，并取得证明材料；提出审计报告；审定审计报告，出具审计意见书，依法作出审计决定或者提出处理、处罚意见，送达审计意见书和审计决定。《审计法》还规定了违反《审计法》的法律责任。

（二）典型案例

万达药业公司是一家中美韩合资的从事以甘草为原料的药品开发企业，各方出资比例为4:3:3，中方出资人为当地原国营药材公司。2018年起该公司所地的审计局对其进行了审计，并做出审计结论和决定，认定万达药业公司自行采购了5000吨甘草，根据当地甘草资源保护管理办法的规定，决定按照收购额1%的比例向其征收收购环节的草原建设费，并处以甘草价值5倍的罚款。万达药业公司对此审计结论不服，认为该公司是中外合作经营企业，审计局无权对其审计，也无权做出收费和罚款的决定。

1. 思考问题

审计局是否有权对万达药业公司进行审计？为什么？审计局是否有权做出收费和罚款的决定？为什么？

2. 案例分析与参考答案

本题主要考查审计机关的职责和权限。解析本题的关键是要掌握：①审计机关的职责，包括审计范围。②审计机关的权限，这是为了保证审计机关能够顺利履行其职责而规定的。

审计局有权对万达药业公司进行审计。根据《审计法》规定，对国有资产占控股地位或者主导地位的企业的审计监督，由国务院规定。而国务院颁布的《审计法实施条例》规定，审计机关对国有资产占控股地位或者主导地位的下列企业，依法进行审计监督：①国有资本占企业总资本的50%以上的企业；②国有资本占企业总资本的比例不足50%，但是国有资本投资者实质上拥有控制权的企业。本案中，中方持股40%虽然低于50%，但为第一大股东，拥有实质上的控制权，所以审计局有权对其进行审计监督。

审计局无权做出收费和罚款的决定。根据相关规定，草原建设费的征收是畜牧部门的法定职责，罚款应该是工商行政管理部门和畜牧部门做出。审计局认为对万达药业公司有必要进行处罚，应当根据《审计法实施条例》的规定，作出审计建议书，向有关主管机关提出处理、处罚意见。

3. 法理基础

上述案例涉及的法理基础是审计机关的职责和权限。

审计机关依法享有以下两个方面的职权：

（1）监督检查权。审计机关在审计过程中，享有下列监督检查权：①要求被审计单位报送财政预算、财务计划、清算、会计报表以及有关资料；②检查被审计单位的有关账目、资产，查阅有关文件资料，参加被审计单位的有关会议；③对审计中的有关事项，向机关、团体、企事业单位有关人员进行调查，上述单位的人员应当提供有关资料及证明材料；④对正在进行的严重损害国家利益、违反财经法规的行为，提请有关主管部门作出临时制止决定，制止无效时，可通知财政部门或者银行暂停拨付有关款项；⑤对阻挠、破坏审计工作的被审计单位，可以采取封存有关账册、资产等临时措施。

（2）经济处罚权。审计机关对违反财经法规的被审计单位，享有以下经济处罚权：①酌情给予警告、通报批评；②责令纠正违反国家规定的收支；③责令退还或者没收非法所得；④收缴侵占的国家资产；⑤对违反规定使用财政拨款或者银行贷款、严重危害国家利益的被审计单位，作出停止财政拨款或者停止银行贷款的决定；⑥按照有关法规的规定处以罚款；⑦被审计单位拒不缴纳应缴的违法款项和罚款，审计机关可以通知银行扣缴。对违反财经法规的被审计单位的直接责任人员和单位负责人应当给予行政处分的，由审计机关移送监察或者有关部门处理。情节严重、构成犯罪的，提请司法机关依法追究刑事责任。

（三）自测案例

2019年3月5日8时，某市一家国有企业接到审计局的电话，通知其接待已经派往该企业的审计组，对该企业上年度的财务收支情况进行审计。审计组20分钟后到达，要求该企业配合审计组的工作，并提供必要的工作条件。审计组到达后迅速开展工作，审查会计凭证、会计账簿、会计报表，查阅与审计事项有关的文件、资料，检查现金、实物、有价证券，向有关单位和个人调查等方式进行审计，并取得证明材料。3月15日，审计组撤离被审计单位，并向审计局提交了审计报告和审计意见书。审计局根据审计组的审计报告和审计意见书，作出审计决定，3月25日，审计决定送达被审计单位。请问：上述审计过程是否符合审计程序的法律规定？说明理由。

四、本章综合案例

【案例1】

某单位工作人员王某因负责单位的接待工作，长期在当地一家中餐馆安排客饭，累计共欠餐费计3500元。该餐馆曾多次派人催要，均无结果。一天，李某也来这家餐馆吃饭，得知这一情况后，表示与王某单位的领导及财务人员相当熟悉，可以帮助餐馆收回欠款，并要求餐馆将餐费欠据的复印件交给他。李某凭此餐费欠据的复印件到王某的单位，通过领导找到会计吴某要求付款，此时恰好出纳外出办事，保险柜的钥匙由吴某保管，于是，吴某打开保险柜，从中取出3500元现金给李某，李某出具了收条，并签署了自己的姓名。

1. 思考问题

李某据以催要账款的凭证是否合法？王某单位的会计监督体制是否合法？为什么？

2. 参考答案

李某据以催要账款的凭证不合法。根据《会计法》规定，会计凭证根据原始凭证及有关资料编制，计账凭证应根据经过审核的原始凭证及有关资料编制。李某所持有的餐费欠据的复印件是不合格的原始凭证，会计吴某凭借不合格的原始凭证就给付李某3500元的行为，显然违反了《会计法》的规定。

王某单位的会计监督体制不符合法律规定。根据《会计法》规定，各单位应当建立、健全本单位内部会计监督制度。而单位内部会计监督制度应当符合一些基本的法律要求：计账人员与经济业务事项和会计事项的审批人员、经办人员、财物保管人员的职责权限应当明确，并且相互分离、相互制约。王某单位的会计吴某属于记账人员，而他居然代管（出纳外出办事）保险柜的钥匙，可以随意代出纳提取现金，可以看出吴某的单位的记账人员与经济业务事项的经办人员职责权限并不分离，这样不能起到单位内部各职权分工制约的作用，也不利于外部的会计监督管理，所以，某单位的会计监督体制没有达到会计法的要求。

【案例 2】

万兴公司从外地购进一批原材料，付款后对方开具了发票。经办人员交给财务人员进行账务处理，财务人员将发票与实际支付款项进行核对时，发现发票金额有错误，于是将发票退给了经办人员，要求重新开具。经办人员在原始凭证上进行了更改，并加盖了自己的印章，以此作为报销凭证。财务人员再次退回。

1. 思考问题

财务人员的做法是否合法？为什么？

2. 参考答案

财务人员的做法符合法律规定。根据《会计基础工作规范》规定，原始凭证金额有错误的，应当由出具单位重开，不得在原始凭证上更改。所以，财务人员两次退回经办人员提供的发票都是正确的。

本章练习

一、填空题

1. 各单位按照______的会计制度的规定设置______和会计账簿。

2. 会计凭证是用来记录______实际执行和完成情况，明确经济责任的______。

3. 我国会计法律制度包括______、______和______。

4. 审计是指审计机构和审计人员依法对被审计单位的______和______及其有关的经济活动进行审核、评价和监督的活动。

5. 会计机构内部应当建立稽核制度。出纳人员不得兼管稽核、______和收入、费用、债权债务账目的______。

6. 会计期间分为______、______和______。

7. 审计机关依法享有以下两个方面的职权：______和______。

8. 注册会计师执行业务，应当加入______。

9. 企事业单位会计机构负责人和会计主管人员的任免要经______的同意；会计人员的调动要先征得本单位会计主管人员和______的同意。

10. 大中型企业、事业单位和业务主管部门可以设置______。由具有会计师以上专业技术任职资格的人担任。

11. 会计的基本职能是进行______，实行______。

12. 参加注册会计师全国统一考试成绩合格者，并从事审计业务工作______以上的，可以向省、自治区、直辖市注册会计师协会申请注册。

13. 业务收支以外国货币为主的单位，也可以选定某种外国货币作为记账本位币，但是编报会计报表应当______为______反映。

14. 地方各级审计机关对______和______负责并报告工作，审计业务以上级审计机关领导为主。

15. 会计核算以______为记账本位币。

16. 审计是指审计机构和审计人员依法对被审计单位的______和财务收支及其有

关的__________进行审核、评价和监督的活动。

17. 注册会计师是依法取得注册会计师证书并接受委托从事审计和__________、__________的执业人员。

18. 国务院设立审计署，在__________领导下，主管全国的审计工作。

19. 会计工作的本质是对单位的经济业务进行______、______、______和______，并通过所提供的会计资料作出预测、__________、__________，旨在实现最优经济效益的一种管理活动。

20. 县级以上人民政府__________是本地方会计工作的监督主体，对各单位会计工作行使监督权，对违法会计行为实施__________。

二、单项选择题

1. 外部监督是审计部门、财政部门和（　　）依法对各单位的会计事务的监督。

A. 金融部门　　B. 税务部门

C. 会计事务所　　D. 监察部门

2. 下列属于狭义会计法律的是（　　）。

A.《总会计师条例》　　B.《中华人民共和国会计法》

C.《企业财务会计报告条例》　　D.《财政部门实施会计监督办法》

3. 会计机构负责人、会计主管人员在调动工作或离职办理交接手续时，由（　　）监交。

A. 单位负责人　　B. 上级主管单位领导人

C. 同级财政部门领导人　　D. 同级审计部门领导人

4. 已取得注册会计师证书的人员，完全丧失民事行为能力的（　　）。

A. 不予注册　　B. 可以注册

C. 撤销注册　　D. 暂缓注册

5. 管理全国会计工作的国家机关是（　　）。

A. 国务院财政部门　　B. 国务院审计部门

C. 中国人民银行　　D. 国务院税收部门

6. 内部会计监督的对象是（　　）。

A. 单位的负责人　　B. 单位的经济活动

C. 单位的会计机构　　D. 单位的会计人员

7. 任免会计人员（　　）。

A. 由单位负责人任免　　B. 由单位会计机构负责人任免

C. 由主管部门任免　　D. 按照干部管理权限规定任免

8. 颁发注册会计师证书的是（　　）。

A. 注册会计师协会　　B. 会计师事务

C. 人民政府财政部门　　D. 国务院

9.《企业会计准则》第2条规定，本准则适用于设在中华人民共和国境内的（　　）。

A. 全民所有制企业　　B. 外商投资企业

C. 所有企业　　D. 全民所有制企业和集体所有制体制

10. 对违反财经法规的被审计单位的直接责任人员和单位负责人应当给予行政处分的（　　）。

A. 由审计机关做出处理　　B. 由上级审计机关做出处理

C. 由审计机关移送有关部门处理　　D. 由人民法院处理

三、多项选择题

1. 注册会计师撤销注册的情形有（　　）。

A. 不具有完全民事行为能力的人　　B. 自行停止执行注册会计师业务满 1 年

C. 受到刑事处罚的　　D. 在工作中犯有严重错误的

2. 会计核算的内容有（　　）。

A. 款项和有价证券的收付　　B. 财务成果的计算和处理

C. 债权债务的发生和结算　　D. 财物的收支、增减和使用

3. 审计机关依法享有的职权是（　　）。

A. 行政处分权　　B. 刑事处罚权

C. 经济处罚权　　D. 监督检查权

4. 会计报表一般要由（　　）签名或者盖章。

A. 单位行政领导人　　B. 会计机构负责人

C. 会计主管人员　　D. 业务会计单位

5. 会计机构、会计人员的主要职责是（　　）。

A. 进行会计核算　　B. 实行会计监督

C. 参与拟定经济计划、业务计划　　D. 拟定本单位办理会计事务的具体办法

6. 我国会计法律制度包括（　　）。

A. 会计改制计划　　B. 会计行政法规

C. 会计法　　D. 会计规章

7. 下列哪些行为违反了会计法律制度应当承担的法律责任？（　　）

A. 不依法设置会计账簿的　　B. 私设会计账簿的

C. 取得的原始凭证不符合规定的　　D. 随意变更会计处理方法的

8. 有下列情形之一的，受理申请的注册会计师协会不予注册（　　）。

A. 不具有完全民事行为能力的

B. 因受刑事处罚，自处罚执行完毕之日起至申请注册之日止不满 5 年的

C. 受吊销注册会计师证书的处罚，自处罚决定之日起至申请注册之日止不满 5 年的

D. 年龄不足 25 周岁者

9. 审计机关依法具体享有以下两个方面的职权（　　）。

A. 监督检查权　　B. 经济处罚权

C. 行政处罚权　　D. 刑事处罚权

10. 内部会计监督制度应当符合下列要求（　　）。

A. 记账人员与审批、经办人员的职责相互分离、相互制约

B. 重大投资、资产处置、资金调度的决策和执行相互监督、相互制约

C. 财产清算的范围、期限和组织程序应当明确

D. 会计人员的任免符合干部管理权限

四、判断题

1. 会计规章是由国务院制定或者批准的规范性文件。（　）

2. 不具备条件的单位，其会计业务可以委托经批准设立的会计咨询、服务机构代理记账。（　）

3. 地方审计机关对本级人民政府和上一级审计机关负责并报告工作，审计业务以上级审计机关领导为主。（　）

4. 审计机关应当将审计机关的审计报告和审计决定送达被审计单位和有关主管机关、单位。审计决定自送达之日起生效。（　）

5. 会计核算以人民币为记账本位币，业务收支以外国货币为主的单位，也绝不可以外国货币作为记账本位币。（　）

6. 参加注册会计师全国考试成就合格，并从事审计业务工作3年以上的，可以向注册会计师协会申请注册。（　）

7. 地方各级审计机关的审计业务以本级政府领导为主。（　）

8. 会计师事务所给委托人、其他利害关系人造成损失的，应当依法承担赔偿责任。（　）

9. 企事业单位会计机构负责人和会计主管人员的任免要经主管单位的批准。（　）

10.《会计法》规定，任何单位和个人对违反《会计法》和国家统一的会计制度的行为，有权检举。（　）

五、简答题

1. 会计核算的主要内容有哪些？
2. 审计机关的审计程序是什么？
3. 注册会计师的业务范围是什么？
4. 注册会计师不予注册的情形有哪些？
5. 会计机构和会计人员的主要职责是什么？

六、案例分析题

1. 许某是一家集体企业的会计主管人员。在工作中因为抵制该厂厂长违反国家财经纪律而被厂长首先调到一车间，继而调到门卫，工资下调两级，厂长将没有会计专业知识、没有会计证的一名亲戚安排为会计主管人员。

问题：（1）该厂长的做法有无违法之处？

（2）如何纠正其违法行为？

2. 国家审计署驻某地特派员办公室根据审计署授权，于2019年10月10日至20日对中国某外运总公司（以下简称中外运）下属××公司及所属18个分公司2018年度和2019年1到6月份财务收支情况进行了审计。

审计工作计划分三阶段进行：第一阶段，根据财务指标提示情况分析疑点，拟订调查提纲，进行准备工作。第二阶段，进行实地调查，拟订审计方案，确定审计重点。第三阶段，依据财务指标分析和审计方案，全面实施审计，作出审计报告提出处理意见。

审计查出问题：

(1) 在2018年6月末会计交接时，少记实收资本1111426.20元。

(2) 应调未调外币汇兑损益1107543.83元。

(3) 2018年度少体现利润564592.86元。

问题：

(1) 你能想到本案涉及了《审计法》中的哪些内容？

(2) 审计过程中审计机关可能行使哪些职权？

(3) 审计计划的三个阶段是否合适？

(4) 审计查出的问题按照审计法和有关会计法规应如何处理？

3. 甲公司所属子公司伪造进出口凭证，虚报进出口经营业绩，累计虚增经营额84640万元，占公司营业额的90%，虚增利润15600万元，占公司利润总额的85%，严重损害了股东和其他人的利益。该行为的直接责任人为A某和B某（A某为会计人员，B某为非会计人员；二者不属于国家工作人员）。为甲公司出具年度审计报告的丙会计师事务所的注册会计师C某和D某严重不负责任，未进行必要的审计程序，也未认真审核相关会计凭证的真伪，出具了无保留意见的审计报告，尽管属于过失，但造成了严重的后果。

问题：

根据上述要点揭示内容，根据《会计法》的规定，A某和B某、丙会计师事务所、C某和D某分别应当承担何种法律责任？

第十三章

金融、票据法律制度

本章概要

一、教学重点、难点

重点：现金管理基本原则；现金的使用范围及现金管理的基本要求；支付结算的原则和基本要求；银行账户开立的有关法律规定；票据概念、种类及票据行为。

难点：汇兑的退汇，托收承付、委托收款的拒绝付款，信用卡；四种类型银行账户的设立；票据行为，汇票、支票、本票区别。

二、教学建议

注意学生对“金融”的概念从字面上的理解，“金融”是货币资金融通的意思。这是因为历史上最早的金融活动之一便是铸币兑换业，当铸币兑换商聚集了一定数量的货币资金时，他们就开始把现金贷放出去，同时吸收存款，并办理货币异地汇兑结算等信贷业务，使资金在一定范围内得以融通，类似于金属货币的融化流通故名“金融”。现代社会的金融活动已远远超出这一范围，对“金融”的普遍解释是指货币、货币流通、信用及与其直接有关的经济活动。

票据行为必须符合法定形式：即关于签章的规定、关于票据记载事项的规定。票据的格式由中国人民银行统一规定，票据的记载事项由票据法统一规定，分为必须记载的事项，可选择记载的事项和不得记载的事项三类。其中必须记载的事项，如金额、出票日期、出票人、付款人和受款人、签名盖章等；可选择的记载的事项如票据的保证等；不得记载的事项，也称有害记载事项。

建议“票据法”一节应结合有关学科，让学生做一次票据填写的模拟练习。

实训案例

一、金融和金融法概念

（一）知识要点

金融是指货币资金的借贷和流通，即以银行为中心的各种信用活动以及在信用基础上组织起来的货币流通。一般来讲，金融的范围主要包括：货币的发行与回笼；存款的吸收与支取；贷款的发放与回收；现金流通与转账结算；金银、外币和有价证券的买卖；国内、国际货币支付结算；票据贴现；银行同业拆借；信托投资；各种财产和人身保险；融资租赁等。

金融法律制度，是指国家权力机关和行政机关制定的各种金融规范性文件的总称，是调整金融关系的法律规范。金融法律制度调整的金融关系一般可分为两类：一类是金融管理关系，另一类包括金融企业的经营关系。

我国金融法律制度是由：①金融机构组织法律制度；②银行业务法律制度；③外汇管理法律制度；④票据法律制度；⑤证券法律制度；⑥信托法律制度；⑦保险法律制度等构成。我国的金融机构主要包括中央银行和各商业银行、政策性银行、信用合作社、保险公司、信托投资公司、财务公司、租赁公司、证券公司、互助基金、投资基金、金融公司、住宅金融公司、典当行等。

（二）典型案例

某市焊条厂于2018年6月6日在当地广播、电视、报纸上连续刊登广告，声明丢失2张空白支票作废。6月18日某人持焊条厂的空白转账支票及该厂的介绍信，在金属材料公司购买了10吨钢材付货款34000元。当日金属材料公司即与银行办理了结算。焊条厂于月底对账时才发现丢失支票已支付，遂向法院起诉，要求金属材料公司和银行赔偿损失。理由为：本厂已在各种新闻媒体上声明支票丢失作废，而金属材料公司却与作废支票发生业务往来致使本厂造成损失。银行在结算中审核不认真致使作废支票流通，也应负连带责任。

1. 思考问题

上述案例中金属材料公司和银行是否要承担赔偿责任？

2. 案例分析与参考答案

上述案例是一起有关票据责任的纠纷。票据关系属于金融关系，根据票据法的规定，支票是指出票人签发的，委托银行或其他金融机构见票时无条件支付一定金额给收款人或者持票人的票据。而付款人和收款人在接受票据时，只须查验持票人的证件及票据的记载事项即可，对遗失票据不承担任何过错责任。本案中失票人仅仅在当地新闻媒体上声明了作废丢失的支票，并没有再采取有效的补救手段，造成被冒支的损失。而金属材料公司与相关银行在接受支票与结算中并没有任何过错，因而不应负任何责任。

3. 法理基础

金融的概念；金融法概念；金融法律关系概念。

支票是指出票人签发的，委托银行或其他金融机构见票时无条件支付一定金额给收款人或者持票人的票据。

票据结算责任：单位和个人办理结算，由于填写结算凭证有误影响资金使用，票据和印章丢失造成资金损失的，由其自行负责。

二、现金管理

（一）知识要点

有关现金管理法律规定包括：现金及现金管理、现金管理基本原则、现金使用范围、现金管理基本要求等内容。

（二）典型案例

河北省××市审计局在审计大检查时发现，×县冶炼厂私设小金库，自行保留账外公款214万元。

1. 思考问题

（1）×县冶炼厂作为开户单位可以在哪些范围内使用现金？

（2）小金库自行保留账外公款会出现哪些问题？

2. 案例分析与参考答案

（1）根据《现金管理暂行条例》第5条的规定，开户单位可以在下列范围内使用现金：①职工工资、津贴；②个人劳务报酬；③根据国家规定颁发给个人的科学技术、文化艺术、体育等各种奖金；④各种劳保、福利费用以及国家规定的对个人的其他支出；⑤向个人收购农副产品和其他物资的价款；⑥出差人必须随身携带的差旅费；⑦结算起点1000元以下的零星支出；⑧中国人民银行确定需要支出现金的其他支出。

（2）小金库自行保留账外公款，是违反国家现金管理法规的行为。私设小金库和单位自行保留账外公款的行为不仅会造成国有资产的流失，而且还会孳生领导者的腐败，同时对金融管理的正常秩序也会起到很大的破坏作用。因此，各企事业单位的所有现金，除核定的现金库存限额外，其余部分必须存入银行，各单位不得自行保留。各单位支付的现金，必须从开户银行提取，决不允许坐支。

3. 法理基础

（1）凡在银行和其他金融机构（简称开户银行）开立账户的机关、团体、企业事业单位和其他单位（简称开户单位）收支和使用现金，必须遵守《现金管理暂行条例》的规定，接受开户银行的监督。

（2）现金的使用范围。开户单位可以在下列范围内使用现金：①职工工资、津贴；②个人劳务报酬；③根据国家规定颁发给个人的科学技术、文化艺术、体育等各种奖金；④各种劳保、福利费用以及国家规定的对个人的其他支出；⑤向个人收购农副产品和其他物资的价款；⑥出差人必须随身携带的差旅费；⑦结算起点1000元以下的零星支出；⑧中国人民银行确定需要支出现金的其他支出。

（三）自测案例

某酿酒厂为生产葡萄酒，需要从农民个人手中大量收购鲜葡萄，因而在葡萄酒零售环节截留了120000元现金。他们认为这是符合《现金管理暂行条例》中关于“向个人收购农副产品和其他物资的价款”是可以支付现金的规定的。这种说法对吗？

三、支付结算

（一）知识要点

有关支付结算的法律规定包括：支付结算的概念、支付结算的原则、办理支付结算的基本要求、填写票据和结算凭证的基本要求；开立银行账户的有关规定有：银行账户种类、开立银行账户的基本规定、开立银行账户的条件等。

（二）典型案例

2019年7月10日，某市公安局接到该市安居房地产开发公司的报案，称公司在与银行对账时发现：2018年12月付给东兴建筑材料公司的一张50万元的转账支票，却被提走了

950 万元。接到报案后，某市公安局经侦科经过分析认定：东兴建筑材料公司的业务员王某有重大作案嫌疑。经过调查，近年来，东兴建筑材料公司一直供应安居房地产开发公司的建筑材料，由东兴建筑材料公司的业务员王某负责与安居房地产公司的建筑材料供应业务2018 年年底结账时，安居房地产开发公司出纳员开具一张转账支票，只小写了金额便交给了王某。王某见支票上只有小写金额，于是将小写金额前加上“9”，再填上大写金额，从而顺利地将款提走。

1. 思考问题

分析王某行为的客观条件。

2. 案例分析与参考答案

本题主要考查有关支付结算的法律规定。解析本题的关键是要掌握：支付结算的概念、办理支付结算的基本要求、填写票据和结算凭证的基本要求。尤其是票据和结算凭证金额以文字大写和阿拉伯数码同时记载，二者必须一致；阿拉伯小写金额数字前面，均应填写人民币符号“¥”等规定。

造成王某行为的客观条件是安居房地产开发公司出纳员没有按照《支付结算办法》的规定填写票据和结算凭证。

根据《支付结算办法》的规定，票据和结算凭证金额以中文大写和阿拉伯数码同时记载，二者必须一致。本案中，王某行为得以顺利进行的客观原因是安居房地产开发公司未严格按照《支付结算办法》关于填写票据和结算凭证的基本规定同时填写中文大写金额和阿拉伯数码小写金额，以及阿拉伯小写金额数字前面，均应填写人民币符号“¥”，从而给东兴建筑材料公司的业务员王某的行为留下了可乘之机。

3. 法理基础

上述案例涉及的法理基础主要是支付结算的法律规定。具体包括：

（1）支付结算的概念。支付结算是指单位、个人在社会经济活动中使用票据、银行卡和汇兑、托收承付、委托收款、信用证等结算方式进行货币给付及其资金清算的行为。为了规范支付结算工作，我国制定了一系列支付结算方面的法律、法规和制度，主要包括：《中华人民共和国票据法》《支付结算办法》《银行账户管理办法》《国内信用证结算办法》《银行卡业务管理办法》《关于审理票据纠纷案件若干问题的规定》等。

（2）支付结算的原则。支付结算原则，是指单位、个人和银行在办理支付结算时必须遵守的准则。根据规定，支付结算应当遵循以下原则：①恪守信用、履约付款。②谁的钱进谁的账、由谁支配。③银行不垫款。

（3）办理支付结算的基本要求。按照规定，办理支付结算必须遵守《支付结算办法》所规定的 10 项基本要求：①银行、单位和个人办理支付结算必须遵守国家的法律、行政法规和《支付结算办法》的各项规定，不得损害社会公众利益。②单位、个人和银行应当按照《银行账户管理办法》的规定开立、使用账户。③在银行开立存款账户的单位和个人办理支付结算，账户内必须有足够的资金保证支付。④票据和结算凭证是办理支付结算的工具。⑤票据和结算凭证上的签章和其他记载事项应当真实，不得伪造、变造。⑥票据和结算凭证的金额、出票或者签发日期、收款人名称不得更改，更改的票据无效；更改的结算凭证，银行不予受理。⑦票据和结算凭证金额以文字大写和阿拉伯数码同时记载，二者必须一致，否则票据无效，结算凭证银行不予受理。⑧办理支付结算需要交验符合法律、行政法规以及国家有关规定的个人有效身份证件包括居民身份证、军官证、警官证、文职干部证、士兵证、户口簿、护照、港澳居民来往内地通行证、台湾居民来往大陆通行证等身份证件。⑨银行以善意且符合规定和正常操作程序审查，对伪造、变造的票据和结算凭证上的签章以及需要交验的个人有效身份证件，未发现异常而支付金额的，对出票人或付款人不再承担受委托付款的责任，对持票人或收款人不再承担付款的责任。⑩银行依法为单位、个人在银行开立的账户保密，维护其资金的自主支配权。

（4）填写票据和结算凭证的基本要求。票据和结算凭证是银行、单位和个人凭以记载账务的会计凭证，是记载经济业务和明确经济责任的一种书面证明。填写票据和结算凭证，必须做到标准化、规范化，要素齐全、数字正确、字迹清晰、不错漏、不潦草，防止涂改。

（三）自测案例

宏达房地产开发公司因购买建筑材料向建业建筑材料装潢公司签发了一张商业汇票，金额记载为“50万元”，出票日期填写为“10月18日”。建业建筑材料装潢公司收到汇票后在规定的期限内向付款人银行提示承兑。请问：该汇票能否被受理？说明理由。

四、票据法律制度

（一）知识要点

票据的概念、票据的特征；票据当事人，包括基本当事人和非基本当事人；票据的权利和义务；票据行为，包括出票、背书、承兑和保证四种；票据结算方式，主要有银行汇票、商业汇票、银行本票、支票、银行卡、汇兑、托收承付、委托收款和信用证。

（二）典型案例

2018年3月19日，大禹公司从飞达公司购进一批价款100万元的设备，大禹公司开出了一张付款期限为3个月的银行承兑汇票，承兑人为光大银行，已按规定承兑。飞达公司收到汇票后，将其背书转让给宏大公司，宏大公司又将其背书转让给鹏远公司。6月19日该汇票到期后，持票人鹏远公司向光大银行提示付款，光大银行以出票人大禹公司账户资金不足为由拒绝付款。

1. 思考问题

（1）光大银行的主张成立吗？为什么？

（2）如果光大银行按期足额付款，其损失应如何处理？

2. 案例分析与参考答案

本题重在考察汇票的付款程序和责任。解析本题的关键是要掌握付款人承兑汇票后，应当承担到期付款的责任，不能以任何理由拒绝付款，否则应承担延迟付款的法律责任。

光大银行的主张不成立。根据《票据法》的规定，承兑人不得以汇票金额未经出票人给付等理由而对抗持票人的请求。因为汇票一经承兑，承兑人就成为汇票的主债务人，承兑人于汇票到期日必须向持票人无条件地足额付款，否则应承担延迟付款的法律责任。光大银行付款后，没有足额得到出票人大禹公司的资金，可依票据基础资金关系向大禹公司请求民事赔偿。

3. 法理基础

上述案例主要涉及以下法理知识：

（1）票据的概念和种类 。我国票据法上的票据是指出票人依法签发的，约定自己或委托付款人在见票时或指定的日期向收款人或持票人无条件支付一定金额并可转让的有价证券。票据具体分为：汇票、本票和支票。

（2）票据当事人。票据当事人是指票据法律关系中享有票据权利、承担票据义务的当事人，也称票据法律关系主体。票据当事人可分为基本当事人和非基本当事人。基本当事人是指在票据作成和交付时就业已存在的当事人，是构成票据法律关系的必要主体，包括出票人、付款人和收款人。非基本当事人是指票据作成并交付后，通过一定的票据行为加入票据关系而享有一定权利、承担义务的当事人，包括承兑人、背书人、被背书人、保证人等。

（3）票据权利和义务。票据权利是指票据持有人向票据债务人请求支付票据金额的权利，包括付款请求权和追索权。票据付款请求权是指持票人向汇票的承兑人、本票的出票人、支票的付款人出示票据要求付款的权利，是第一次权利，又称主票据权利。行使付款请求权的持票人可以是票载收款人或最后的被背书人。票据追索权是指票据当事人行使付款请求权遭到拒绝或有其他法定原因存在时，向其前手请求偿还票据金额及其他法定费用的权利，是第二次请求权，又称偿还请求权。

票据义务是指票据债务人向持票人支付票据金额的责任。包括付款义务和偿还义务。票据债务人承担票据义务一般有四种情况：一是汇票承兑人因承兑而应承担付款义务；二是本票出票人因出票而承担自己付款的义务；三是支票付款人在与出票人有资金关系时承担付款义务；四是汇票、本票、支票的背书人，汇票、支票的出票人、保证人，在票据不获承兑或不获付款时的付款清偿义务。

（4）汇票、本票和支票。根据我国《票据法》的规定，汇票分为银行汇票和商业汇票两种。

银行汇票是指由出票银行签发的，由其在见票时按照实际结算金额无条件支付给收款人或者持票人的票据。在实践中，一般由汇票人将款项交存当地银行，由银行签发给汇款人持往异地办理转账结算或只取现金。单位、个体经济户和个人需要使用各种款项，均可使用银行汇票。

商业汇票是指收款人或付款人（或承兑人）签发，由承兑人承兑，并于到期日向收款人或被背书人支付款项的票据。商业汇票按承兑人的不同，分为商业承兑汇票和银行承兑汇票。关于商业汇票的相关法律规定有：

①在银行开立存款账户的法人以及其他组织之间，具有真实的交易关系或债权债务关系，才能使用商业汇票。商业汇票的付款人为承兑人，其付款地为承兑人所在地。

②出票人不得签发无对价的商业汇票用以骗取银行或其他票据当事人的资金。

③商业汇票可以在出票时向付款人提示承兑后使用，也可以在出票后先使用再向付款人提示承兑。但必须按规定期限提示承兑，汇票未按规定期限提示承兑的，持票人丧失对其前手的追索权。

④商业汇票的付款期限，最长不得超过6个月。

银行本票是指由银行签发的，承诺自己在见票时无条件支付票据金额给收款人或持票人的票据。凡单位和个人在同一票据交换区域需要支付各种款项时，均可以使用银行本票。银行本票分为定额和不定额两种。定额本票面额分别为1000元、5000元、1万元和5万元四种。银行本票的提示付款期限自出票日起最长不得超过2个月。银行本票丧失，失票人可以凭人民法院出具的其享有票据权利的证明，向出票银行请求付款或退款。

支票是指出票人签发的，委托银行或其他金融机构见票时无条件支付一定金额给收款人或者持票人的票据。单位和个人在同一票据交换区域的各种款项结算，均可以使用支票。支票分为现金支票、转账支票和普通支票3种。支票的提示付款期限为自出票日起10日。

（三）自测案例

根据《支付结算办法》规定，单位、个人在经济活动中使用票据、计算凭证等办理支付结算，为此，北方实业有限责任公司从大华制造厂购进一批设备，总价款为200万元人民币。如果两家使用票据结算，北方实业有限责任公司开出了一张票据，付款期限为6个月，并且由宏大有限责任公司提供保证担保。那么，北方实业有限责任公司签发的可以是什么种类的票据，该票据应记载哪些事项。大华制造厂持有该票据应该注意什么？宏大实业有限责任公司应承担什么样的责任。

五、本章综合案例

【案例1】

振辉机械厂服务部8月15日开出两张票据：一张为面额10000元的支票，用于向甲宾馆支付会议费；另一张为面额200000元的银行承兑汇票，到期日为9月5日，用于向乙公司支付材料款，该汇票银行已经承兑。

8月20日，甲宾馆向银行提示付款。银行发现该支票为空头支票，遂予以退票，并根据相关规定对振辉机械厂处以1000元的罚款。甲宾馆要求振辉机械厂除支付其10000元会议费用外，还另需支付其2000元赔偿金。

9月5日，乙公司需银行提示付款时，得知振辉机械厂的账户余额不足200000元。

1. 思考问题

（1）银行对振辉机械厂签发空头支票处以1000元罚款是否符合法律规定？说明理由。

（2）甲宾馆能否以振辉机械厂签发空头支票为由要求其支付2000元赔偿金？说明理由。

（3）银行能否以振辉机械厂账户余额不足200000元为由，拒绝向乙公司付款？说明理由。

2. 参考答案

（1）银行对振辉机械厂签发空头支票处以1000元罚款符合法律规定。因为法律规定出票人签发空头支票的，银行应予退票，并按票面金额处以5%但不低于1000元的罚款。

（2）甲宾馆可以振辉机械厂签发空头支票为由，要求其支付2000元的赔偿金。因为法律规定，出票人签发空头支票的，持票人有权要求出票人赔偿支票金额2%的赔偿金，即2000元的赔偿金。

（3）银行不能以振辉机械厂账户余额不足200000元为由，拒绝向乙公司付款。因为，关于银行承兑汇票的基本规定，银行承兑汇票的出票人于汇票到期日未能足额交存票款时，承兑银行除凭票向持票人无条件付款外，对出票人尚未支付的汇票金额按照每日5‰计收利息。

【案例2】

某玩具厂供销员刘某遗失一张已盖好单位及有关人员印章的空白转账支票，立即报告了厂方，厂方当即通知了开户银行，并于当晚在当地广播电台和电视台播出了遗失声明。事隔

4 天，某商店持银行退回的支票到该厂要求支付 8500 元货款。厂方以该支票已声明作废为由拒绝承担任何责任。商店遂诉至法院。

1. 思考问题

按你所学过的知识此案应如何处理？

2. 参考答案

如果发生票据丧失，《银行结算办法》规定可采用“挂失”的方法来补救，由于票据种类不同，具体手续也不一样。

（1）对于银行汇票，《银行结算办法》规定：持票人必须妥善保管银行汇票，严防遗失。如果遗失了填明“现金”字样的银行汇票，持票人应当立即向兑付银行或签发银行请求挂失。在银行受领挂失前（包括对方银行收到挂失通知前）被冒领，银行概不负责；如果遗失了填明收款单位和或个体经济户名称的汇票，银行不予挂失，可通知收款单位或个体经济户、兑付银行、签发银行，请其协助防范。遗失的银行汇票在付款期满后 1 个月，确未冒领，可以办理退款手续（第 13 条第 15 款）。

（2）对于银行本票，《银行结算办法》规定，银行本票见票即付，不予挂失。遗失的不定额银行本票在付款期满后 1 个月，确未冒领，可以办理退款手续（第 14 条第 12、13 款）。

（3）关于支票，《银行结算办法》规定：已签发的现金支票遗失，可以向银行申请挂失。挂失前已经支付，银行不予受理。已签发的转账支票遗失，银行不予挂失，可请求收款人协助防范（第 16 条第 9 款）。

另外，《票据法》第 15 条第 1 款规定：“票据丧失，失票人可以及时通知票据的付款人挂失支付，……收到挂失止付通知的付款人，应当暂停支付。”该条第 3 款规定：“失票人应当在通知挂失止付后 3 日内，也可以在票据丧失后，依法向人民法院申请公示催告，或者向人民法院提起诉讼。”可见，票据失票人的挂失支付通知仅仅是授“暂停支付”，并无停止支付的法律效力。《民事诉讼法》第 193 条规定：“按照规定可以背书转让的票据持有人，因票据被盗、遗失或者灭失，可以向票据支付地的基层人民法院申请公示催告。”第 197 条规定：“没有人申报的，人民法院应当根据当事人的申请，作出判决，宣告票据无效。判决应当公告，并通知支付人。”可见，宣告票据无效只能通过公示催告程序由人民法院依法作出。

当事人的遗失事明是没有法律效力的。被告玩具厂遗失空白转账支票后，虽然通知了开户银行，并在有关新闻单位播出了“遗失声明”，但这种提醒有关方面注意的“周知式”作法，并不具法律效力。

为此，被告玩具厂应对此案负主要责任，应承担主要的经济损失；原告商店在接受转账支票时，未核对持票人身份，造成持票人冒用他人已挂失的支票，因此，也应承担一定的损失责任。

本章练习

一、填空题

1. 金融是指货币资金的借贷和流通，即以＿＿＿＿＿＿为中心的各种信用活动以及在

＿＿＿＿＿＿基础上组织起来的货币流通。

2. 中央银行是指国家控制与调节货币流通和信用的＿＿＿＿＿＿，是我国金融体系的核心，享有国家法律赋予的各种职权，是国家的货币＿＿＿＿＿＿，是银行的银行。

3. 开户单位在购销活动中不得对＿＿＿＿＿＿结算给予比转账结算优惠的待遇。

4. 票据结算方式包括＿＿＿＿＿＿、＿＿＿＿＿＿、支票等结算方式。

5. 汇兑是指汇款人委托＿＿＿＿＿＿将其款项支付给收款人的结算方式。

6. 填写票据必须用中文，大写金额数字应用正楷或行书填写，采用＿＿＿＿＿＿，不得自造简化字。

7. 基本存款账户是指存款人办理日常＿＿＿＿＿＿和＿＿＿＿＿＿收付的账户，是存款人在银行的主要存款账户。

8. ＿＿＿＿＿＿持卡人非现金交易可享受免息还款期待遇和最低还款额待遇等优惠。

9. 由＿＿＿＿＿＿自行支付的是本票，由出票人委托他人支付的是汇票和支票。

10. 银行账户一般分为基本存款账户、一般存款账户、临时存款账户和＿＿＿＿＿＿账户四类。

11. 在银行开立存款账户的单位和个人办理支付结算，账户内必须有足够的＿＿＿＿＿＿保证支付。

12. 存款人撤销存款账户，必须与开户银行＿＿＿＿＿＿账户余额，经开户银行＿＿＿＿＿＿同意后，办理销户手续。

二、单项选择题

1. 银行办理结算的原则有几条，下列中不是此类原则的有（　　）。

A. 谁贷款谁负责　　B. 银行不垫款

C. 谁的钱进谁的账，由谁支配　　D. 恪守信用，履约付款

2. 票据行为作为一种特定的法律行为其特征不包括（　　）。

A. 无因性　　B. 独立性

C. 要式性　　D. 连带性

3. 结算起点（　　）元以下的零星支出，开户单位可以使用现金。

A. 1000　　B. 2000

C. 3000　　D. 4000

4. 我国代表国家掌管货币发行的机关是（　　）。

A. 国务院　　B. 中央银行

C. 中国人民银行　　D. 财政部

5. 下列哪个不是票据的基本当事人（　　）。

A. 出票人　　B. 承兑人

C. 收款人　　D. 付款人

6. 我国发行人民币，管理人民币流通的机构是（　　）。

A. 国务院　　B. 财政部

C. 国家计委　　D. 中国人民银行

7. 票据持有人向票据债务人请求支付票据金额的权利，包括付款（　　）和追索权。

A. 请求权　　B. 占有权

C. 控制权　　D. 收益权

8. 银行依法为单位、个人在银行开立的账户保密，维护其资金的（　　）权。

A. 管理　　B. 自主支配

C. 发放　　D. 开户

9. 下列违反现金使用范围的行为是（　　）。

A. 企业发给工人当月发放4680元的工资

B. 因出差领取5000元的差旅费

C. 购买办公用品价值1500元

D. 向某农户收购棉花7000元

10. 各单位库存的现金限额，一般不得超过本单位（　　）日常零星开支所需要的现金。

A. 3～5天　　B. 5～7天

C. 1～2天　　D. 一星期

11. 下列各银行中属于商业银行的是（　　）。

A. 中国银行　　B. 中国人民银行

C. 中国农业发展银行　　D. 中国投资银行

12. 开户单位现金收入应当于（　　）送存开户银行。

A. 2日内　　B. 3日内

C. 当日　　D. 5日内

三、多项选择题

1. 目前我国的商业银行主要有（　　）。

A. 中国工商银行　　B. 中国农业银行

C. 中国银行　　D. 中国建设银行

2. 我国的票据法所指的狭义票据包括（　　）。

A. 股票　　B. 提货单

C. 汇票　　D. 本票、支票

3. 办理支付结算需要交验符合法律、行政法规以及国家有关规定的个人有效身份证件包括（　　）。

A. 军官证

B. 居民身份

C. 士兵证

D. 港澳居民来往内地通行证、台湾居民来往大陆通行证

4. 政策性银行是指由政府设立的、专门从事某一方面的政策性货币信用业务、并不以营利为目的的金融机构。它的主要业务包括（　　）。

A. 支持贯彻国家产业政策的贷款　　B. 发行货币

C. 发放支持国家区域发展战略的贷款　　D. 吸收居民存款

5. 我国现有的政策性银行有（　　）。

A. 国家开发银行
B. 中国农业发展银行
C. 中国进出口银行
D. 中国人民银行

6. 银行的票据行为有（　　）。
A. 出票
B. 承兑
C. 背书
D. 保证

7. 支付结算的种类包括（　　）。
A. 汇票结算
B. 汇兑
C. 托收承付
D. 现金支付

8. 下列各项中，违反现金管理制度的行为包括（　　）。
A. 用白条顶替库存现金
B. 出差人员随身携带的差旅费超过1000元
C. 坐支现金
D. 利用本单位银行账号替他人支取现金

9. 中国人民银行是全国唯一的（　　）。
A. 中央银行
B. 国家机关性质的银行
C. 货币发行银行
D. 买卖债券的银行

10. 我国的金融机构是指依法设立的从事金融业务活动的各类信用机构的总称。主要包括有（　　）。
A. 商业银行
B. 信用合作社
C. 信托投资公司
D. 政策性银行

四、判断题

1. 我国的中央银行是中国人民银行，制定和实施货币政策，受国务院直接领导。（　　）

2. 狭义的支付结算包括现金结算和银行转账结算。广义的支付结算仅指银行转账结算。（　　）

3. 一个单位在几家银行开户的，就只能在这几家银行开设现金结算户，支取现金，并由它们负责核定现金库存限额。（　　）

4. 政策性银行是指以获得利润为目的并以追求利润最大化为目标，以吸收公众存款、发行金融债券、买卖政府债券等为其业务，具有法人资格的金融机构，是国家金融体系的主体。（　　）

5. 大写金额数字有“分”的，“分”后面应写“整”（或“正”）字。（　　）

6. 在银行开立存款账户的法人以及其他组织之间，必须具有真实的交易关系或债权债务关系，才能用商业汇票。（　　）

7. 银行卡是指商业银行向社会发行的具有消费信用、转账结算、存取现金等全部或部分功能的信用支付工具。（　　）

8. 填写票据和结算凭证的金额时，如果金额数字书写中使用繁体字，银行也应受理。（　　）

9. 信用证是指开证银行依照申请人的申请向受益人开出的一定金额，在一定期限内凭信用证规定的单据支付款项的书面承诺。（　　）

10. 一般存款账户是指存款人办理日常转账结算和现金收付的账户，是存款人在银行的

主要存款账户。 (　　)

11. 票据结算方式包括：托收承付、委托收款、汇兑、信用卡、信用证等。 (　　)

12. 银行本票是指由是指收款人或付款人签发的，承诺自己在见票时无条件支付票据金额给收款人或持票人的票据。 (　　)

五、简答题

1. 什么是票据当事人？
2. 现金管理的基本原则是什么？
3. 简要概括支付结算的三原则？
4. 什么是狭义的票据？狭义票据包括哪些票据？
5. 我国的金融体系如何构成？

六、案例分析题

2018年12月8日8时50分许，原告邓某至南通市某派出所报案，称其12月7日晚6时左右在一餐厅就餐，用餐时将衣服脱下挂在椅子上，6时40分左右餐毕回家后发现衣服里的钱包没有了，内有现金1200余元、中行卡、建行卡各一张及原告与其母的身份证各一张。邓某发现钱包丢失后于次日早晨去银行办理挂失时发现中国银行长城信用卡内的资金已被盗用。其中，12月7日19时18分和19时22分分别在被告A商店处消费19995元和7900元，在全国银行卡统一受理签购单上持卡人签名为“丁伟”。被告商店员工在受理案涉刷卡交易时，仅要求“持卡人”在POS机上输入密码，未对“持卡人”的签名进行认真审核，亦未查验身份证件。被告商店员工在作证时均否认案涉信用卡持卡人签名栏内有“邓某”的签名字样。庭审中，被告代理人确认，其通过银联成为了中国银行的特约商户，与银联之间有协议，在操作时根据发卡行的要求进行操作。被告代理人同时承认被告商店员工对发卡行的具体要求并不知道。原告邓某诉至法院称，被告方未能按照规定对持卡人身份进行审查并核对签名即准予持卡人刷卡消费导致原告的合法权利遭受损失，现诉请法院判令被告赔偿原告损失人民币27895元并承担同期银行利息100元。

问：你如果作为法官此案应如何处理？

第十四章

财政税收法律制度

本章概要

一、重点、难点

重点：税收的概念、特征；税法的构成要素；我国目前主要税种的税制内容；税收征管法。

难点：税法是本章教学中的难点。我国目前处于经济转型时期，市场经济改革尚未完成，税法也随之处于不断调整完善状态中，税种、税制常有变化。因此在教学中，要关心税制建设，对于税种、税制的调整、调整的原因、调整的结果以及调整后对社会经济生活的影响等都要有所了解，以培养学生对我国税收，乃至整个经济改革达到充分的理解。

二、教学建议

财政税收法律是经济法的重要内容，它主要是从宏观上规定国家对社会经济进行管理调控的法律规范。本章主要介绍财政法和经济法的重要组成部分——税法。通过对这两种法律的学习，使学生对市场经济条件下，国家对宏观经济的调控手段和方式有进一步理解。

财政和税收的概念是学生理解本章内容两法的基础。所以在讲述两部法律之前，首先要讲清财政和税收的概念，这二者其立足点都是为了维护国家统治，凭借国家权力，强制地、无偿地对社会产品和国民收入进行管理而产生的特殊关系。财政主要体现分配和再分配的一种分配关系，相对应，而税收主要体现一种对大公共事业（即国家）需求供应的征收关系，二者相结合，一收一支，最终体现了国家对经济的宏观管理。

实训案例

一、税法概念和税制要素

（一）知识要点

基本掌握财税法的概念和基本原则，重点掌握税法的概念、调整对象及税法的构成要素。应把握税收是国家为了实现其职能，凭借政治权力，依照法律规定的标准，强制地、无偿地征收一定货币或实物所发生的一种特殊分配活动，它体现了以国家为主体在国家与纳税人之间形成的特定的分配关系，具有强制性、无偿性和固定性的重要特性。税法的构成要素主要有：①纳税主体；②课税对象；③税率；④纳税环节；⑤纳税期限；⑥纳税地点；⑦税收优惠；⑧税务争议；⑨税收法律责任。

（二）典型案例

某市稽查局检查科的两名检查人员在2019年6月8日，对该县宏大商贸有限公司进行税务检查时，发现该公司部分销售糖果的零售柜台，在2018年底才将全年的销售收入按3%税率缴纳增值税，未收取进项税发票抵扣进项税，该公司为增值税一般纳税人。两名检查人员认为该公司的该项行为不符合税法的规定，造成少缴税款属于偷税，于是以市稽查局检查科的名义，对该公司法人代表李某个人下达了补缴税款，并进行罚款的决定书。李某不服，并表示拒绝缴纳税款和罚款，两名检查人员便将李某个人的私人汽车开回某市稽查局抵顶税款和罚款。

1. 思考问题

（1）该县宏大商贸有限公司部分销售糖果的零售柜台应该缴纳什么税种？该柜台的缴税方式是否符合税法的规定？

（2）如不符合，那么该零售柜台应如何缴纳？税率应为多少？纳税期限如何确定？

（3）某市稽查局检查科的两名检查人员以市稽查局检查科的名义，对该公司法人代表李某个人下达了补缴税款，并进行罚款的决定有问题么，为什么？

（4）该公司法人代表李某对某市稽查局检查科的两名检查人员的执法行为不服可采取什么方式解决？

（5）如果某市稽查局执法行为合法，那么某市稽查局应该如何对该县宏大商贸有限公司的涉税行为进行处理？

2. 案例分析及参考答案

（1）该县宏大商贸有限公司部分销售糖果的零售柜台应缴纳增值税。该柜台的缴税方式不符合税法的规定，其主要问题在于：①《中华人民共和国增值税暂行条例》规定，增值税的纳税期限最长为1个月，而该公司部分销售糖果的零售柜台，在2018年底才将全年的销售收入计算缴纳税款，不符合增值税纳税期限的规定。②该县宏大商贸有限公司属增值税一般纳税人，按《中华人民共和国增值税暂行条例》及《实施细则》的规定，无论该公司部分销售糖果的零售柜台是否收取进项税发票抵扣进项税，都应按13%的税率计算增值税销项税额，而其按小规模纳税人零售业3%的税率缴纳增值税，属于适用税率错误。因此，该县宏大商贸有限公司部分销售糖果的零售柜台正确的缴税方式为按月计算销售收入，并按13%税率计算增值税销项税额，按纳税期限缴纳应纳税款。

（2）某市稽查局检查科的两名检查人员以市稽查局检查科的名义，对该公司法人代表李某个人下达了补缴税款，并进行罚款的决定不符合《税收征管法》的有关规定，其主要问题在于：①某市稽查局检查科不具有执法主体资格，无权以某市稽查局检查科的名义对纳税人的涉税行为进行处理。②该县宏大商贸有限公司的纳税主体是宏大商贸有限公司，李某只是该公司的法定代表人，税务机关不能对公司法人代表李某个人下达补缴税款，并进行罚款的决定，而应该就涉税问题对宏大商贸有限公司进行处理。

（3）该公司法人代表李某对某市稽查局检查科的两名检查人员的执法行为不服，可采取税务行政复议和税务行政诉讼两种方式解决税收纠纷。

(4) 如果某市稽查局执法行为合法，那么某市稽查局可以对该县宏大商贸有限公司2018年度少缴增值税的行为责令其限期补缴税款，加收滞纳金，并对其偷税行为进行罚款处理。如果其违反税法情节严重，偷税数额较大，超过法律规定标准，则必须将该案件移送司法机关处理。

3. 法理基础

增值税是以商品生产和流通中个环节新增的价值作为征税对象的一种税。增值税实行价外计税，计税方法：凭增值税专用发票注明的增值税额进行抵扣，即在计算本环节销售货物或提供应税劳务应缴纳税款时，应扣除上一环节购进货物或获取应税劳务支付款额时得到的增值税专用发票上注明的增值税税额。

增值税的一般纳税人除销售适用低税率的货物之外，税率为13%。应纳税额为当期销项税额抵扣当期进项税额后的余额。

税务检查和税务人员必须依照《税收征管法》及其实施细则行使检查职权，对违法行为的处理，要经县以上税务局（分局）局长批准。

税务行政复议是指纳税人和其他税务当事人对税务机关的具体行政行为不服，依法向该税务机关的上一级税务机关（复议机关）提出申诉，由上一级税务机关对引起争议的具体行政行为作出维持、变更、撤销等决定的活动。

（三）自测案例

2019年5月，某县化肥厂厂长王某超额完成利税指标，对该县经济发展作出了突出贡献。县政府奖励王某人民币4万元，并明确宣布：此项奖励免予缴税，此事在该县引起很大反响。而该县税务局却通知王某于6月15日前纳税。请问：县政府作出的免税决定是否合适？王某应否纳税？纳什么税？可以在什么期限前申报纳税？税率为多少？

二、我国的主要税种

（一）知识要点

税种是指一个国家或地区税收体系中的具体税收种类。税种的不同最主要是起因于课税对象的不同，因此，各税种的名称通常都是根据课税对象来确定。我国现行税制规定的税种有以下七类：①流转税；②所得税；③资源税；④财产税；⑤行为税；⑥农业税；⑦关税。其中重点掌握流转税类和所得税类的具体税种的纳税主体、征税对象、税率、计征方法等有关知识。

（二）典型案例

某机械厂是以生产汽车发动机及汽车发动机配件的工业企业，属于增值税的一般纳税人。2019年某月份，该厂的外购业务项目如下：

(1) 购进钢材20吨，价款100000元，发票注明进项税额17000元。

(2) 外购低值易耗品13000元，其中以一般纳税人购入的货物为8000元，发票注明税额为1360元，从小规模纳税人购入的货物为5000元，发票无注明税额。

(3) 外购协作件，价款为30000元，发票注明进项税额5100元。

(4) 外购生产用电力，价款为4000元，发票注明进项税额为680元。

(5) 外购生产用水，价款为2100元，发票注明进项税额为273元。

（6）外购机床一台，价款为15000元，发票注明进项税额为2180元。

同时该厂本月份的销售情况如下：

（1）采用托收承付结算方式销售给一般纳税人A厂发动机，价款为120000元，货已发出，托收已在银行办妥，但贷款尚未收到。

（2）采用分期收款结算方式销售给一般纳税人B厂发动机，价款为200000元，货已发出，按合同规定本月到期贷款为60000元，但实际只收到贷款30000元。

（3）采用其他结算方式销售给一般纳税人C厂发动机，价款为40000元，货已发出，贷款已收到。

（4）销售给小规模纳税人汽车发动机零配件，收取价税混合款为10000元。

1. 思考问题

根据以上资料，计算该厂本月份应纳多少增值税。

2. 案例分析及参考答案

（1）本月销项税额的计算。由上可知，该厂本月向一般纳税人销售货物的结算方式分别为托收承付，分期收款和其他结算方式三种。按增值税法规规定，对采用托收承付其他结算方式的，其纳税义务发生时间为货物发生，同时收讫价款或取得索取价款的凭证的当天；对采用分期收款结算方式销售货物的，其纳税义务发生时间为销售合同规定的收款日期当天。因此该厂本月销售给一般纳税人的计税销售额为：

销售给A厂货物的价款为：120000元；

销售给B厂货物的价款为：60000元；

销售给C厂货物的价款为：40000元；

三者合计为220000元。

销售给小规模纳税人的货物，由于其贷款是按价税混合收取的，按规定，需换算出销售额，然后才能计算其应纳增值税税额。根据增值税法，销售额 = 已取得的收入 ÷（1 + 增值税率），故该厂本月销售给小规模纳税人的销售额为：

10000 ÷（1 + 13%）= 8850（元）

那么，该厂本月的计税总销售额为：

220000 + 8850 = 228850（元）

该厂本月销项税额 = 228850 × 13% = 29750.5（元）

（2）本月进项税额的计算。按规定，增值税进项税额的计算，只能计算增值税专用发票上注明的增值税税额和购进免税农产品的进项税额，对从小规模纳税人购进的货物，其进项税额不准抵扣，对购进的机器设备等固定资产项目的，其进项税额也不准抵扣。该厂的进项税额计算如下：

钢材：17000元

低值易耗品：1360元

外购协作件：5100元

外购电力：680元

外购生产用水：1550元

本月进项税额合计为：

17000 + 1360 + 5100 + 680 + 1550 = 25690（元）

（3）本月应纳增值税。

本月应纳增值税税额 = 销项税额 - 进项税额

= 29750.5 - 25690

= 4060.5（元）

3. 法理基础

本期应纳税额 = 本期销项税额 - 本期进项税额

销（进）项税额 = 销售额 × 税率

销售额 = 含税销售额 ÷（1 + 税率）

（三）自测案例

某卷烟厂生产卷烟，由烟草专卖部门在国内批发销售。据此情况，你分析该卷烟厂一般需要缴纳哪些税种？

三、税收征收管理法

（一）知识要点

2015年4月24日，新修订的税收征收管理法正式施行。新税收征收管理法相对于原税收征收管理法有五项重大修改：一是增加了加强征管、堵塞漏洞的税源管理措施；二是进一步明确了税务机关执法主体的地位，强化了执法手段和措施；三是增加了防范涉税违法行为的措施，加大了打击逃骗税的力度；四是大量增加了保护纳税人合法权益和纳税人依法享有权利的内容和条款；五是进一步规范税务机关的执法行为，明确了对税务机关和税务人员违法行为的法律责任。税收征收管理法是税收征收管理的基本法律，是最重要的征管程序法，是税务机关依法行政的重要依据，也是纳税人维护自身合法权益的有力武器，因此，对于税收征收管理法的有关内容应重点理解，全面掌握。

（二）典型案例

某基层税务所2017年7月15日接到群众举报，辖区内宏发服装厂（系个体工商户）开业两个月没有纳税。

2017年7月16日，税务所对宏发服装厂依法进行了税务检查。经查，该服装厂2017年5月8日办理了营业执照，5月10日正式投产，没有办理税务登记，共生产销售服装500套，销售额600000元，没有申报纳税。根据检查情况，税务所于7月18日拟作出如下处理建议：

（1）责令服装厂7月25日前办理税务登记，并处以500元罚款；

（2）按规定补缴税款、加收滞纳金，并对未缴税款在《税收征管法》规定的处罚范围内，处以9000元罚款。

2017年7月19日送达《税务处罚事项告知书》，7月21日税务所按上述处理意见作出了《税务处理决定书》和《税务行政处罚决定书》，同时下发《限期缴纳税款通知书》，限该服装厂于2017年7月28日前缴纳税款和罚款，并于当天将二份文书送达给了服装厂。

服装厂认为本厂刚开业两个月，产品为试销阶段，回款率低，资金十分紧张，请求税务所核减税款和罚款，被税务所拒绝。7月28日该服装厂缴纳了部分税款。7月29日税务所又下达了《催缴税款通知书》，催缴欠缴的税款、滞纳金和罚款。在两次催缴无效的情况下，经税务所长会议研究决定，对服装厂采取强制执行措施。8月2日，税务所扣押了服装厂40套服装，以变卖收入抵缴部分税款和罚款。服装厂在多次找税务所交涉没有结果的情况下，8月15日书面向税务所的上级机关某县税务局提出行政复议申请：要求撤销税务所对其作出的处理决定，并要求税务所赔偿因扣押服装给其造成的经济损失。

1. 思考问题

（1）县税务局是否应予受理?

（2）税务所在执法方面存在哪些问题?

2. 案例分析及参考答案

（1）县税务局对服装厂在税务所作出强制执行处罚的复议申请应予受理。

（2）税务所在执法方面存在如下问题：

①税务所对服装厂因偷税罚款9000元，超越了其“罚款额在2000元以下的，可以由税务所决定”的执法权限，属于越权行为。

②执法程序不合法。作出《税务行政处罚决定书》的时间不符合法律规定。国家税务总局《税务行政处罚听证实施办法》第40条规定，要求听证的当事人，应当在《税务行政处罚事项告知书》送达后3日内向税务机关书面提出听证；逾期不提出的，视为放弃听证权利。税务所7月19日送达《税务行政处罚事项告知书》，而7月21日就作出了《税务处理决定书》，听证告知的时间只有2天，不符合法定程序。

③扣押服装厂的服装不符合法定程序。根据《税收征管法》第40条的规定，其一，税务机关采取强制执行措施时必须经县以上税务局（分局）局长批准，税务所没有经县税务局长批准对服装厂采取强制执行措施，是不符合法定程序的；其二，税务机关对罚款采取强制执行措施不合法。根据《税收征管法》第88条第3款规定：“当事人对税务机关的处罚决定逾期不申请行政复议也不向人民法院起诉、又不履行的，作出处罚决定的税务机关可以采取本法第40条规定的强制执行措施。”而该服装厂在法定的期限内申请了行政复议，税务机关就不能对罚款采取强制执行措施。

3. 法理基础

《税收征管法》第88条规定：纳税人、扣缴义务人、纳税担保人同税务机关在纳税上发生争议时，必须先依照税务机关的纳税决定缴纳或者解缴税款及滞纳金或者提供相应的担保，然后可以依法申请行政复议。

《税收征管法》第74条规定：本法规定的行政处罚，罚款额在2000元以下的，可以由税务所决定。

《税务行政处罚听证实施办法》第40条规定，要求听证的当事人，应当在《税务行政处罚事项告知书》送达后3日内向税务机关书面提出听证；逾期不提出的，视为放弃听证权利。

（三）自测案例

某县税务局第二税务所在2017年8月4日了解到其辖区内经销海鲜的个体工商业户B打算在8月底收摊回外地老家，并存在逃避缴纳2017年7月税款3200元的可能。

该税务所于8月5日向B下达了限8月31日缴纳7月份税款3200元的通知。8月27日，该税务所发现B正在联系货车准备将其所剩余的货物运走，于是当天以该税务所的名义由所长签发向B下达了扣押文书，由税务人员李某带两名协税组长共三人将B价值约3200元的海鲜扣押存放在借用的某机械厂仓库里。

2017年8月31日11时，B到税务所缴纳了7月份应纳税款3200元，并要求税务所返还所扣押的海鲜，因机械厂仓库保管员不在未能及时返还。2017年9月2日15时，税务所将扣押的海鲜返还给B。B收到海鲜后发现部分海鲜腐烂，损失海鲜价值1500元。B向该所提出赔偿请求，该所以扣押时未开箱查验是否已腐烂，海鲜腐烂的原因不明为由不予受理。而后B向县税务局提出赔偿申诉。请问：该税务所在处理该案时存在哪些问题？

四、本章综合案例

【案例1】

李某是一家私营企业的业主。2017年7月，税务人员在检查该私营企业账务时，经县税务局局长批准，同时检查该企业在中国银行的存款账户及李某私人和其妻王某在储蓄所的存款。查实李某自2017年1月份以来账外经营收入20万元，于是依法作出了补税罚款的处理决定。李某气急败坏，当即向银行责问为何将该厂存款账户和私人储蓄存款提供给税务机关检查，银行人员称税务机关提供了检查存款账户的许可证明，有权进行检查。

1. 思考问题

税务机关是否有权检查该企业的存款账户和何某本人及其妻子的个人储蓄存款？为什么？

2. 参考答案

税务机关有权检查该企业的银行存款账户，但对李某妻子王某的储蓄存款检查不合法。根据《税收征管法》第54条第6项规定："经县以上税务局（分局）局长批准，凭全国统一格式的检查存款户许可证明，查询从事生产经营的纳税人、扣缴义务人在银行或者其他金融机构的存款账户；税务机关在调查税收违法案件时，经设区的市、自治州税务局（分局）局长批准，可以查询案件涉嫌人员的储蓄存款。"因此，税务机关有权依法检查该单位的银行存款账户，但对李某及其妻子王某的储蓄存款账户的检查必须经过市、自治州税务局局长批准。

李某属私营企业主，按照《实施细则》的规定，李某在银行的储蓄存款账户，属于银行存款账户的检查范围；但对李某妻子的储蓄存款的检查，需按照《税收征管法》第54条第2款的规定执行。

【案例2】

某县供销社下属的某乡农副产品采购供应站，现已累计欠税4万多元。2017年11月15日，该乡税务分局的税务员张某来站上对站长说："1月20日前再不能缴清欠税，我们就得采取措施了！"11月20日上午，站长正在向县供销社经理汇报税务局催缴欠税的事，突然接到站里打来的电话说："税务局来人将站里收购的3吨价值6万多元的芦笋拉走了！"

站长急忙赶回站里，果然装满芦笋的汽车不见了，只见办公桌上放着一张《查封（扣押）证》和一份《扣押商品、货物财产专用收据》。经过多处筹集，供应站在11月22日将所欠税款全部缴清。但在向张某索要扣押的芦笋时，他说芦笋存放在食品站的仓库里。当供应站人员一同赶到食品站时，食品站的人说：保管员回城里休假了。3天后供应站才见到芦笋。因为下了一场大雪，芦笋几乎已全部冻烂。这给供应站带来了4万元的直接经济损失。

因为供应站未能按合同供应芦笋，还要按照合同支付购货方1万元的违约金，合计损失5万元。

12月5日，供应站书面向该乡税务分局提出了赔偿5万元损失的请求，分局长说要向上级请示。12月10日，供应站再向该乡税务分局询问赔偿的事时，分局长说："张某及另外的一位同志对供应站实施扣押货物，未经过局长批准，纯属个人行为，税务局不能承担赔偿责任。"同时还拿来《查封（扣押）证》的存档联给供应站有关人员看，果然没有局长签字。

12月16日，供应站向县税务局提出税务行政复议申请，请求县局裁定该乡税务分局实施扣押货物违法，同时申请赔偿5万元的损失。至12月30日，县税务局尚未作出答复。

1. 思考问题

（1）该乡税务分局扣押供应站的货物是否违法？

（2）如果上述属于违法行为，供应站的损失应由税务分局来赔偿还是应该由税务干部张某来赔偿？

（3）县税务局若一直不愿作出裁定或裁定不予赔偿，供应站该怎么办？

2. 参考答案

（1）税务分局的行为是违法的。

①某乡税务分局扣押供应站货物的行为，既不是税收保全措施，也不是税收强制执行措施。

强制执行措施，应当依照《税收征管法》第40条的规定，先向站长下达《限期缴纳税款通知书》，若逾期仍未缴纳时，才可以经县以上税务局局长批准，采取扣押货物等强制执行措施。扣押货物后，直接对扣押的货物进行依法拍卖或者变卖，以拍卖或者变卖所得抵缴税款。

税收保全措施，应该先向供应站下达《限期缴纳税款通知书》，在限期内若发现供应站有明显的转移、隐匿其应纳税的商品、货物以及其他财产或者应纳税的收入的迹象时，税务分局还应首先责成供应站提供纳税担保。若供应站不能提供纳税担保，才可以经县以上税务局局长批准，对供应站采取扣押货物等税收保全措施。

②扣押的货物超过应纳税额。该税务分局在执行4万多元的税款时，扣押了供应站6万元的货物，违反了《税收征管法》第38条第1款第2项的规定，即应当扣押、查封纳税人的价值相当于应纳税款的商品、货物或者其他财产。

③在扣押供应站的货物时，没有通知供应站领导到场，也没有让供应站主要负责人在《查封（扣押）证》和《扣押商品、货物财产专用收据》上签字，违反了《税收征管法实施细则》第63条规定的程序。

④既然税务分局在扣押供应站的货物后，又允许供应站主动履行纳税义务，税务分局应该在供应站缴税后1日内解除对供应站货物的扣押。而该税务分局在3天后才解除对供应站货物的扣押，违反了《税收征管法实施细则》第68条的规定。

（2）如果上述属于违法行为，供应站的损失应由税务分局来赔偿。

根据《赔偿法》第7条第1款的规定，行政机关及其工作人员行使行政职权侵犯公民、法人和其他组织的合法权益造成损害的，该行政机关为赔偿义务机关。因此，税务干部张某等对供应站采取扣押货物的行为，虽未经局长批准，但完全是税务机关自己执法不严造成的，与纳税人无关；张某等的行为完全代表税务机关行使行政职权，而不是与行使职权无关的个人行为。因此，税务人员张某等扣押货物违法，并给供应站的合法财产造成的损害，该乡税务分局是法定的赔偿义务机关。

（3）县税务局若一直不愿作出裁定或裁定不予赔偿，供应站应申请行政复议及要求行政赔偿。

供应站申请行政复议及要求行政赔偿的程序都是合法、有效的。若县税务局至2018年2月14日（申请复议后满60日）尚未作出复议决定，或者供应站对作出的复议决定不服，应在2018年3月3日前，依法向人民法院提起行政诉讼，同时提出行政赔偿请求。

根据《税收征管法实施细则》第70条和《赔偿法》第28条的规定，行政机关及其工作人员在行使行政职权时侵犯公民、法人和其他组织的财产权造成损害的，国家只就直接损失予以赔偿，对间接损失不予赔偿。所以，对该站支付给购货方1万元违约金的间接损失，国家将不予赔偿。

【案例3】

2017年6月20日，某县税务局为防止税款流失，在通往某煤矿的公路上进行税收检查，查堵逃税车辆，个体营运车主王某驾驶运煤汽车路经此处时，税务检查人员将其拦住，两名身着工作服的检查人员向王某出示税务检查证，并讲明实施检查的意图，税务检查人员郑某登上车门踏板准备进行检查，年初以来一直未申报纳税的王某惧怕检查，趁其他税务人员不备突然驾车企图逃离检查现场，郑某在十分危险的情况下强行爬进驾驶室，王某被迫停车，随即追来的其他税务人员经检查，检查发现王某自2017年1月开业并办理税务登记以来，一直未向税务机关申报纳税，向王某填发了《限期纳税通知书》和《查封扣押证》。根据《税收征管法》第38条将王某的汽车扣押，停放在办公室后院的停车场内，要王某补缴上半年税款9620元，王某四处托人到车管所说情放车，均被拒绝，此间王某汽车的轮胎等部件被盗。

7月5日，王某向县人民法院起诉县税务局，要求税务局返还扣押的汽车并赔偿被盗部件及误工损失15000元，县法院受理了此案，向县地税局发出应诉通知书，地税局在规定期限内提供了举证材料并聘请了律师为诉讼代理人。7月20日法院开庭进行了审理，7月25日县法院作出一审判决，撤销县地税局扣押王某汽车的具体行政行为，赔偿王某汽车部件被盗及误工损失15000元，诉讼费由县地税局承担。

1. 思考问题

（1）指出某县税务局在此案中执法存在的问题。

（2）法院的判决是否正确，依据是什么？

2. 问题分析及参考答案

（1）某县税务局在上述案件中主要存在下述5个方面的问题：

第一，检查行为不合法。税务机关进行税务检查应该符合《税收征管法》《实施细则》及有关法律、法规的规定。《实施细则》第89条明确规定“税务机关和税务人员应当依照《税收征管法》及其《实施细则》的规定行使税务检查职权”。

①税务检查人员没有按规定出示《税务检查通知书》。《税收征管法》第59条、《实施细则》第89条明确规定，税务机关在进行税务检查是应当出示《税务检查证》和《税务检查通知书》，未出示《税务检查证》和《税务检查通知书》的，纳税人、扣缴义务人和其他

当事人有权拒绝接受检查。本案中，税务检查人员只出示了《税务检查证》而没有出示《税务检查通知书》。

②公路上拦车检查，超越了《税收征管法》规定。《税收征管法》第54条赋予税务机关六个方面的税务检查权，但未授予税务机关在公路上拦车检查的权力；国务院及国家税务总局在相关文件中明确规定税务机关不准以任何形式上路检查征税，某县税务局在公路上拦车检查的行为，违反了法律法规和规章的规定，属于越权执法。

第二，适用法律错误。某县税务局认定王某未按期申报纳税应当按《税收征管法》第32条、第62条、第64条第2款规定处理。

①未按规定加收滞纳金。对该纳税人发生的滞纳税款，根据《税收征管法》第32条的规定，税务机关除责令限期缴纳税款外，从滞纳税款之日起，按日加收5‰的滞纳金。

②未按规定责令限期申报。按照《税收征管法》第62条的规定，纳税人发生纳税义务，未按规定的期限办理纳税申报，税务机关应责令限期申报；该纳税人未按照规定的期限办理纳税申报的，由税务机关责令限期改正，可以处2千元以下的罚款，情节严重的，可以处2000元以上10000元以下的罚款，地税局车管所未按上述规定处理，却对王某填发《限期纳税通知书》和《扣押查封证》，采取税收保全措施，适用法律错误。

③未按规定对该纳税人进行处罚。按照《税收征管法》第64条第2款的规定，纳税人不进行纳税申报，不缴或者少缴应纳税款的，由税务机关追缴其不缴或者少缴的税款、滞纳金，并处不缴或者少缴税款50%以上5倍以下罚款，地税车管所未按上述规定进行处理。

第三，采取税收保全措施时违反法定程序并超越法定权限。未按照《税收征管法》第38条规定，经过责令限期缴纳税款，责成纳税人提供纳税担保，经县以上税务局（分局）局长批准后采取税收保全措施。某县地税局车管所在检查现场填发《查封扣押证》，没有经过县以上税务局（分局）局长批准的程序，显然违反了法定程序。

第四，税务执法文书使用不规范，程序不到位。首先，《限期纳税通知书》和《查封扣押证》同时下达，不能体现“逾期仍未缴纳”的法定程序；其次，未开付汽车扣押清单；再次，所下达的执法文书未填制（税务文书送达回证）。

第五，对所扣押的汽车没有妥善保管，汽车部件被盗导致纳税人合法利益遭受损失，因而应承担赔偿责任。

按照《税收征管法》第43条的规定：“税务机关滥用职权违法采取税收保全措施、强制执行措施，或者采取税收保全措施、强制执行措施不当，使纳税人、扣缴义务人或者纳税担保人的合法权益遭受损失的，应当依法承担赔偿责任”；《实施细则》第70条规定：“《税收征管法》第39条、第43条所称损失，是指因税务机关的责任，使纳税人、扣缴义务人或者纳税担保人的合法利益遭受的直接损失。”

本案中，税务机关对扣押的汽车没有妥善保管，因此对汽车轮胎被盗有责任；扣押的汽车及其轮胎是纳税人的合法利益；轮胎被盗给纳税人造成了直接损失。因此，税务机关应承担赔偿责任。

（2）县法院判决撤销县税务局扣押王某汽车的具体行政行为，赔偿王某汽车部件被盗及误工损失5000元是正确的。判决所依据的一是《行政诉讼法》第54条第2款，根据该条款规定，具体行政行为主要证据不足，适用法律、法规错误，违反法律程序，超越职权、滥用职权等行为之一的，判决撤销或者部分撤销，并可以判决重新作出具体行政行为。依据之二是《行政诉讼法》第68条，该条款规定行政机关或者行政机关的工作人员作出的具体行政行和侵犯公民、法人或其他组织的合法权益造成损害的，由该行政机关或者该行政机关工作人员所在的行政机关负责赔偿。依据之三是《国家赔偿法》第4条也规定行政机关及其工作人员在行使职权时，违法对财产采取查封、扣押、冻结等行政强制措施的，受害人有取得赔偿的权利。依据之四是《税收征管法》第43条、《实施细则》第79条。

本章练习

一、填空题

1.《税收征管法》规定，__________有根据认为从事生产、经营的纳税人有逃避纳税义务行为的，可以在规定的纳税期之前，责令限期缴纳应纳税款。

2. 税收是国家为了实现其职能，凭借政治权力，依照法律规定的标准，强制地、无偿地__________一定货币或实物所发生的一种特殊分配活动。

3. 流转税包括增值税、消费税、关税、城市维护税、证券交易税等。其中最主要的是__________、__________。

4. 税务行政复议是指__________和其他税务当事人认为税务机关的具体行政行为侵犯其合法权益，依法向税务行政复议机关申请行政复议，并作出行政复议决定的行为。

5. 累进税率是指同一课税对象，随数量的增大，征收比例也随之__________的税率。

6. 自2009年1月1日起开始施行的增值税修订，将我国的增值税完成了由__________增值税向__________增值税的转换。

7. __________是对从事销售货物或者提供加工、修配劳务，销售服务、无形资产或者不动产，以及从事进口货物的单位和个人取得的增值额为课税对象征收的一种税。

8. 税务登记是征收管理的首要环节，是税务机关对__________的开业、变更、歇业以及生产经营范围实行法定登记的一种管理制度。

9. 财政是国家为了实现职能需要，凭借__________无偿地对社会产品和国民收入进行分配和再分配的一种分配关系。

10. 课税对象又称征税客体，是征税的具体对象，是税法中规定的征税的__________，它是国家据以区别税种的依据。

二、单项选择题

1. 下列不属于行为税的是（　　）。

A. 筵席税　　　　B. 增值税

C. 印花税　　　　D. 城市维护建设税

2. 财政法的调整对象不包括的财政关系是（　　）。

A. 国家在筹集资金时所发生的法律关系

B. 国家在调整预算时所发生的法律关系

C. 国家在拨付善款时所发生的法律关系

D. 国家在筹集善款时所发生的法律关系

3. 下列不是增值税的税率或征收率的是（ ）。

A. 17%　　B. 13%

C. 5%　　D. 4%

4. 纳税人未按规定期限缴纳税款的，从滞纳税款之日起，按日加收滞纳税款（ ）的滞纳金。

A. 2‰　　B. 3%

C. 5‰　　D. 5‱

5.（ ）是国家为了实现其职能，凭借政治权力，依照法律规定的标准，强制地、无偿地征收一定货币或实物所发生的一种特殊分配活动。

A. 预算　　B. 税收

C. 财政　　D. 决算

6. 区分不同税种的主要标志是（ ）。

A. 征税对象　　B. 计税依据

C. 税目　　D. 税率

7. 按照税法的规定，（ ）是纳税主体。

A. 税款代缴人　　B. 直接负有纳税义务的人

C. 税款代扣人　　D. 间接负有纳税义务的人

8. 税款的征收方式不包括（ ）。

A. 查账征收　　B. 查定征收

C. 适当征收　　D. 定期定额征收

9. 下列各项中，（ ）属流转税。

A. 增值税　　B. 契税

C. 车船使用税　　D. 资源税

10. 下列税种中采用定额税率的是（ ）。

A. 个人所得税　　B. 车船使用税

C. 企业所得税　　D. 增值税

三、多项选择题

1. 税收的特征有（ ）。

A. 强制性　　B. 确定性

C. 无偿性　　D. 固定性

2. 下列属于税收违法行为的有（ ）。

A. 转借税务登记证　　B. 未设置账簿

C. 欠税　　D. 税务人员利用职务便利索取钱财

3. 下列属于流转税的有（ ）。

A. 契税　　B. 增值税

C. 消费税　　D. 个人所得税

4. 程序税法的主要内容包括（ ）。

A. 税款管理　　B. 税务登记

C. 账务、票证管理
D. 纳税申报
E. 税款征收

5. 税款的征收方式有（　　）。
A. 查账征收
B. 查定征收
C. 查实征收
D. 查验征收

6. 下列属于消费税的征税范围的有（　　）。
A. 大豆色拉油
B. 啤酒
C. 彩电
D. 柴油

7. 我国现行税法采用的税率有（　　）。
A. 累进税率
B. 定额税率
C. 比例税率
D. 边际税率

8. 下列属于增值税的适用税率的有（　　）。
A. 17%
B. 6%
C. 4%
D. 13%

9. 下列税种中属于行为税的有（　　）。
A. 建筑税
B. 印花税
C. 奖金税
D. 车船使用税
E. 筵席税

10.《税收征管法》规定纳税人有下列情形之一的，税务机关有权核定其应纳税额（　　）。
A. 依照法律、行政法规的规定可以不设置账簿的
B. 依照法律、行政法规的规定应当设置账簿但未设置的
C. 在一年内因偷税受过行政处罚
D. 擅自销毁账簿或者拒不提供纳税资料的

四、判断题

1. 依照规定可以不设置账簿的，税务机关无权核定其应纳税额。（　　）

2. "统一领导、分级管理"既是财政管理原则，也是调整中央与地方之间的财政关系的法律规范所必须遵循的原则。（　　）

3. 纳税主体，是指按照税法规定直接负有纳税义务的单位和个人。（　　）

4. 财政是国家为了实现职能需要，凭借行政职能有偿地对社会产品和国民收入进行分配和再分配的一种分配关系。（　　）

5. 在纳税人不能提供纳税担保时，经县以上税务局长批准，税务机关可以采取税务保全措施。（　　）

6. 抗税是指纳税人公然违反税法规定，拒绝履行纳税义务的行为。（　　）

7. 税务机关的税收强制执行措施可以采取扣押、查封、拍卖商品、货物或其他财产，以拍卖所得抵缴税款。（　　）

8. 增值税是指以产品的销售额为征税对象的一种税。（　　）

9. 在纳税人不能提供纳税担保时，经县以上税务局（分局）局长批准，税务机关可以

采取税收管理措施。（ ）

10. 从事生产经营的纳税人、扣缴义务人未按照规定的期限缴纳或解缴税款，纳税担保人未按照规定的期限缴纳所担保的税款，经县以上税务局（分局）局长批准，税务机关可以采取强制执行措施。（ ）

五、简答题

1. 财政法的基本原则有哪些？
2. 纳税人在哪些情况下需要进行税务登记？
3. 流转税的概念及包括的税种有哪些？
4. 什么是消费税？消费税有哪些特点？
5. 简述税款的征收方式有哪几种？
6. 税务代理人违反税法的法律责任主要有哪些？并应承担哪些责任？

六、案例分析题

个体工商户王某于2017年5月10日领取营业执照，并开始从事生产经营活动，同年8月25日，该县税务局在漏征漏管户清理工作中，发现王某未向税务机关申请办理税务登记，也未申报纳税（应纳税款共计8000元）。该县税务局于是对王某未按规定期限办理税务登记的行为，责令限期改正，依照法定程序作出罚款1000元的决定；对未申报纳税的行为，责令限期改正，同时依照法定程序作出追缴税款及加收滞纳金、并处未缴税款2倍即16000元罚款的决定。王某对此不服，于是在接到税务处理和处罚决定书后的第二天向市税务局申请行政复议。

问题：

1. 县税务局作出的行政处罚决定是否正确？为什么？
2. 对王某的行政复议申请，市税务局应该受理吗？

第十五章

仲裁法与经济司法制度

本章概要

一、重点、难点

重点：仲裁与仲裁法的含义；经济仲裁的基本原则；经济仲裁的适用范围；诉讼的概念。

难点：仲裁制度的产生、发展及性质；仲裁的特征、仲裁的程序；经济审判的管辖与程序；仲裁申请书与起诉状的实际应用。

二、教学建议

本章所要讲述的“经济仲裁”与“经济司法”都是实践性很强的司法活动，建议在教学中开设模拟法庭，以增强学生的感性认识。

实训案例

一、仲裁概念

（一）知识要点

（1）自愿达成仲裁协议，有较强的自主性、灵活性、保密性。

（2）当事人自觉履行仲裁裁决，当事人不履行裁决的由人民法院强制执行。

（3）实行一局仲裁制。

（二）典型案例

2017年赵阳购买了某市房地产公司“巴黎豪苑”小区二房一厅二手住宅一套，价格85万元。合同约定了房屋购买的各项有效条款，但没有约定发生争议如何处理，但恰恰就在此发生了意外。赵阳按约定缴纳了购房款后，发现房地产公司不能如约办妥房产执照、土地使用证等相关证照。遂要求退房，并要求房地产公司赔偿因此造成的损失。房地产公司认为，未能如约办妥相关手续责任不完全在自己，因而拒绝赵阳的要求。于是赵阳向当地仲裁委员会请求仲裁。房地产公司接到仲裁委员会的通知后，认为赵阳的请求超出了原合同约定的仲裁范围，遂拒绝出庭参与仲裁。

1. 思考问题

（1）赵阳的请求是否属于仲裁范围？

（2）房地产公司应如何表达自己的不同意见？

2. 案例分析与参考答案

（1）赵阳的请求属于因合同履行发生的争议：在赵先生按约交付购房款后，房产公司未能提供房产证和土地使用证，意即房产公司未能按时交付房屋按约进行所有权转移，属于根本违约，因违约而造成合同另一方的损失由违约方承担。因此属于仲裁范围。

（2）房地产公司可以仲裁机构约定不明，另行协商选择仲裁机构或进行诉讼。

3. 法理基础

本案例涉及的法理基础主要是有关解决合同争议方法的条款，主要包括如下几种形式：

（1）仲裁条款是仲裁协议的一种表现形式，是当事人在合同约定的用仲裁方式解决双方争议的条款。我国对合同争议采取或裁或审制度，仲裁条款有排除诉讼管辖的效力。

（2）我国《民事诉讼法》第25条规定：合同的双方当事人可以在书面合同中协议选择被告住所地、合同履行地、合同签订地、原告住所地、标的物所在地人民法院管辖，但不得违反本法对级别管辖和专属管辖的规定。

（3）选择检验、鉴定机构的条款。

（4）关于协商解决争议的条款。

（三）自测案例

2018年4月某县综合加工厂（供方）与某市饮料厂（需方）签订了一份食品袋购销合同。合同约定：供方发给需方价值7千元的食品袋，由供方代办托运，运杂费由需方负担，交货时间为当年5月15日前，结算方式为货到付款。5月14日供方托运发货，5月21日需方收到货物，供方按合同向需方托收货款，需方于5月29日拒付，理由是过期到货和部分供货质量不符。供方不服，于同年6月20日依仲裁协议向仲裁机构申请仲裁。请你代供方写一份仲裁申请书，供方申请的理由是什么？

二、仲裁的组织机构

（一）知识要点

（1）仲裁委员会一般在设区的市设立。

（2）仲裁委员会独立于行政机关，各仲裁委员会之间没有隶属关系。

（二）典型案例

案例（一）

A市甲公司与B市乙公司拟签订合同，在协商仲裁协议时，对仲裁机构的约定发生意见分歧。甲公司坚持要以本市仲裁委员会为仲裁机构，乙市则坚持要以双方所在市以外的仲裁委员会作为仲裁机构。甲公司负责人认为，应当以当事人一方所在地的仲裁机关作为仲裁机构，否则仲裁协议无效。乙公司负责人则认为，甲公司所在市的仲裁委员会从属于当地司法局，而甲公司的董事长与A市司法局的领导人关系稔熟，在该市仲裁会受到当地司法局的干涉，于己不利。最后双方均同意以上海仲裁委员会为仲裁机构。后发生纠纷，上海仲裁委员会作出仲裁裁决后，甲公司不服裁决，向A市人民法院又提起诉讼。

案例（二）

××房地产公司与××轧钢厂于2018年12月签订了一份钢材批量供应合同，合同约定轧钢厂2019年全年供应具体型号的建筑用钢材1000吨，分四次用火车发出，运费和货款每半年结算一次。2019年1月份轧钢厂向房地产公司发运了300吨钢材，4月份以后钢材市场价格猛然上涨，轧钢厂便不再发货。××房地产公司不得已，只好到市场上高价购买钢材500吨以保证工程进度。11月份钢材市场回落，轧钢厂又马上向房地产公司要求分三次发货700吨。房地产公司提出目前工程已不再需要钢材，且没有存放场地，要求轧钢厂不要再发货并解除合同。轧钢厂却认为，合同未规定发货具体时间，轧钢厂现在分三次发货仍符合合同的规定，不同意解除合同，并发货200吨。房地产公司只好将收到的钢材处理给他人，但拒付轧钢厂货款，因此而产生争议。

在订立合同时合同中曾约定了仲裁条款，写明双方经协商一致决定，一旦发生合同纠纷交A市仲裁委员会仲裁，但发生纠纷后才发现A市并没设立仲裁委员会，仲裁条款被确认无效。双方重新约定，将仲裁争议交房地产公司所在市的仲裁委员会或轧钢厂所在地的仲裁委员会进行仲裁，对仲裁裁决不服的，任何一方均有权向当地人民法院提起诉讼。

1. 思考问题

案例（一）

（1）甲公司与乙公司负责人的看法是否有道理？

（2）仲裁委员会应如何设置？

（3）在发生争议经上海仲裁委员会仲裁后，甲公司又向A市人民法院又提起诉讼的作法是否合适？

案例（二）

（1）该合同中的仲裁条款是否有效？仲裁协议应包含哪些内容？

（2）双方第二次的约定是否符合仲裁法的规定？

2. 案例分析与参考答案

案例（一）

甲公司与乙公司负责人的看法都是错误的。

在我国，直辖市和省、自治区人民政府所在地的市基本都设立了仲裁委员会，不少地方设区的市根据本地经济发展的需要也设立了仲裁委员会。按《中华人民共和国仲裁法》规定仲裁委员会不按行政区划层层设立，当事人可以任意选择适用的仲裁机构。因此在本案例中，甲公司负责人认为，必须以当事人一方所在地的仲裁机关作为仲裁机构，否则仲裁协议无效的观点是错误的。1994年8月31日颁布从1995年9月1日起施行的《仲裁法》规定，我国的仲裁已由过去的行政仲裁转为民间仲裁，除法律另有规定者外，仲裁机构在行使仲裁权时不受到任何行政机关及其他组织的干预；各个仲裁委员会之间，也不存在领导与被领导关系。因此乙告诉负责人的观点也是错误的。

我国仲裁采取的是一裁终局的仲裁制度，除法律另有规定者外，当事人不得再向人民法院提起诉讼。因此，甲公司在上海仲裁委员会作出裁决后又向A市人民法院又提起诉讼的做法是错误的，法院也不会受理。

案例（二）

仲裁的前提是必须存在合法有效的仲裁协议。仲裁协议必须是书面的，包括：合同中的仲裁条款、仲裁协议书或其他文件中明确包含的仲裁协议等三种类型。仲裁协议应包括以下内容：请求仲裁的意思表示、仲裁事项、选定的仲裁委员会等。仲裁协议应具体明确，并且不能超过法律规定的范围。选定的仲裁机构也应当是明确的而且必须是唯一的，否则，仲裁协议无效。

在前述案例中，当事人第一次约定的 A 市仲裁委员会不存在，是因为 A 市是不设区的市，依法不能设立仲裁委员会。因此，当事人的仲裁协议无效。双方当事人第二次约定将仲裁协议交房地产公司所在地的仲裁委员会，或轧钢厂所在地的仲裁委员会进行仲裁，此项约定由于使用了选择性词语，无法确定唯一的仲裁委员会进行仲裁，应确认无效。此外，当事人“对仲裁裁决不服的，任何一方均有权向当地人民法院提起诉讼”的约定，违反了《仲裁法》关于“一裁终局”的规定，从而也导致了第二次的仲裁协议无效。

3. 法理基础

案例（一）

在直辖市和省、自治区人民政府所在地的市设立仲裁委员会，也可以根据需要在其他设区的市设立，但不按行政区划层层设立仲裁委员会。仲裁委员会与行政机关没有隶属关系，仲裁委员会之间也没有隶属关系。仲裁实行一裁终局的制度，仲裁裁决作出后，当事人就同一纠纷再申请仲裁或者向人民法院起诉的，仲裁委员会或者人民法院不予受理。

案例（二）

当事人申请仲裁，应当向仲裁委员会递交仲裁协议、仲裁申请书及副本。仲裁申请书应当载明下列事项：①当事人的姓名、性别、年龄、职业、工作单位和住所，法人或者其他组织的名称、住所和法定代表人或者主要负责人的姓名、职务；②仲裁请求和所根据的事实、理由；③证据和证据来源、证人姓名和住所。

（三）自测案例

某市有张姓一家，其家有商品房 12 套，子女 4 人最近房主张 × × 去世，四个子女因分割房屋发生纠纷，不能通过协商方式解决，闻听仲裁以不公开审理为原则，且有为当事人保密的特点。兄妹四人协商通过仲裁方式来分割房屋，并签订了仲裁协议，到该市仲裁委员会申请仲裁，问：仲裁委员会能够受理吗？

三、仲裁程序

（一）知识要点

（1）申请仲裁须具备：仲裁协议或有关条款；有仲裁理由与事实；属于仲裁受理范围。

（2）送达与答辩。

（3）仲裁庭组成：双方共同指定一名首席仲裁员，另各方选定一名仲裁员，三人组成仲裁庭；或独任仲裁，即双方共同约定仲裁员一人仲裁。

（4）开庭、裁决与执行。

（二）典型案例

案例（一）

周某为农业生产资料批发商，吴某为农业生产资料零售商，吴某与周某签订了化肥购销合同，吴某按合同向周某发出 16 万元汇款，周某在接到汇款后按合同规定把化肥交运至合同指定地点。吴某接收后发现化肥存在质量问题，于是要求退货并包赔损失。因在合同中设立了仲裁条款，因而吴某向仲裁委员会提出仲裁。在仲裁进行中吴某发现周某有转移财产行为，为了保护自己的权益不受损失，吴某向人民法院申请财产保全。

案例（二）

2018年6月渤海公司与戈壁公司签订了以渤海公司为卖方，戈壁公司为买方的海鲜购销合同。合同约定渤海公司于国庆前向戈壁公司供应海鲜一批，总货款30万元。渤海公司于8月底告之戈壁公司因受赤潮影响海鲜捕捞量急剧减少，因而不能如约履行义务。戈壁公司经实地考察后得知，渤海公司不愿如实履约的真实原因是海鲜价格上涨。于是戈壁公司根据双方事先约定的仲裁协议向仲裁委员会提出申请仲裁。经仲裁裁决后，渤海公司仍不履行其应完成的义务，戈壁公司遂向人民法院提出强制执行的申请。

1. 思考问题

案例（一）

（1）吴某向仲裁委员会申请仲裁应具备哪些条件？并作好哪些准备？

（2）吴某申请财产保全是否先要通过仲裁委员会？

案例（二）

（1）人民法院能接受戈壁公司的强制执行申请吗？

（2）什么条件下人民法院可以执行仲裁裁决？

2. 案例分析与问题解答

案例（一）

当事人申请仲裁应符合下列条件：有仲裁协议或仲裁条款，有具体的请求事实、理由，争议属于仲裁委员会的受理范围。吴某申请仲裁应向仲裁委员会递交有关的仲裁协议、仲裁申请书及副本、相关证据及证据来源和证人姓名住所。

吴某申请财产保全必须通过仲裁委员会。在仲裁庭仲裁之前，如一方有转移财产、藏匿财产等情况的，另一方当事人为了保证调解或裁决能正常执行，可以申请财产保全。依据《仲裁法》第28条第2款规定"当事人申请财产保全的，仲裁委员会应当将当事人的申请依照民事诉讼法的有关规定提交人民法院"。当事人不能越过仲裁委员会直接向人民法院申请财产保全。没有当事人的申请，仲裁委员会也不能主动向人民法院申请财产保全。本案中吴某直接向人民法院提出财产保全是不妥的，应向仲裁委员会提出，再由仲裁委员会转交人民法院裁定并执行。

案例（二）

人民法院可以接受戈壁公司的强制执行申请。仲裁裁决作出后，权利方可根据生效的仲裁裁决书向人民法院提出执行申请，请求人民法院予以执行。人民法院接到当事人的执行申请时，除有申请被撤销或不予执行的情形以外，应当及时执行仲裁裁决。有关执行的规定适用民事诉讼法规定的执行程序。

人民法院执行仲裁裁决应具备以下条件：①必须有胜诉方当事人的申请。没有当事人的申请，人民法院没有主动执行的职权。②当事人必须在一定的期限内提出申请。即双方或一方当事人为公民的申请期为1年，双方当事人均为法人或其他组织的申请期为6个月。超出法定申请期限的人民法院不予受理。③当事人必须向有管辖权的人民法院提出申请。

3. 法理基础

案例（一）

当事人申请仲裁应当符合下列条件：①有仲裁条款或仲裁协议；②有具体的仲裁请求和事实、理由；③属于仲裁委员会的受理范围。

申请财产保全不是仲裁的必经程序，它是一方当事人因另一方当事人的行为或者其他原因，可能使裁决不能执行或者难以执行，为了使申请方当事人的财产避免损失，可以向仲裁委员会申请财产保全。当事人申请财产保全的，仲裁委员会应当将当事人的申请依照民事诉讼法的有关规定提交人民法院。

案例（二）

一方当事人不履行裁决的，另一方当事人可以依照民事诉讼法的有关规定向人民法院申请强制执行，受申请的人民法院应当依法执行。人民法院执行仲裁裁决应具备以下条件：①必须有胜诉方当事人的申请。②当事人的申请期限：双方或一方当事人为公民的，申请期为1年；双方当事人均为法人或其他组织的申请期为6个月。超出上述申请期限的，人民法院不予受理。③当事人必须向有管辖权的人民法院提出申请。

四、经济案件的管辖

（一）知识要点

（1）地域管辖："原告就被告原则"。

（2）级别管辖：基层法院、中级法院、高级法院、最高法院。

（3）专属管辖：不动产纠纷由不动产所在地法院管辖；港口作业纠纷由港口所在地法院管辖。

（二）典型案例

辽宁省锦州市凌河区法院受理了一件当地人起诉的合同诈骗案。因为管辖问题，却使案件不能继续办理。缘由为：被告在答辩状中说明，合同的签订地为河南某县，被告的居住也在河南某县，而辽宁锦州市凌河区是原告居住地，此地既不是案件主要发生地，也不是被告居住地，其管辖权不能成立。

1. 思考问题

被告的说法有道理吗？

2. 案例分析与问题解答

被告的说法有道理。对于属地管辖，法律规定由案件发生地管辖是第一管辖原则。由被告人居住地管辖是第二管辖原则。此案应由案件主要发生地管辖，在本合同诈骗中，谈判、签订合同、收付款等行为所发生的地点，就是案件主要地。而锦州市凌河区既不是案件主要发生地，也不是被告人居住地，依法无管辖权。

基层法院若受理合同诈骗案，必须先审查上述行为发生的地点。如果主要行为都不在本地，就不能受理。

3. 法理基础

刑事诉讼法关于以犯罪地和被告人居住地确定审判管辖的规定，主要目的就是为了便于司法机关及时地查明案件事实，有效地打击犯罪。根据刑事诉讼法第二十六条的规定，指定管辖只适用于两种案件：

第一种是管辖不明的案件，即由于特殊情形所致，难以确认应由何地人民法院管辖的案件。对这种案件，需要上级人民法院指定下级人民法院管辖。

第二种是根据案件的具体情由，需要指定移送管辖的案件。所谓“具体情由”，主要是指可能影响案件公正审判等特殊情况。

此诈骗案既不属于管辖不明的案件，亦不属于需要指定移送管辖的案件，只应由有管辖权的法院受理。

（三）自测案例

2018年4月甲县电器厂与乙县百货公司在甲县签订了购销5000台电风扇合同，价值15万元。合同规定由百货公司分两批到电器厂提货，每批货交付后10日内付款。第一批货钱货两清没有争议。但百货公司提走第二批货后迟迟不予付款，电器厂多次催要未果，便决定向法院起诉。问：应该向哪家法院起诉？

五、诉讼程序

（一）知识要点

（1）我国的经济审判实行“两审终审”制度。

（2）第一审程序为：起诉和受理、审理前的准备、开庭审理、调解、判决等诉讼阶段。

（3）第二审程序为：提起上诉、上诉案件的审理、判决（维持原判、改判或发回重审）。

（4）审判监督程序：对生效判决错误的纠正，是特殊程序。

（5）执行程序。

（二）典型案例

果乡食品厂与千家乐超市签订了一批果脯购销合同，超市因有顾客多次反映该批果脯存在质量问题而拒绝付款，但食品厂却否认其产品在出厂时有质量问题，而是超市保管不善形成的问题，并就其拒付货款向法院提起诉讼。法院经审理后判决超市败诉。判决后，在上诉期内双方均未提起上诉。判决生效后，超市请负有责任的权威检验部门对果脯重新检验。检验结果表明果脯质量问题确实产生于生产过程中。超市遂以此为根据向法院再次起诉，要求撤销原判，并判决食品厂赔偿损失。法院不予受理，但告之其可进行申诉。

1. 思考问题

（1）本案在判决生效时完成了哪些程序？

（2）对超市的再次起诉，法院不予受理是否正确？是否符合法律规定？

2. 案例分析与问题解答

本案在一审程序判决后，在上诉期内双方均未提起上诉，判决即发生了法律效力。因而至判决生效时，只完成了第一审程序。

判决一旦生效，就产生法律效力，称为判决的既判力。判决的既判力的含义之一是：当事人不能就同一案件再向人民法院起诉，法院也不能随意改变判决内容或对该案再行受理，这也称为“一事不再理原则”。民事诉讼法111条第（5）项规定，对判决裁定已经发生法律效力的案件，当事人又起诉的，告知原告按照申诉处理，但人民法院准许撤诉的裁定除外。前述案例中，合同的质量纠纷案件经食品厂起诉，得到了人民法院处理并作出了一审判决，在上诉期内，双方又都没有上诉，判决生效。超市再就同一案件又起诉的行为不符合法律规定，法院不予受理是正确的。在本案中，如果法院受理了该起诉，可能会形成对同一案件有两个不一致甚至相互矛盾的判决，因此法院告知超市按申诉处理是符合法律规定的。

3. 法理基础

人民法院一律公开宣布判决，人民法院应当在宣判10日内送达判决书；并告知当事人上诉权利，上诉期限和上诉法院。当事人在上诉期限内不上诉的，判决即发生法律效力。

当事人对发生法律效力的判决、裁定必须执行，当事人不能就同一案件再向人民法院起诉。

（三）自测案例

某建材厂与某建筑公司拖欠货款的纠纷经二审法院判决，某建筑公司应偿还欠款40万元，履行期届满后，建筑公司拒不履行，建材厂遂向人民法院提出申请，要求强制被告履行义务。问：人民法院应采取什么措施来保护申请人的合法权益。

六、本章综合练习

（一）仲裁申请书的格式与内容

1. 首部

（1）标题，写明“仲裁申请书”字样。

（2）申诉人栏内，写明申诉人的名称、地址、电话号码。

（3）被诉人栏内，写明被诉人的名称、地址、电话号码。

（4）如申诉人委托仲裁代理人办理仲裁事项，可在申诉人栏目下另列仲裁代理人一栏，并写明代理人的姓名、单位及其地址、电话号码等。

2. 案由

这部分要提纲挈领地写明申诉人根据哪个仲裁协议提请仲裁，并简要说明争议案件的性质，如质量争议，数量争议，合资争议等。

3. 要求事项

这一部分要写明提请仲裁的要求事项，即要求仲裁解决的具体问题，如要求解除合同，退货还款，赔偿损失，支付违约金等。

书写这一部分的要求：

（1）要求事项应当简明、具体、肯定，不要笼统、含糊、啰嗦，更不能随意变更。例如，要求损害赔偿，应写明项目和金额；要求履行合同，应写明要求裁决履行全部条款，还是部分条款。

（2）要求应当有根有据，合理合法，如要求损害赔偿，数额应适当，切不可漫天要价。

（3）提出要求的根据，可以放到事实和理由部分去写，如赔偿要求金额的计算较复杂，可另列计算表附后。

（4）要求事项如有写得不明、不实、不全、不确切的，申诉人应当迅速及时地予以补正。

4. 事实和理由

仲裁申请书的事实和理由部分，是仲裁申请书里的主要部分，是申诉人提请仲裁的主要依据，也是仲裁机构裁决当事人之间权益争议的主要依据。

（1）事实部分，主要说明申诉人要求所依据的事实和证据，应写明：①当事人之间争议的由来，发生、发展的经过。说明申诉人和被诉人之间的关系，如订立合同的时间、地点，合同规定的双方的主要权利义务和与争议有关的条款内容；被诉人违反合同的具体事实及给申诉人造成的损失。②当事人之间权益争议的具体内容和焦点。③实事求是地说明被诉人应承担的责任和申诉人应承担多少责任。同时应说明上述事实所依据的证据。

书写这部分内容的要求是：①要实事求是地把争议时间、地点、情节过程，因果关系等按时间顺序作简要陈述，重点说明被诉人的违约事实和双方争议焦点。对与争议案件无关的事实不应列入。②在陈述事实时，应列明所依据的证据，所举的证据必须确定、可靠，并注明来源和出处，做到具体明确，举证有力。不要叙事一大篇，而无证据支持；也不要提交证据材料一大堆，却不知要说明什么。

（2）理由部分，主要应写明：①根据事实和证据，概括地分析争议的性质，被诉人违约所造成的后果及其应承担的责任。②阐明申诉人要求所依据的法律条文，合同规定和国际惯例，以论证其要求的正确性、合理合法性。

书写理由时应当观点明确，论据充分，逻辑严密，引证合同规定，法律条文和国际惯例应准确适当，并能与事实和说理有机地结合起来。

5. 指定仲裁员

写明申诉人指定的仲裁员的姓名，或委托仲裁委员会主席指定。必要时，可以写明仲裁预付金是否已缴纳。

6. 尾部

应写明：

（1）仲裁申请书所提交的仲裁机构的名称（此款也可以写在仲裁申请书最前面）。

（2）申诉人的名称，并签名盖章。如委托仲裁代理人，代理人也应签名、盖章。

（3）申诉的年、月、日。

（4）仲裁申请书的附项，应列举仲裁申请书里提到的附件明细，并按标号顺序装订在仲裁申请书后。

（二）仲裁答辩书的格式与内容

1. 首部

这部分写明下列各项：

（1）标题，写明“仲裁答辩书”字样。

（2）在答辩人（即被诉人）栏内，写明答辩人的名称、地址和通讯号码。

（3）在被答辩人（即申诉人）栏内，写明被答辩人的名称、地址和通讯号码。

（4）如有委托代理人，应在答辩人栏下另列仲裁代理人一栏，写明代理人的姓名、单位及其地址、通讯号码。并附具局面委托书。

2. 案由

写明对何人提起的何仲裁案件提出的答辩。

3. 答辩意见

这部分要明确地回答申诉人提出的仲裁要求，清晰地阐明自己对案件的主张和理由。可以先澄清事实，再提出自己的意见，或承认其要求，或反驳其要求。

对仲裁要求的反驳，最重要的是从实体上反驳，即以事实、证据、法律、理由，否定申诉人实体上的仲裁要求。也可以从程序上反驳，说明其不能提起仲裁或仲裁庭对自己没有管辖权。

这部分内容在写法上可以把事实和分析意见分开写。

（1）事实说明。说明申诉人陈述的某些事实是错误的，补充申诉人略而未提的有关争议的全部事实。最好按时间顺序说明案件的事实真相，并附具证据予以证明。

（2）分析意见。根据事实和法律、合同、惯例说明争议的实质和各方应负的责任。写明答辩人的具体主张及相应的证据。特别要针对申诉人的要求和主张说明自己有无违约责任或侵权，申诉人的要求如索赔金额是否有根有据，是否合理。

起草这部分时应注意：①尊重事实。要按照争议事实的本来面目如实地、客观地、全面地作出答复，既要反映争议事实的真实面貌和实质，也要说明反驳理由的客观依据，要以争议焦点为中心，对主要和次要的事实都应结合论据加以论证，做到该承认的就承认，该反驳的据理力驳。②抓住关键。即要针对仲裁申请书的要求和主张予以回答，尤其要根据争议的焦点，抓住影响胜败的关键问题阐明理由，有事有证，有理有据。不要回避要害，横生枝节，或答非所问，不得要领。③考虑周全。要考虑到有利的一面，还要考虑到不利的一面，把各方面都论证到，不仅要论证自己没有责任，还要论证即使自己有责任，申诉人的索赔要求也是不合理的。

4. 反诉要求

如有反诉要求，要具体写明反诉的各项要求及其所依据的事实，证据和理由（具体写法请参阅仲裁申请书的要求事项和事实与理由部分）。

5. 指定仲裁员

如未在答辩前指定仲裁员，应写明答辩人指定的仲裁员的姓名或委托仲裁委员会主席指定。

6. 尾部

应写明：

（1）答辩人（及法定代表人）的名称并盖章。如委托仲裁代理人参与仲裁，仲裁代理人也应签名并盖章。

（2）答辩的年、月、日。

7. 附项

写明附件的份数及名称，并按顺序号装订在答辩书正文之后。

（三）仲裁裁决书的格式与内容

1. 首部

依次写明下列事项：

（1）标题，写明仲裁机构名称和“裁决书”。如：辽宁省××仲裁委员会裁决书，并在右下方写明案文号。

（2）申诉人栏内，写明申诉人的名称、地址、电话号码；如系代理案件要写明代理人的姓名、单位、地址、电话号码等。

（3）被诉人栏内，写明被诉人的名称、地址、电话号码；如系代理案件要写明代理人的姓名、单位、地址、电话号码等。

2. 引言

（1）写明仲裁委员会受理案件的根据，即根据双方当事人签订的合同中的仲裁条款或争议发生后达成的仲裁协议和申诉人的书面申请。

（2）写明仲裁庭的组成情况，即：仲裁委员会根据《仲裁法》的规定，组成以双方共同推选的×××为首席仲裁员，申诉人指定的×××和被诉人指定的××为仲裁员的仲裁庭审理本案。如仲裁庭由独任仲裁员组成，则应写明：仲裁委员会根据《仲裁法》的规定，由双方当事人共同约定×××为本案的独任仲裁员。

（3）写明仲裁庭审理情况，即仲裁庭审阅双方当事人提交的书面文件和开庭或书面审理情况。

3. 本案案情

主要写明如下三点：

（1）基本事实，即当事人（申诉人和被诉人）之间的合同、与争议有关的合同条款，按照时间顺序说明争议发生的过程。

（2）申诉人的要求及支持其要求的论点、证据等。

（3）被诉人抗辩的理由和证据等。

本案情介绍部分应注意：①对案件的因果及主要情节、造成损害应描述具体。②对双方之间的争议，应突出违约之点和双方争议之点。③基本事实应当是经双方确认或经仲裁庭查证属实的事实。

4. 仲裁庭的意见（裁决理由）

主要写明：

（1）仲裁庭根据事实和法律对双方当事人争议的是非、违约责任所作出的分析与判断。

（2）说明当事人的要求和主张中哪些是合理合法的，应予以支持，哪些是不合理不合法的，不予支持、考虑或予以驳回，并说明理由。尤其要说明违约的性质和责任，造成的损失及如何承担等。

书写时应注意：①对当事人双方的争议作出实质性的分析，做到是非分明，责任清楚，结论明确，有理有据，不模棱两可，似是而非。②要和裁决内容相呼应、相一致，既突出重点又全面不漏地回答当事人的主张和要求。③措辞得体，以理服人，不要简单、生硬。

5. 裁决

（1）简单扼要地、分项写明对案件的处理决定。

（2）写明仲裁费用的数额及由谁负担。

裁决是案件结论，应与案情事实、裁决理由相一致，绝不可出现矛盾。裁决用语要简明、准确。

6. 尾部

应依次写明：

（1）本裁决系终局裁决，并说明执行期限。

（2）受理本案的仲裁员签名。

（3）制作裁决书的日期、地点，加盖“仲裁委员会”印章。

（四）起诉状

原　　告：法人全称、地址

法定代表人：姓名、职务、住址

诉讼代理人：姓名、职务、住址

被　　告：法人全称、住址

请 求 事 项：（略）

事实和理由：（略）

此致

——————人民法院

具状人：（签名盖章）

年　月　日

附：（1）本诉状副本×份；（以下略）

（2）物证×件；

（3）书证×件。

（五）答辩状

答　辩　人：法人全称、地址

法定代表人：姓名、职务

诉讼代理人：姓名、职务

按____________人民法院转来____________月____________日诉我____________一案的诉讼副本一份，现提出答辩，事实理由如下：（略）____________

此致

____________人民法院

答辩人：（签名盖章）

年　月　日

附：（1）物证×件；（以下略）

（2）书证×份。

（六）判决书的格式和要求

判决书是人民法院在解决经济纠纷案件中为解决实体问题而制作的一种法律文书。

格式由五部分组成：①首部；②事实；③理由；④判决；⑤结尾。

书写要求：事实部分要清楚，理由部分要准确。判决部分是人民法院对经济纠纷案件做出的肯定性处理意见，要逐项写清楚，特别要注意金额款项计算清楚。

本章练习

一、填空题

1. 仲裁一般以不公开审理为原则，而诉讼一般要公开审理。所以仲裁对于当事人的商业秘密不宜____________，因而具有极强的____________。

2. 仲裁机构不具有强制执行权，强制执行权由____________行使。

3. 当事人采用仲裁方式解决纠纷，应当双方自愿，必须达成____________。

4. 经济案件的地域管辖是指同级人民法院之间审理____________经济纠纷案件的分工和权限。

5. 仲裁委员会独立于行政机关，与行政机关没有隶属关系，这是仲裁委员会____________的表现。

6. 中国仲裁协会的章程由全国会员大会制定，中国仲裁协会是仲裁委员会的____________

组织。

7. 仲裁委员会收到答辩书后，应当在仲裁规则规定的期限内将答辩书副本送达＿＿＿＿＿＿。

8.《仲裁法》第三条规定：婚姻、收养、监护、扶养、继承纠纷以及依法应当由行政机关处理的行政争议，＿＿＿＿＿＿。

9. 当事人达成和解协议撤回仲裁申请后反悔的，仍可以根据＿＿＿＿＿＿申请仲裁。

10. 经济审判是经济司法活动的一部分，它是指人民法院依据法律和事实对经济纠纷案件案件进行＿＿＿＿＿＿的活动。

11. 仲裁实行＿＿＿＿＿＿的制度，裁决作出后，当事人就同一纠纷再申请仲裁或者向人民法院起诉的，仲裁委员会或者人民法院＿＿＿＿＿＿。

12. ＿＿＿＿＿＿是指按照诉讼标的特殊性与管辖的排他性而确定的管辖。

13. 经济审判庭的收案范围中，涉外或涉港澳台经济纠纷案件，包括中国当事人与＿＿＿＿＿＿之间发生的经济贸易纠纷。

14. 人民法院经审查，认为符合起诉条件的，应当在＿＿＿＿＿＿内立案，并通知当事人。

15. 最高人民检察院对各级人民法院业已发生法律效力的判决、裁定；上级或同级人民检察院对人民法院业已发生法律效力的判决、裁定，认为＿＿＿＿＿＿的，应当按照审判监督程序提出抗诉。

二、单项选择题

1. 收到仲裁申请书后决定受理的时间为（　　）。

A. 5 日内　　B. 7 日内
C. 10 日内　　D. 15 日内

2. 根据仲裁法，申请仲裁的当事人，法定代理人（　　）进行仲裁活动。

A. 可以委托他人代理　　B. 不可以委托他人代理
C. 必须由本人　　D. 必须委托他人

3. 下列属于专属管辖的案件有（　　）。

A. 在本地区有重大影响的案件　　B. 港口作业纠纷案件
C. 被告逃逸案件　　D. 合同纠纷

4. 人民法院审理案件，原告无正当理由拒不到庭的，或者未经法庭许可中途退庭的，如果是原告，可按（　　）。

A. 撤诉处理　　B. 缺席判决
C. 待下次开庭　　D. 起诉无效仲裁委员会

5. 被告在收到起诉状之日起（　　）内提出答辩状。

A. 5 日　　B. 15 日
C. 3 日　　D. 10 日

6. 下列管辖方式中不属于人民法院管辖方式的有（　　）。

A. 属地管辖　　B. 级别管辖
C. 专属管辖　　D. 特别管辖

7. 仲裁委员会依法由（　　）。

A. 工商行政管理部门组建

B. 地方人民政府组建

C. 科学技术委员会组建

D. 人民政府组织有关部门和商会统一组建

8. 我国实行（　　）的审判制度。

A. 一裁终局

B. 两审终审

C. 最高法院决定

D. 二裁终局

9. 经济纠纷仲裁实行（　　）。

A. 一次裁决，裁决即为终局的制度

B. 二次裁决，裁决即为终局的制度

C. 裁决后向人民法院起诉的制度

D. 裁决经复议后向人民法院起诉的制度

10. 下列哪类案件不属于经济检察机关受理的案件（　　）。

A. 贪污案

B. 假冒商标案

C. 经济纠纷案

D. 偷税案

三、多项选择题

1. 凡下列情形，仲裁员必须回避，当事人也有权提出回避申请（　　）。

A. 仲裁是本案当事人的近亲属的

B. 仲裁员是本案代理人的近亲属

C. 仲裁员与本案有利害关系的

D. 仲裁员私自会见当事人、代理人的

2. 仲裁案件中被申请人提出证据证明仲裁裁决有下列情形之一的，经人民法院组成合议庭审查核实，裁定不予执行（　　）。

A. 当事人在合同中没有订有仲裁条款或者事后没有达成书面仲裁协议的

B. 裁决的事项不属于仲裁协议的范围或者仲裁机构无权仲裁的

C. 仲裁庭的组成或者仲裁的程序违反法定的程序的

D. 认定事实的主要的证据不足的

3. 下列纠纷，属于仲裁机构受理案件的范围是（　　）。

A. 经济合同纠纷

B. 技术合同纠纷

C. 收养关系纠纷

D. 监护关系纠纷

4. 我国划分同级人民法院受理第一审经济案件的管辖形式有（　　）。

A. 地域管辖

B. 级别管辖

C. 权利管辖

D. 专属管辖

5. 根据仲裁法的规定，造成仲裁协议无效的情形有（　　）。

A. 约定的仲裁事项超出法律规定的仲裁范围的

B. 无行为能力人或限制行为能力人订立的仲裁

C. 采取胁迫手段，迫使对方订立仲裁协议的

D. 合法代理人签订的仲裁协议

6. 有资格成为仲裁委员会聘任为仲裁员的是（　　）。

A. 从事仲裁工作满 8 年的

B. 从事律师工作满 8 年的

C. 曾任审判员满 8 年的

D. 从事法律研究、教学工作并具有高级职称的

7. 仲裁庭的组成形式有（　　）。

A. 由 1 名仲裁员组成

B. 由 3 名仲裁员组成

C. 由2名仲裁员组成　　D. 由3～5名仲裁员组成

8. 仲裁协议的内容应当包括（　　）。

A. 请求仲裁的意思表示　　B. 仲裁事项

C. 选定的仲裁委员会　　D. 选定的法律法规

9. 经济案件起诉必须符合下列条件（　　）。

A. 原告是与本案有直接关系的公民　　B. 有明确的被告

C. 原告必须有当地户口　　D. 有具体的诉讼请求

10. 人民检察院对自己分工管辖的经济犯罪案件，有下列职权（　　）。

A. 调解　　B. 提起公诉

C. 传唤当事人　　D. 直接宣判

四、判断题

1. 仲裁一般以公开审理为原则，而诉讼一般要不公开审理。（　　）

2. 当事人采用仲裁方式解决纠纷，应当双方自愿，必须达成仲裁协议。（　　）

3. 当事人采用仲裁方式解决纠纷，应当双方自愿，必须达成仲裁协议。（　　）

4. 仲裁委员会的民间性特点规定了其必须按行政区划层层设立。（　　）

5. 人民检察院对人民法院已经发生法律效力的判决、裁定，认为确有错误的，应当按照审判监督程序提出抗诉。（　　）

6. 仲裁庭作出裁决时一般应当按照首席仲裁员的意见作出。（　　）

7. 地域管辖是指同级人民法院之间审理第一审经济纠纷案件的分工和权限。（　　）

8. 经济检察机构，是党的纪律检查部门和政府的监察机构的重要组成部分。（　　）

9. 经济案件的起诉是公民、法人或其他组织，认为自己或他人的经济权利受到侵犯，而以自己的名义，请求人民法院依法审判，给予法律保护的诉讼行为。（　　）

10. 调解未达成协议或者调解书送达前一方或双方反悔的，人民法院应及时仲裁。（　　）

11. 申请财产保全不是仲裁的必经程序。（　　）

12. 级别管辖。是指同级人民法院之间审理第一审经济纠纷案件的分工和权限。（　　）

五、简答题

1. 什么是仲裁？仲裁有哪些特点？

2. 我国国内仲裁委员会是什么性质的组织？

3. 我国仲裁法有哪些基本制度？

4. 什么是仲裁条款和仲裁协议？

5. 经济审判的第一审主要程序有哪些？

6. 我国对经济纠纷案件管辖权是如何划分的？

7. 经济检察机关的办案程序是怎样规定的？

六、案例分析题

海南省天南公司与海北公司于2018年6月签订了一份租赁合同，约定由天南公司进口一套化工生产设备，租给海北公司使用，海北公司按年交付租金。海南省A银行出具担保函，为海北公司提供担保。后来天南公司与海北公司因履行合同发生争议。

问题：

1. 如果天南公司与海北公司签订的合同中约定了以下仲裁条款：因本合同的履行所发生的一切争议，均提交珠海仲裁委员会仲裁。天南公司因北海公司无力支付租金，向珠海仲裁委员会申请仲裁，将海北公司和A银行作为被申请人，请求裁决被申请人给付拖欠的租金。天南公司的行为是否正确？为什么？

2. 如果存在上问中所说的仲裁条款，天南公司能否向人民法院起诉海北公司和A银行，请求支付拖欠的租金？为什么？

3. 如果本案通过仲裁程序处理，天南公司申请仲裁委员会对海北公司的财产采取保全措施，仲裁委员会应当如何处理？

4. 如果本案通过仲裁程序处理后，在对仲裁裁决执行的过程中，法院裁定对裁决不予执行，在此情况下，天南公司可以通过什么法律程序解决争议？

模拟试题（一）

一、填空题（每题1.5分，共15分）

1. 法是________被打破后，为了在不平等的社会中，建立相对和谐稳定的社会秩序的必然产物。

2. 所有权是______的一种表现形式，它是所有制在法律上的表现。

3. 大中型企业、事业单位和业务主管部门可以设置__________。由具有会计师以上专业技术任职资格的人担任。

4. 全民所有制企业的职工代表大会是企业实行民主管理的____________，是职工行使民主管理权利的机构。

5. 国家实行劳动者每日工作时间不超过8小时、平均每周工作时间不超过________小时的工时制度。

6. 发起设立是指由发起人认购公司应发行的________而设立的公司。

7. 消费者购买商品可以自收到商品之日起________内退货。

8. 股份有限公司的监事会成员不得少于________人。监事会是对公司业务活动实行的机构。

9. 无论工业、商业凡增值税的小规模纳税人一律适用3%的________。

10. 仲裁是当事人根据他们之间订立的________，自愿将其争议提交由非官方身份的仲裁员组成的仲裁庭进行裁判，并受该裁判约束的一种制度。

二、单项选择题（每题0.5分，共5分）

1. 凡是能够引起经济法律关系发生、变更和消灭的客观事物，在经济法学中即称为（　　）。

A. 法律规定　　B. 法律行为

C. 法律活动　　D. 法律事实

2. 颁发注册会计师证书的是（　　）。

A. 注册会计师协会　　B. 会计师事务所

C. 人民政府财政部门　　D. 国务院

3. 大学生李某毕业后，自己准备出资3万元人民币开办一个个体空调维修服务部，下列说法正确的是（　　）。

A. 该服务部违反了《公司法》

B. 该服务部不适用《公司法》

C. 该服务部注册资本最低限额应为 10 万元

D. 该服务部的投资人应为 2 人以上

4. 城镇集体企业的职工代表大会的性质是（　　）。

A. 企业的权力机构　　B. 企业的议事机构

C. 企业的咨询机构　　D. 职工行使民主管理权利的机构

5. 合同生效后，履行地点不明确的，给付货币的，在（　　）。

A. 给付货币一方所在地履行　　B. 接受货币一方所在地履行

C. 合同签订地　　D. 双方当事人之外的第三地

6. 经济合同没有约定解决纠纷的条款，一旦发生纠纷，协商调解不成的，可向（　　）。

A. 仲裁机构申请仲裁　　B. 人民法院起诉

C. 工商行政管理部门申诉　　D. 业务主管部门裁定

7. 劳动合同也称为劳动协议，它是劳动者与用人单位之间为确立（　　），明确双方权利与义务的协议。

A. 买卖关系　　B. 社会关系

C. 劳动关系　　D. 生产关系

8. 不同社会所有权的性质取决于不同社会的（　　）。

A. 生产力水平　　B. 占统治地位的所有制性质

C. 法律制度　　D. 领导者的意志

9. 票据持有人向票据债务人请求支付票据金额的权利，包括付款（　　）和追索权。

A. 请求权　　B. 占有权

C. 控制权　　D. 收益权

10. 下列哪类案件不属于经济检察机关受理的案件（　　）。

A. 贪污案　　B. 假冒商标案

C. 经济纠纷案　　D. 偷税案

三、多项选择题（每题 1.5 分，共 15 分）

1. 下列组织中符合经济法主体条件的组织有（　　）。

A. 某市民局　　B. 中国红十字会

C. 某机械厂加工车间　　D. 某个体早点铺

2. 下列说法表述财产所有权法律特征的有（　　）。

A. 权利主体和义务主体都是特定的　　B. 权利主体是特定的即所有权人

C. 客体是有形的“物”　　D. 具体内容包括四项权能

3. 采取发起设立方式设立股份有限公司的条件有（　　）。

A. 发起人是 3 人以上　　B. 按照公司章程规定缴纳出资

C. 发起人认购公司股份的 35% 以上　　D. 发起人认购公司的全部股份

4. 劳动合同的有效期限包括下列几种形式（　　）。

A. 固定期限劳动合同　　B. 一年期劳动合同

C. 完成一定工作的劳动合同　　D. 无固定期限劳动合同

5. 属于个人独资企业法律特征的是（　　）。

A. 是非法人企业　　B. 投资人是一个自然人且是中国公民

C. 投资人对企业的债务承担无限责任　　D. 经营管理方式不受法律限制

6. 根据《中华人民共和国担保法》的规定，下列财产中，不得用于抵押的有（　　）。

A. 抵押人所有的机器　　B. 抵押人依法有权处分的国有土地使用权

C. 医院所有的房屋　　D. 依法扣押的财产

7. 符合全民所有制企业的分立的表述有（　　）。

A. 是一个企业分为两个或两个以上企业的行为

B. 有派生分立和新设分立两种形式

C. 必须经过政府主管部门批准

D. 要签订分立协议并办理登记

8. 审计机关依法享有的职权包括（　　）。

A. 行政处分权　　B. 刑事处罚权

C. 经济处罚权　　D. 监督检查权

9. 支付结算的种类包括（　　）。

A. 汇票结算　　B. 汇兑

C. 托收承付　　D. 现金支付

10. 人民检察院对自己分工管辖的经济犯罪案件，有下列职权（　　）。

A. 直接立案受理　　B. 提起公诉

C. 抗诉　　D. 直接宣判

四、判断题（每题0.5分，共5分）

1. 被申请人经书面通知，无正当理由不到庭或者未经仲裁庭许可中途退庭的，可以缺席裁决。（　　）

2. 作为一种法律制度，不同社会的所有权的性质是相同的。（　　）

3. 股票发行价格必须按照票面金额，不得以高于或者低于票面金额发行。（　　）

4. 劳动者在本单位连续工作满10年，且距法定退休年龄不足3年的，用人单位不得解除劳动合同。（　　）

5. 设立外资企业的外国投资者只可用外币投资，不能用人民币投资。（　　）

6. 经济法律关系是一种物质利益关系，即经济关系。（　　）

7. 乡村集体所有制企业的财产属于该企业的全体职工共同所有。（　　）

8. 会计机构、会计人员发现会计账簿记录与实物、款项及有关资料不相符的，不得自行处理，应当立即向单位负责人报告。（　　）

9. 我国的商业银行以获得利润为目的。（　　）

10. 共有人出售其份额，其他共有人在同等条件下，有优先购买的权利。（　　）

五、简答题（每题6分，共30分）

1. 说明经济法律关系的概念，经济法律关系有哪些要素？

2. 什么是合伙企业？合伙企业的法律特征有哪些？

3. 简述承诺的概念和条件。

4. 简述消费者权益保护法的适用范围。

5. 审计机关的审计程序是什么？

六、案例分析题（每案例10分，共30分）

1. 中、德双方企业意共同建立一中外合资经营企业，双方约定：合资企业的组织形式为股份有限公司；德方在出资比例中所占比重为20%；全部注册资本为200万美元；企业投资总额为600万美元；双方按注册资本分享利润和分担风险；合营企业以股东大会为最高权力机构，以企业总经理为法人代表。

问：该合营企业的约定有何不符合《中外合资经营企业法》的问题？该合同应该如何订立？

2. 现在有具备完全民事行为能力的中国公民5人，计划共同组建一个以商品批发为主的有限责任公司。其中，两人打算以人民币现金出资，一人以机器、房屋出资，另有两人拟用劳务出资。

问：（1）上述5人出资方式合法吗？

（2）设立有限责任公司的条件是什么？

3. 2018年5月2日，某企业同工会签订了集体劳动合同，2019年1月2日，该企业刚刚结束试用期的王某发现，自己劳动合同中劳动报酬的标准低于集体合同规定的标准。

问：该企业确定的王某劳动报酬标准符合法律规定吗？

模拟试题（二）

一、填空题（每空 1.5 分，共 15 分）

1. 经济法律关系是指经济法律关系主体在经济管理和经济协作过程中，根据经济法的规定形成的________和经济义务关系。

2. 经济法律关系的________，是指在经济法律关系中享有权利、承担义务的当事人或参加者，简称经济法主体。

3. 处分权是指所有人对自己的财产进行________的权利，其实质是决定财产的命运。

4. 个人独资企业不具有________。尽管个人独资企业可以起字号，并可对外以企业只是自然人进行商业活动的一种特殊形态，属于自然人企业范畴。

5. 合营企业各方按________比例分享利润、分担风险及亏损。

6. 股东向股东以外的人转让股权，应当经其他股东________同意。

7. ________是指当事人依法享有自愿订立合同的权利，任何单位和个人不得非法干预。

8. 参加注册会计师全国统一考试成绩合格者，并从事审计业务工作________以上的，可以向省、自治区、直辖市注册会计师协会申请注册。

9. 增值税由国家税务局负责征收，税收收入中________为中央财政收入，________为地方收入。

10. 仲裁机构不具有________，强制执行权由人民法院行使。

二、单项选择题（每题 0.5 分，共 5 分）

1. 具有现代意义的经济法，最先产生的国家是（　　）。

A. 英国　　B. 日本

C. 德国　　D. 苏联

2. 中外合营企业，由中外合营者双方签订合营协议、合同、章程等有关文件，并报国家（　　）审查批准。

A. 工商行政管理部门　　B. 企业上级主管部门

C. 国际贸易促进委员会　　D. 对外经济贸易主管部门

3. 使用知名商品的（　　）不是不正当竞争行为。

A. 名称　　B. 包装

C. 装潢　　D. 原料

4. 甲欠乙的债务逾期无法偿还，但甲又同时放弃对丙拥有债权，乙为保护其合法权益，可对甲的行为要求对丙行使（　　）。

A. 后履行抗辩权限　　B. 撤销权

C. 抵销权　　D. 代位权

5. 破产案件由（　　）管辖。

A. 债权人所在地人民法院　　B. 债务人所在地人民法院

C. 被申请破产的企业的上级主管部门　　D. 清算组

6. 下列税种中采用定额税率的是（　　）。

A. 营业税　　B. 车船使用税

C. 企业所得税　　D. 增值税

7. 以募集方式设立股份有限公司的，发起人认购的股份不得少于公司股份总数的（　　）。

A. 20%　　B. 25%

C. 30%　　D. 35%

8. 能够成为经济法律关系客体的物是指（　　）。

A. 客观存在的物　　B. 法律意义上的物

C. 有使用价值的物　　D. 有经济价值的物

9. 人民法院审理案件，当事人无正当理由拒不到庭的，或者未经法庭许可中途退庭的，如果是原告，可按（　　）。

A. 撤诉处理　　B. 缺席判决

C. 待下次开庭　　D. 起诉无效

10. 各单位库存的现金限额，一般不得超过本单位（　　）日常零星开支所需要的现金。

A. 3～5天　　B. 5～7天

C. 1～2天　　D. 一星期

三、多项选择题（每题1.5分，共15分）

1. 在下列各项中，反映了我国法律基本特征的有（　　）。

A. 是国家制定和认可的行为规范　　B. 是国家强制力保障实施的行为规范

C. 是以权利义务为内容的行为规范　　D. 是代表了多数人利益的行为规范

2. 我国目前的外商投资企业主要有（　　）。

A. 中外合资企业　　B. 中外合作企业

C. 外资企业　　D. 外国企业

3. 下列有奖销售行为中属于不当奖售行为的有（　　）。

A. 谎称有奖进行有奖销售

B. 故意让内定人员中奖进行有奖销

C. 利用有奖销售的手段推销质次价高的商品

D. 抽奖式有奖销售的奖品为价值2000元的实物

4. 《经济合同法》规定，对无效经济合同引起的财产后果的处理有（　　）。

A. 返还财产　　B. 支付违约金

C. 支付赔偿金　　D. 追缴财产收归国库所有

5. 人民法院受理破产申请前一年内，涉及债务人财产的下列行为，管理人有权请求人民法院予以撤销（　　）。

A. 无偿转让财产的

B. 以明显不合理的价格进行交易的

C. 对没有财产担保的债务提供财产担保的

D. 对未到期的债务提前清偿的

6. 审计机关依法具体享有以下两个方面的职权（　　）。

A. 监督检查权　　B. 经济处罚权

C. 行政处罚权　　D. 刑事处罚权

7. 不可以随意转让其股票的有（　　）。

A. 公司董事长　　B. 公司人事部长

C. 公司监事　　D. 公司董事

8. 属于个人独资企业法律特征的是（　　）。

A. 是非法人企业　　B. 投资人是一个自然人且是中国公民

C. 投资人对企业的债务承担无限责任　　D. 经营管理方式不受法律限制

9. 经济案件起诉必须符合下列条件（　　）。

A. 原告是与本案有直接关系的公民　　B. 有明确的被告

C. 原告必须有当地户口　　D. 有具体的诉讼请求

10. 下列属于增值税的适用税率的有（　　）。

A. 17%　　B. 6%

C. 4%　　D. 13%

四、判断题（每题0.5分，共5分）

1. 从有人类社会以来，为了调整人们之间的关系就有了法，不过最初是不成文的简单习惯法，然后逐步出现了成文法，法随着社会的发展而发展，它将永远伴随着人类社会而存在。（　　）

2. 中外合营企业是契约式企业，中外合作企业是股权式企业。（　　）

3. 建筑工程的质量问题亦适用《产品质量法》。（　　）

4. 企业经上级主管机关核准，即可取得法人资格。（　　）

5. 用人单位自用工之日起满一年不与劳动者订立书面劳动合同的，视为用人单位与劳动者已订立无固定期限劳动合同。（　　）

6. 支票是由银行签发给收款人许诺付款的票据，分为现金支票和转账支票两种。（　　）

7. 以商品批发为主的有限责任公司法定最低资本限额是50万元人民币。（　　）

8. 在履行期限届满之前，当事人一方明确表示或者以自己的行为表明不履行主要债务的，当事人可以解除合同。（　　）

9. 申请财产保全不是仲裁的必经程序。（　　）

10. 偷税行为是指纳税人公然违反税法规定，拒绝履行纳税义务的行为。（　　）

五、简答题（每题6分，共30分）

1. 什么是担保责任中的保证方式？保证有哪几种方式？

2. 什么是一人有限公司？一人有限公司与个人独资企业由哪些区别？

3. 简述外商投资企业法的概念和原则。

4. 简述劳动合同的概念和劳动合同订立的原则。

5. 什么是增值税？增值税由哪个机关负责征收？增值税在中央财政和地方财政中如何分配？

六、案例分析题（每题10分，共30分）

1. 2018年6月，某钢铁厂购买某设备厂40T冲床一台。钢铁厂提货后，付给设备厂12000元。8月，钢铁厂安装试车，因产品质量差不能使用，于是钢铁厂要求退货，经双方协商决定作出退货处理。钢铁厂将冲床退给设备后，货款却一直不能收回。

同年9月，钢铁厂要求返还货款。这时，设备厂在经济调整中已并入某机械厂，而机械厂认为原设备厂所欠货款，不能由机械厂承担。钢铁厂无奈，起诉到法院。

问题：为笔欠款应由谁负担？为什么？

2. 2018年9月19日，消费者王先生到珠海市消费者委员会投诉，称当日上午在某超市购买的黑糯米越洗水越黑，将米掰开看，发现米的里边是白色的，怀疑为染色的黑糯米。接到投诉后，消委会工作人员即与该超市取得联系，该超市派了两名工作人员来到市消委会，并带来了一包他们正在出售的黑糯米。用水浸泡这些米后，水变成黑颜色，掰开看，米的里边是白色的，而工作人员的手指却被染成黑色，于是当场收回售给王先生的黑糯米，退回货款并支付投诉方的交通费。市消委会也要求被投诉方立刻停止出售此种货物，并立即与供货方取得联系，查明真相。

问题：

（1）在本案中该超市应承担哪些责任？

（2）生产厂家应承担哪些责任？

3. 柳某在某企业工作已有12年，近日，他向企业人力资源部门提出，要求签订无固定期限劳动合同，该企业负责人担心这将形成“铁饭碗”，不利于企业人才流动和管理。

问题：柳某的要求合法吗？该企业负责人观点是否正确？

模拟试题（三）

一、填空题（每题1.5分，共15分）

1. 经济法律关系的主体，是指在经济法律关系中享有权利、承担义务的__________或参加者，简称经济法主体。

2. 法律的效力范围，即法的适用范围主要指法的________、时间和对人的效力问题。

3. 企业分立有___________和新设合并两种形式。

4. 破产案件由___________所在地人民法院管辖。

5. 破产申请受理时属于债务人的全部财产，以及破产申请受理后至破产程序终结前债务人取得的财产，均为________财产。

6. 有限责任公司的股东以其________为限，对公司承担有限责任；公司以其全部资本为限，对公司债务承担有限责任。

7. 会计核算以___________为记账本位币。

8. 合同的标的是指合同当事人双方权利和义务所________指向的对象。

9. 开户单位在购销活动中________对现金结算给予比转账结算优惠的待遇。

10. 用人单位自用工之日起满________不与劳动者订立书面劳动合同的，视为用人单位与劳动者已订立无固定期限劳动合同。

二、单项选择题（每题0.5分，共5分）

1. 经济合同没有约定解决纠纷的条款，一旦发生纠纷，协商调解不成的，可向（　　）。

A. 仲裁机构申请仲裁　　B. 人民法院起诉

C. 工商行政管理部门申诉　　D. 业务主管部门裁定

2. 经济法调整的经济关系包括（　　）。

A. 政府救济灾民　　B. 企业间订立合同

C. 学校上报招生计划　　D. 公证遗嘱

3. 用人单位自用工之日起即与劳动者建立劳动关系。用人单位应当建立（　　），以备劳动管理部门查。

A. 职工名册　　B. 人事档案

C. 劳动合同　　D. 基本养老保险

4. 所有制体现在法律上表现为（　　）。

A. 工业产权　　B. 债权

C. 知识产权　　D. 所有权

5. 经营者销售或购买商品，可以用（　　）方式给对方折扣、可以给中间人佣金。

A. 账外暗中　　B. 变相

C. 明示　　D. 任何双方商定的

6. 股东人数较少和规模较小且不设立董事会的有限责任公司，其法定代表人是（　　）。

A. 董事长　　B. 执行董事

C. 总经理　　D. 股东会指定的负责人

7. 国有企业债务人经（　　）同意后，可以申请宣告破产；债务人不能清偿到期债务，债权人也可以申请宣告债务人破产。

A. 清算组　　B. 债权人会议

C. 上级主管部门　　D. 法院

8. 会计机构负责人、会计主管人员在调动工作或离职办理交接手续时，由（　　）监交。

A. 单位负责人　　B. 上级主管单位领导人

C. 同级财政部门领导人　　D. 同级审计部门领导人

9. 下列事物中属于经济法律行为的有（　　）。

A. 发生地震　　B. 铁路中断造成延迟交货

C. 当事人有意违约　　D. 山洪暴发

10. 不能作为外资企业出资方式的是（　　）。

A. 货币　　B. 土地使用权

C. 商标权　　D. 实物

三、多项选择题（每题 1.5 分，共 15 分）

1. 财产所有权的四项权能是（　　）。

A. 占有权　　B. 使用权

C. 处分权　　D. 控告权

2. 国家实行劳动者每日工作时间不超过 8 小时、平均每周工作时间不超过（　　）小时的工时制度。

A. 35 小时　　B. 44 小时

C. 40 小时　　D. 56 小时

3. 中外合作企业管理形式有（　　）。

A. 委托管理制　　B. 董事会制

C. 联合管理制　　D. 合伙制

4. 债权人会议享有下列（　　）的职权。

A. 核查债权　　B. 通过重整计划

C. 通过破产财产的变价方案　　D. 主持破产企业的整理工作

5. 保护（　　）的合法权益，是制定《反不正当竞争法》的目的之一。

A. 经营者　　B. 消费者

C. 经营者和国家　　　　　　　　　　D. 生产者和经营者

6. 合伙人李某在合伙企业的投资额是10万元，现在她欲将自己的合伙财产转让于非合伙人周某4万元，下列说法正确的是（　　）。

A. 她应当通知其他合伙人，否则转让行为无效

B. 其他合伙人中有一个不同意，她不得进行转让

C. 在同等条件下，其他合伙人有优先受让的权利

D. 按照《合伙企业法》的有关规定，在合伙企业的存续期间她无权转让

7. 会计核算的内容有（　　）。

A. 款项和有价证券的收付　　　　　　B. 财务成果的计算和处理

C. 债权债务的发生和结算　　　　　　D. 财料和物品的使用与管理

8.（　　）不是我国的中央银行。

A. 中国银行　　　　　　　　　　　　B. 中国人民银行

C. 中信实业银行　　　　　　　　　　D. 中国投资银行

9. 经济法主体能够享有的经济权利有（　　）。

A. 经营管理权　　　　　　　　　　　B. 财产权

C. 人身自由权　　　　　　　　　　　D. 专利权

10. 下列有关全民所有制企业性质和地位的正确表述的有（　　）。

A. 是社会主义商品生产和经营单位

B. 企业的财产属于全民所有

C. 经济上自主经营、自负盈亏、独立核算

D. 法律上具有法人资格

四、判断题（每题0.5分，共5分）

1. 所有制是所有权在法律上的表现。（　　）

2. 法是要求人们普遍遵守的社会行为规则，因而，它必须代表全社会绝大多数人的意志和利益。（　　）

3. 个人独资企业不具有法人资格，但可以自己的名义从事民事活动。（　　）

4. 根据我国《破产法》的规定，债权人会议的决议对全体债权人都有约束力。（　　）

5. 反不正当竞争就是反垄断。（　　）

6. 公司发行债券，其一次发行的总额不得超过公司注册资本的40%。（　　）

7. 会计报表由单位行政领导人和会计机构负责人、会计主管人员签名或者盖章。设置总会计师的单位或由总会计师签名或者盖章。（　　）

8. 合营企业的合营期限，按不同行业、不同情况作不同的约定，可以约定合营期限，也可以不约定合营期限。（　　）

9. 经济代理行为，是指代理人在授权范围内，以被代理人的名义与第三人进行的经济法律行为，其法律后果归代理人承担和享有。（　　）

10. 政策性银行是指由政府设立的，以获得利润为目的并以追求利润最大化为目标，以吸收公众存款、发放短期和中长期贷款为主要经营项目的金融机构。（　　）

五、简答题（每题6分，共30分）

1. 什么是财产所有权？它有哪些特点？
2. 简述中外合营企业概念和特征。
3. 说明债权人会议的组成人员及其职权。
4. 什么是无效合同？无效合同有哪些特点？
5. 经济审判的第一审程序主要有哪些？

六、案例分析题（每案例10分，共30分）

1. 2016年1月至2017年6月，中国工商银行某市支行与某市海龙针织有限公司先后签订了流动资金借款合同24份，工商银行贷款给海龙针织有限公司1400万元，海龙针织有限公司以其房产作为抵押。合同规定借款期限为2年，到期本金和利息一次性付清。合同生效后，工商银行依约提供了贷款1400万元。借款期限届至后，海龙针织有限公司却仅仅归还本金100万元。工商银行多次催讨其余本金和利息，均无结果。自2017年1月至2019年3月，海龙针织有限公司为盘活企业资产，经市经委同意，实行了“剥离分立”的改制，先后开办了三家公司。金龙制衣公司由海龙针织有限公司出资27.5万元，职工集资5万元注册成立；佳达制衣公司由海龙针织有限公司出资30万元注册成立；益安衣料贸易公司由海龙针织有限公司出资30万元，职工集资4万元注册成立。2019年8月，工商银行向法院起诉，以海龙针织有限公司欠贷不还，又将企业部分资产分出成立法人企业，新的法人企业拒不承担原先的债务，损害其合法权益为由，诉请海龙针织有限公司及其开办的3家公司共4个被告共同承担连带责任。海龙针织有限公司答辩称，其开办三家公司是按照市经委的决定，剥离分立，盘活企业资产，并未损害银行利益。

问题：本案中所欠工商银行的债务应该由谁来承担责任？

2. 甲公司于2018年3月1日给乙公司发出电报称：“现有当年产玉米50吨，每吨1000元，如贵方需购，望于接到电报之日起一周内回复为盼。”3月3日乙公司给甲公司复电称：“接受贵方条件，但望以每吨800元成交。”

请问：

(1) 甲乙之间的合同关系是否成立，为什么？

(2) 假设乙公司在3月10日复电给甲公司称：“完全接受贵方条件”，则甲乙之间的合同关系是否成立，为什么？

(3) 假设乙公司在接到甲公司的电报后，于3月3日派人直接去付款提货时，甲公司已将这50吨玉米高价卖给丙公司，甲公司是否需对乙公司承担责任？

3. 甲乙双方签订了一项买卖合同，甲方向乙方购买散装白酒，约定由乙方负责装瓶，并加贴某名牌商标，以利销售。白酒数量为5万瓶，价款为人民币15万元，交货时付清全部价款，交货时间为合同签订后3个月内。实际履行时，乙方延迟半个月交货，甲方付款时以资金紧张为由，共付货款10万元，余下5万元约定在10天后付清。10天后，甲方仍未付余款，乙方多次催讨未果，遂依合同约定的仲裁条款向仲裁机关申请仲裁。

问题：根据《合同法》的规定，处理并回答本案的法律依据。